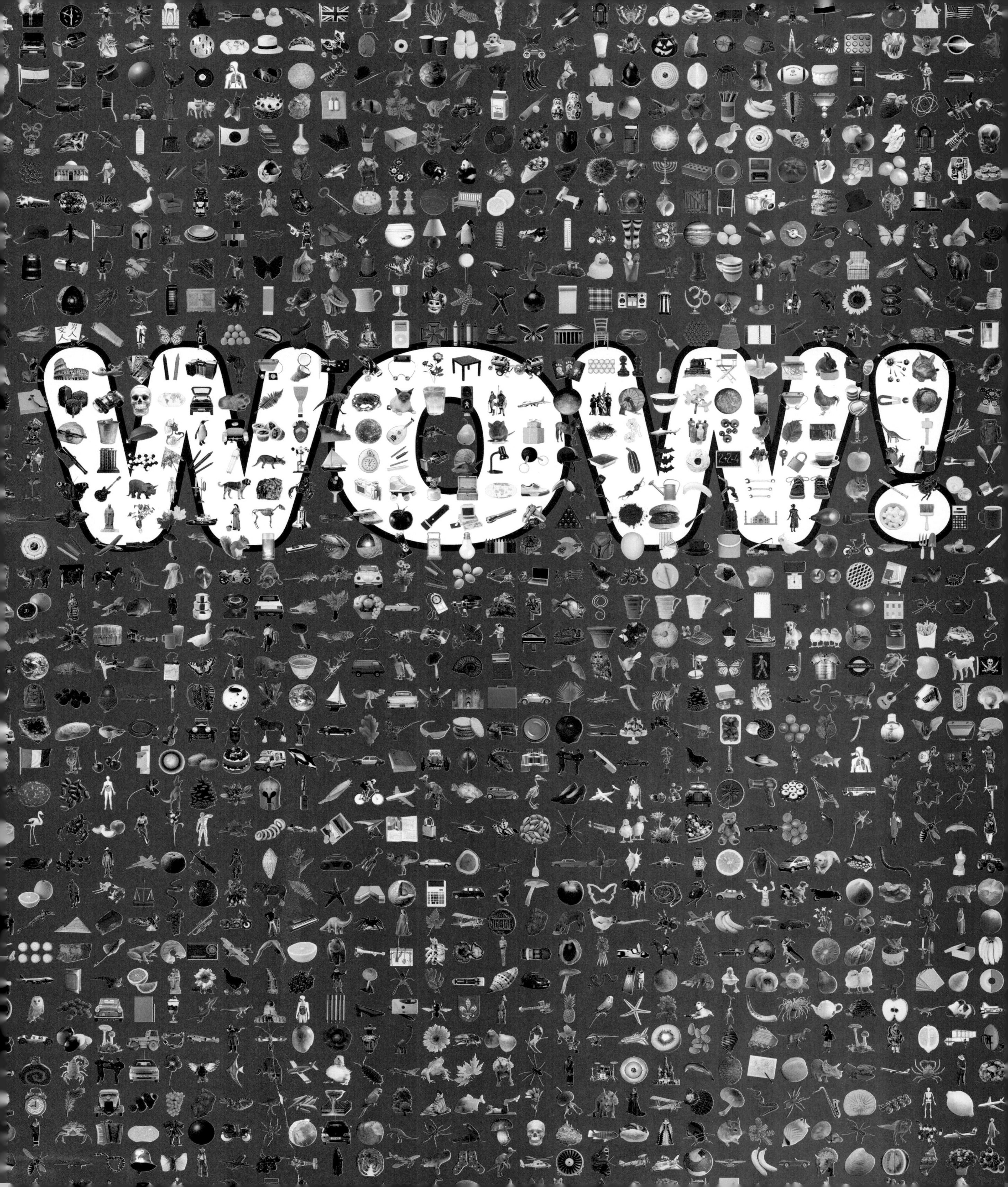
WOW!

Un livre Dorling Kindersley
www.dk.com

Ce livre a été publié pour la première fois en 2008,
par Dorling Kindersley Limited sous le titre de *WOW!*

POUR L'ÉDITION ORIGINALE :
Responsable éditoriale Julie Ferris

POUR L'ÉDITION FRANÇAISE :
Responsable éditorial Thomas Dartige
Édition Éric Pierrat
Adaptation et réalisation ML Éditions,
sous la direction de Michel Langrognet
Édition et PAO Giulia Valmachino
Traduction Annick de Scriba (p. 8-33, 36-37, 42-87, 126-189, 280-285, 288-291),
Pascale Hervieux (p. 34-35, 38-41, 88-125, 286-287), Catherine Zerdoun (p. 190-225, 292-293)
et Christophe Rendu (p. 226-279, 294-297)
Consultant Christophe Vincent-Cassy (p. 60-87)
Correction Christiane Keukens-Poirier

5757, RUE CYPIHOT
SAINT-LAURENT (QUÉBEC)
H4S 1R3

www.erpi.com/documentaire

Dépôt légal – Bibliothèque et Archives nationales du Québec, 2008
Dépôt légal – Bibliothèque et Archives Canada, 2008
ISBN 978-2-7613-3007-7
K 30077

Imprimé en Chine
Édition vendue exclusivement au Canada

WOW!

Auteurs et conseillers :
Kim Bryan, Laura Buller, Peter Chrisp, Mike Goodman,
Andrea Mills, Carole Stott, Richard Walker, Claire Watts,
Jon Woodcock, John Woodward

1

2

3

4

Sommaire

5

6

7

8

COLONIE D'ALBATROS
Chaque année, les albatros
à sourcils noirs retournent
se reproduire aux îles Malouines,
dans l'océan Atlantique. Cette
colonie de 500 000 oiseaux
est la plus grande du monde.
Chaque couple produit un seul
et unique œuf par an.

La nature

❶ LA GERMINATION

Au départ, un plant de haricot est une graine qui contient l'embryon et deux cotylédons. Au printemps, lorsqu'il fait doux, la graine commence à absorber l'eau par un minuscule trou dans son enveloppe externe (le tégument). Elle gonfle et, environ trois jours plus tard, émet une racine qui la maintient dans le sol, puis une pousse sort de terre. Ce processus porte le nom de germination.

❷ LES RACINES

Les racines de la plante absorbent de l'eau dans le sol, qui sert aux feuilles à fabriquer des nutriments. L'eau contient également des sels minéraux dissous, comme des nitrates et des phosphates, qui sont essentiels pour la croissance de la plante.

❸ LA TIGE

La tige rigide de la plante porte les feuilles et est dotée de faisceaux de tubes, les nervures. C'est par ces nervures que l'eau contenant les nutriments dissous monte des racines aux feuilles, et que la nourriture sucrée passe des feuilles aux autres parties de la plante.

LES PLANTES

Les plantes vertes utilisent l'énergie du soleil pour fabriquer des hydrates de carbone (sucre) avec l'eau et le dioxyde de carbone de l'air : il leur faut donc du soleil et de l'humidité. Ces hydrates de carbone assurent la croissance de la plante et servent à fabriquer la cellulose, le tissu robuste et fibreux qui donne leur rigidité à toutes les parties de la plante.

❹ LES FEUILLES

Les feuilles sont les « usines alimentaires » de la plante. Elles agissent comme des panneaux solaires, car leur chlorophylle verte permet à la plante d'absorber l'énergie du soleil et de l'utiliser pour la photosynthèse, processus par lequel la plante absorbe le dioxyde de carbone de l'air et le combine avec l'eau provenant des racines pour fabriquer du sucre. Le processus libère par ailleurs de l'oxygène dans l'atmosphère.

❺ LA TRANSPIRATION

À mesure que le soleil réchauffe la plante, l'eau des feuilles s'évapore par des pores, les stomates. Pour réinjecter de l'eau dans les feuilles, la tige aspire encore plus d'eau par les racines, qui contient des nutriments prélevés dans le sol.

Rigidifiées par la pression de l'eau, les nervures soutiennent le mince et délicat tissu foliaire.

La graine est entourée d'une enveloppe dure, le tégument, qui la protège contre les champignons et les bactéries.

La radicule sort du tégument pour former une racine, qui porte à son sommet deux cotylédons, les feuilles de la graine.

Une fois sortis de terre, les cotylédons deviennent les premières feuilles de la plante.

D'autres feuilles se forment à mesure que la plante pousse.

À l'extrémité des rameaux secondaires, des bourgeons donnent de nouvelles feuilles.

La chlorophylle verte des feuilles absorbe l'énergie solaire et l'utilise pour la photosynthèse.

5

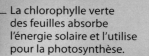

Plante

Le point de croissance de la plante est situé sur la tige principale, entre les tiges des feuilles (pétioles).

Les feuilles fabriquent du sucre qui, mélangé avec l'eau, forme la sève qui circule dans toutes les parties de la plante.

4

D'abord maintenue à la verticale grâce à la pression de l'eau, la tige est petit à petit rigidifiée par la cellulose.

Les cotylédons contiennent la nourriture qui alimente la plante au début, puis ils tombent lorsque de vraies feuilles se forment.

Le sol permet à la plante de se fixer et constitue sa principale source d'eau et de nutriments.

3

Le réseau racinaire maintient la plante dans le sol et absorbe eau et nutriments.

LES ARBRES

Les arbres sont les plus grands, les plus lourds et les plus vieux êtres vivants. En Californie, le séquoia géant surnommé General Sherman pèse environ 6 000 tonnes, soit trois fois plus que la baleine bleue, le plus gros des animaux. En Californie toujours, le plus vieux pin à cônes épineux a presque 5 000 ans. Malgré leur âge, ces deux arbres continuent de former de petites graines qui deviendront des arbres.

LES FEUILLES

Comme toute plante verte, un arbre absorbe les rayons solaires par ses feuilles et les utilise pour convertir l'air et l'eau en sucre. Les feuilles sont le garde-manger d'un arbre.

Érable du Japon

Houx

Fleurs d'aubépine

Chêne pédonculé

Aiguilles de cèdre de l'Atlas

Écailles pointues d'araucaria du Chili

AIGUILLES ET ÉCAILLES

Les feuilles sont très sensibles aux températures extrêmes : dans les lieux très chauds ou très froids, elles se présentent donc sous forme d'aiguilles ou d'écailles robustes.

Feuilles composées pennées de robinier

Feuilles composées palmées de marronnier

Aiguilles de pin cembro

LES FEUILLES COMPOSÉES

La plupart des feuilles sont simples, mais certaines sont composées : leurs folioles se forment soit le long d'un pétiole (feuille pennée), soit à partir d'un seul point (feuille palmée).

Feuilles de chêne

Les graines du chêne sont les glands.

LES FRUITS

Les fleurs de certains arbres se transforment en fruits juteux contenant des graines. Si un oiseau en mange, il en propage les graines plus loin.

Fleur de pommier

Baies d'if

LES FLEURS

Tous les arbres produisent des fleurs, dont certaines n'ont pas de pétales colorés et passent inaperçues. D'autres, comme celles du pommier, sont voyantes et attirent les insectes.

Les pommes sont de gros fruits charnus.

Arbre

Les fleurs de magnolia sont très grosses.

LES ANNEAUX DE CROISSANCE

Chaque année, une nouvelle couche de bois se forme autour du tronc. Quand on coupe un arbre, on peut connaître son âge en comptant ses anneaux.

Cône fermé

Graines de cône (pignons)

La noix de muscade est une graine.

LES CÔNES

Les conifères comme le pin ont des cônes ligneux contenant de petites graines. Quand un cône s'ouvre au soleil, les graines tombent et s'envolent.

Cône ouvert

LES GRAINES

Certaines graines sont toutes petites et d'autres très grosses. Les animaux les mangent ou les enfouissent dans le sol, où elles donneront de nouveaux arbres.

Marron

LES FEUILLES CADUQUES

Beaucoup d'arbres perdent leurs feuilles en hiver. Avant de tomber, les feuilles vertes deviennent jaunes, marron ou rouges.

Graines de sycomore

Érable rouge

13

LES FLEURS

De nombreuses fleurs sont colorées
et parfumées. Ces parties reproductrices
complexes de la plante ont évolué de façon
à inciter les insectes et les oiseaux à boire leur
nectar sucré. En se nourrissant, l'insecte ou l'oiseau
se couvre de pollen produit par les cellules sexuelles
mâles, les étamines. Il emporte le pollen et le dépose
sur le stigmate gluant d'une autre fleur. C'est la
pollinisation. Un tube pollinique se déploie alors
du style vers l'ovaire et féconde un ovule : c'est la
fécondation. Le pollen de certaines plantes, dont les
herbes et de nombreux arbres, est transporté par le vent.
Ces plantes n'ont donc pas besoin de fleurs colorées ni de
nectar odorant pour attirer les animaux. Mais ce système
moins efficace les oblige à produire bien plus de pollen.

❶ LA STRUCTURE D'UNE FLEUR

Une fleur se développe à partir d'un bourgeon
situé au bout d'une tige. Quand celui-ci s'ouvre,
il révèle une couronne de pétales, qui sécrètent
à leur base un nectar. Au centre de la fleur,
les organes mâles qui produisent le pollen
entourent les organes femelles qui contiennent
les ovules. Parfois, une couronne externe
de sépales verts protège la fleur avant qu'elle
ne s'ouvre.

@ ▶▶

Fleur

Les pétales se déploient
quand la fleur s'ouvre,
mais tombent une fois
qu'elle est fécondée.

Le rouge et le rose vifs
attirent davantage les
oiseaux que les insectes, car
tous les insectes ne voient
pas la couleur rouge.

L'étamine se compose
d'une anthère et d'un filet.

❷ LE CARPELLE

Les principales parties du carpelle sont l'ovaire, le
style et le stigmate. Le cœur de la fleur renferme
un ovaire contenant des ovules. L'extrémité de
l'ovaire est un style se terminant par un coussinet
gluant : le stigmate. Chez certaines plantes,
les fleurs ont plusieurs carpelles ayant chacun
leur stigmate, mais le lis n'en comporte qu'un.

❸ L'ÉTAMINE

Les minuscules grains de pollen contenant
les cellules mâles sont produits par les étamines.
Celles-ci forment généralement un cercle
autour du ou des carpelles centraux.
Chaque étamine possède un long filament,
le filet, supportant une anthère qui produit
le pollen.

Le stigmate gluant recueille le pollen apporté par les insectes et les oiseaux.

L'anthère est chargée de minuscules grains de pollen contenant les cellules mâles.

Style

Filet

La ligne colorée à la base du pétale guide l'insecte ou l'oiseau vers le nectar au centre de la plante.

À la base du carpelle sont les ovules qui, une fois fécondés, deviendront des graines.

❹ LA POLLINISATION

Les insectes comme les papillons boivent le nectar d'un certain type de fleur. Le colibri (oiseau-mouche) fait de même, car la forme de son bec lui permet d'atteindre le nectar. En buvant le nectar, l'insecte ou l'oiseau se couvre de pollen, qu'il dépose sur la fleur suivante de même espèce.

❺ LA FÉCONDATION

Si un colibri boit le nectar de ce lis, du pollen va s'accrocher à ses plumes ventrales. S'il visite ensuite un autre lis, il va déposer du pollen sur le stigmate central de la fleur. Chaque grain de pollen forme ensuite un long tube qui plonge dans le carpelle jusqu'à un ovule. Les cellules mâles descendent alors dans le tube pour féconder l'ovule, qui donnera une graine.

LES FRUITS

Toutes les plantes produisent des fruits contenant leurs graines. Certains fruits ont des coques dures, mais d'autres sont charnus et juteux. Ils attirent les animaux, qui les mangent et emportent les graines dans leur estomac. L'animal ne digère pas les graines dures, mais les emmène loin de la plante mère et les rejette dans ses excréments. Les fruits de ces pages sont des variétés cultivées pour leur taille et leur saveur.

❷ Bananes

Papayes

La peau dure renferme une chair tendre.

Fruits du dragon

Dattes

❹

Pamplemousse

Pastèques

Oranges ❶

Citrons jaunes

Kiwis

Citrons verts

Myrtilles

Fruits de la Passion

Melon cantaloup

Grenadille

Framboises

Fraises

Mûres

Melon honeydew

Figues

Groseilles

Carambetes

Fruits à coque ❸

Tamarillos

Carambotes

❶ L'ORANGE

L'orange contient des segments de chair juteuse entourés par le zeste. Chaque segment contient une graine, le pépin. L'orange est une baie qui se développe l'hiver à partir de l'ovaire d'une fleur d'oranger. D'abord verte, elle devient orange en mûrissant.

❷ LA BANANE

La banane cultivée dans les tropiques n'a pas de graines, mais les petits fruits du bananier sauvage du Sud-Est asiatique contiennent des graines dures. La banane pousse en grappes, les régimes, sur de gros arbres sans tronc, dont les feuilles sortent directement du sol.

❸ LES FRUITS À COQUE

Les fruits à coque sont de grosses graines contenant une réserve de nourriture concentrée. Cela permet aux plantules de bien démarrer. La graine est entourée d'une coque, qui est en réalité un fruit, mais trop dur et fibreux pour être consommé.

❹ LE DURIAN

De nombreux fruits attirent les mammifères par leur parfum. Le durian du Sud-Est asiatique est réputé pour son arôme prononcé, que certains aiment et d'autres détestent. Les animaux comme le cochon sauvage et l'orang-outan apprécient son goût et son odeur.

Raisins

Mangue

@ ▸▸▸ Fruit

Kakis

Ananas

Grenades

Noix de coco

Durian

Figues de Barbarie

Prunes

Pêches

Concombre

Goyaves

Physalis

Courges

Courge butternut

Tomates

8

Poivrons

Rambdoutans

Aubergine

Potimarron

Coings

Gousse
protégeant
les graines

Fèves

Mini aubergines

Piments

Pommes

❺ LE RAISIN

Le raisin pousse en grappes de baies tendres, comestibles et à peau fine. La pulpe de chaque baie contient plusieurs graines, sauf certaines espèces cultivées pour leur absence de pépins. La couleur vive du raisin attire les oiseaux, qui ont une excellente vue.

❻ LA PÊCHE

La chair de la pêche, de la prune ou de la cerise renferme un noyau contenant une graine. Ces fruits sont appelés drupes. Quand un animal en mange un, il digère la chair et rejette la graine dans ses excréments. Mais le perroquet, par exemple, casse le noyau pour manger aussi la graine.

❼ LA FÈVE

Les parties comestibles d'un plant de fève sont les graines, le fruit étant l'ensemble de la gousse. Les variétés sauvages de la fève n'attirent pas les animaux. Leur gousse se dessèche, s'ouvre en explosant et les graines se répandent sur le sol.

❽ LA TOMATE

Toutes les tomates ne sont pas comestibles. Certaines variétés sauvages sont très toxiques. La belladone, par exemple, est mortelle pour l'homme, mais certains animaux peuvent la manger sans être intoxiqués. La tomate est apparentée au piment.

17

LES CHAMPIGNONS

Les champignons, qui peuvent sortir de terre en une nuit dans les lieux humides, ne sont pas des plantes. Ils appartiennent à une famille d'êtres vivants se nourrissant de plantes et d'animaux morts ou vivants. Un champignon développe sous terre un réseau de filaments, le mycélium : la partie visible n'est que le «corps fructifère», dont les spores deviendront de nouveaux champignons.

❶ LE BOLET ORANGÉ DES CHÊNES

En général, le dessous du chapeau d'un champignon comporte des lamelles produisant des millions de spores. Chez d'autres, comme le bolet des chênes, cette partie est spongieuse et présente des pores par lesquels les spores sont libérées.

@▶▶
Champignon

Inocybe à lames couleur de terre

Russule noble

Russule du bouleau

Bolet orangé des chênes

❶

Cortinaire de Nancy

Bolet orangé

Hypholome en touffe

Amanite phalloïde

❸

Inocybe sindonia

Pholiote changeante

Cortinaire blanc violacé

Clitocybe moisi

Fausse girolle

❷

Clavaire dorée

Tramète versicolore

Helvelle à long pied

Helvelle crépue

Omphaliaster asterosporus

❷ LA TRAMÈTE VERSICOLORE

Les champignons sont essentiels, car ils décomposent et recyclent les organismes morts. Poussant sur le bois mort, la tramète versicolore le fait pourrir, permettant aux autres plantes d'en utiliser les nutriments.

❸ L'AMANITE PHALLOÏDE

Certains champignons sont extrêmement vénéneux. L'amanite phalloïde est responsable de 90 % des décès par ingestion de champignons toxiques.

❹ LE LACTAIRE DÉLICIEUX

Beaucoup de champignons se développent près des racines de certaines plantes et leur échangent des nutriments contre des sucres. Le lactaire délicieux pousse au pied des pins.

❺ LA COULEMELLE

Certains champignons, comme le cèpe et la coulemelle, ont un goût délicieux. Mais il faut bien savoir les reconnaître pour éviter de s'empoisonner. L'amanite phalloïde, par exemple, est mortelle.

Cortinaire sanguin

Clavaire en forme de chou-fleur

❻ L'AMANITE TUE-MOUCHES

L'amanite tue-mouches est l'un des champignons vénéneux les plus connus. Les flocons blancs sur son chapeau rouge sont les restes du voile qui la recouvre pendant sa croissance.

L'anneau est le reste du voile qui recouvrait le chapeau du jeune champignon.

Amanite tue-mouches

Coulemelle

Lactaire pubescent

La tige dure et le chapeau contiennent de la chitine, substance des ailes des insectes.

Hygrophore immuable

Russule vert-de-gris

Mycène à pied strié

Cèpe

Russule maculée

Oreille-de-lièvre

Girolle

❼ LE CÈPE

Les fibres visibles sur son pied, qui ressemblent à des racines, sont une toute petite partie de son mycélium, qui peut couvrir de vastes zones. Le mycélium de l'armillaire couleur de miel peut s'étendre sur 150 000 m².

Pholiote adipeuse

Lactaire délicieux

Géastre à trois enveloppes

Vesse-de-loup

❽ LA VESSE-DE-LOUP

En forme de boule, la vesse-de-loup éclate lorsque la pluie tombe dessus et répand un nuage poussiéreux de spores. La vesse-de-loup géante peut contenir jusqu'à 7 billions (7 000 000 000 000) de spores.

19

LE RÈGNE ANIMAL

Les êtres vivants se classent en cinq règnes : procaryotes (bactéries), protistes (organismes unicellulaires), champignons, végétaux et animaux. Le règne animal comprend de nombreux groupes d'invertébrés (animaux sans colonne vertébrale, comme les insectes) et quelques groupes de vertébrés (mammifères, poissons, oiseaux…). Tous se déplacent et ont besoin de se nourrir.

❶ LES INSECTES

Doté d'un squelette externe, l'insecte adulte a six pattes et, dans la plupart des cas, deux paires d'ailes. Les papillons, les guêpes, les mouches et les coccinelles sont des insectes. Beaucoup sont ravissants, mais certains piquent, mordent ou transmettent des maladies mortelles.

Les ailes colorées du tabac d'Espagne sont marquées de taches noires.

❷ LES VERS

Les différents types de vers sont les vers solitaires, qui vivent à l'intérieur d'autres animaux, les vers plats et les vers ronds. Les plus courants sont les annélides, comme les lombrics enfouis dans le sol, les vers marins des bords de mer et les sangsues.

La sangsue se nourrit du sang de ses victimes.

❸ LES AMPHIBIENS

Animaux à peau souple, les amphibiens se déshydratent facilement. C'est pourquoi presque toutes les grenouilles vivent dans des lieux humides, souvent près d'une mare. La plupart pondent dans l'eau ou dans des endroits humides, et leurs œufs se transforment en têtards.

La grenouille a des coussinets adhérents sous les pattes pour ne pas glisser.

❹ LES OISEAUX

Ces vertébrés à sang chaud sont très bien équipés pour voler : certains passent la majeure partie de leur vie dans les airs. Ce sont les seuls animaux possédant des plumes, qui maintiennent leur chaleur corporelle et leur permettent de voler.

❺ LES MAMMIFÈRES

Les mammifères sont à sang chaud, c'est-à-dire qu'ils contrôlent leur température corporelle. Les femelles allaitent leurs petits. La plupart sont herbivores mais certains, comme le lion, mangent de la viande. Les humains sont des mammifères.

❻ LES ARACHNIDES

Les araignées, les scorpions, les tiques et leurs cousins sont des invertébrés à huit pattes dotés d'un squelette externe dur mais sans ailes. Les araignées tuent leurs proies avec leurs crochets venimeux et les scorpions avec un aiguillon venimeux au bout de leur queue, capable de tuer un homme.

La mygale à genoux rouges possède huit pattes pour marcher et deux chélicères (pièces buccales) pour tenir sa proie.

La patte du lion possède un coussinet pour la course et des griffes rétractiles.

@▸▸
Règne animal

❼ LES MOLLUSQUES

La plupart des mollusques sont des animaux à corps mou et à coquille vivant dans l'eau – moule, praire, bulot, etc. –, excepté l'escargot et la limace qui vivent sur la terre ferme. La pieuvre et le calmar au cerveau et aux yeux bien développés appartiennent aux mollusques, mais sont très évolués.

❽ LES CRUSTACÉS

Comme les insectes, les crustacés ont un squelette externe dur à plusieurs segments et de robustes pattes articulées. À l'exception du cloporte, tous sont aquatiques. Ils comprennent les animaux à carapace dure comme le crabe et le homard, mais aussi la crevette et la puce d'eau.

La pieuvre se déplace et attrape ses proies grâce aux ventouses de ses bras.

Le homard saisit et écrase ses proies avec ses puissantes pinces.

❾ LES MYRIAPODES

Le long corps des myriapodes, aussi appelés mille-pattes, est divisé en segments. Les chilopodes portent une paire de pattes sur chaque segment, contre deux pour les diplopodes. Ces derniers mangent surtout de la matière morte et peuvent être constitués de plus de 90 segments. Bien qu'ils possèdent moins de pattes, les chilopodes sont plus rapides.

Le mille-pattes fait bouger ses pattes par un mouvement d'ondulation de son corps.

❿ LES POISSONS

Les poissons constituent le plus ancien et le plus important groupe de vertébrés. Ils sont parfaitement adaptés à la vie aquatique, car l'eau soutient leur corps et leur fournit de l'oxygène. On compte deux principaux groupes de poissons : d'une part, ceux qui ont un squelette osseux et, d'autre part, les requins et les raies, dont le squelette est en cartilage.

⓫ LES ÉCHINODERMES

L'oursin, l'étoile de mer, le crinoïde et le concombre de mer sont des échinodermes («à peau épineuse»). Leur corps généralement circulaire est doté d'une bouche centrale. Le crinoïde saisit ses proies avec ses bras, mais les autres cherchent leur nourriture au fond de la mer.

⓬ LES REPTILES

Animaux à sang froid, les reptiles comme le serpent et le lézard ont une peau écailleuse et imperméable qui leur permet de vivre dans les lieux secs comme les déserts. Certains serpents disposent d'un puissant venin qui leur sert à tuer leurs proies ou à se défendre en cas d'attaque.

Comme d'autres reptiles, le serpent a une peau écailleuse.

21

LE PLANCTON

Éclairées par le soleil, les eaux de surface de nombreux océans grouillent d'organismes microscopiques qui dérivent avec les courants. Cette communauté, le plancton, se compose de phytoplancton (végétal), qui utilise l'énergie solaire pour fabriquer sa nourriture avec du dioxyde de carbone et de l'eau, et le zooplancton (animal), qui se nourrit de phytoplancton et de zooplancton. Cette photographie représente le plancton d'une flaque d'eau grossi plus de 25 fois.

Cette cyanobactérie se compose d'une chaîne de cellules enroulées et puise sa nourriture dans un mélange d'eau et de gaz dissous.

LES CYANOBACTÉRIES

Autrefois appelées algues bleues, ces organismes simples font partie des premières formes de vie apparues sur Terre, voici plus de 3,5 milliards d'années. Elles abondent dans les océans où, comme les diatomées, elles transforment le dioxyde de carbone et l'eau en hydrates de carbone.

LES DIATOMÉES

Le phytoplancton est constitué d'organismes microscopiques comme les diatomées et les cyanobactéries. L'enveloppe transparente en silice des diatomées est formée de deux parties qui s'assemblent comme de petites boîtes munies d'un couvercle. Elles prospèrent dans les mers froides, où elles colorent l'eau de gris-vert, et forment souvent d'énormes bancs visibles de l'espace.

L'enveloppe transparente de cette diatomée révèle ses structures vertes qui utilisent l'énergie solaire pour fabriquer de la nourriture.

LA LARVE DE CRABE

Font partie du zooplancton les œufs et les petits d'animaux dont la forme et la vie changent complètement à l'âge adulte. Cela inclut les œufs des coraux, des poissons récifaux, des mollusques et des crustacés comme cette larve de crabe. Dérivant dans le plancton, ces organismes y trouvent de la nourriture et se dispersent dans les océans pour trouver de nouveaux habitats.

De la taille d'un grain de riz, cette larve de crabe est suffisamment légère pour dériver près de la surface au milieu du plancton.

Ce délicat organisme
est un larvacé, un animal
zooplanctonique vivant
dans la bulle de mucus
qu'il a sécrétée.

LES COPÉPODES

De nombreux animaux font toute leur
vie partie du zooplancton. C'est le cas des
minuscules copépodes, semblables à des
crevettes, qui forment d'énormes bancs et
sont mangés par des poissons et des baleines
se nourrissant par
filtration de l'eau.

Le ver sagittaire est doté
de robustes crochets
qui lui servent à attraper
les copépodes.

Le plancton est rempli
d'œufs de poisson
à la dérive qui écloront
en minuscules larves
planctoniques.

Les copépodes planctoniques
ont de longues antennes qui,
à la façon d'un parachute,
les empêchent de couler.

@▶▶

Plancton

LES VERS SAGITTAIRES,
OU CHÉTOGNATHES

Ces longs animaux presque transparents
se nourrissent d'autres créatures
du zooplancton, dont
les copépodes. Ils sont
pourvus de crochets
leur permettant
de capturer
leurs proies.

Cet être fragile est
la larve d'un ver marin.
Quand il sera adulte,
il vivra au fond de la mer.

23

LES INSECTES

Les insectes abondent sur Terre. À eux seuls, les coléoptères représentent près d'un tiers de toutes les espèces animales connues. Nombre d'insectes sont minuscules, mais d'autres assez grands pour qu'on distingue leur structure complexe. Quelques-uns se révèlent très dangereux, mais la plupart sont inoffensifs.

Nymphe de bolina

Machaon

Vulcain

@ ▶▶
Insecte

Œufs de papillon

Chenilles de piéride du chou

LES PAPILLONS
Le papillon commence sa vie en chenille mangeuse de feuilles, puis forme un cocon protecteur et devient une nymphe avant de se métamorphoser en bel insecte buveur de nectar.

Xanthia togata

Mouche domestique

Sphinx du laurier-rose

Libellule

Larves de mouche

Noctuelle de l'aubépine

Chenille de petite tortue

Syrphe

Tipule, ou cousin

Pupe de saturnie du chêne

LES PAPILLONS DE NUIT
Comme son nom l'indique, le papillon de nuit vit la nuit. Sa couleur généralement brune lui sert de camouflage, mais quelques espèces présentent des couleurs vives.

Polyphème d'Amérique

LES MOUCHES
Les vraies mouches ont deux ailes, et non quatre comme les autres insectes adultes. Certaines sont suceuses de sang, quelques-unes transmettent des maladies, mais d'autres, comme le syrphe, sont inoffensives.

Citronnelle rouillée

Fourmis rousses
des bois

Guêpes
norvégiennes

Bourdon

LES GUÊPES ET LES ABEILLES

Insectes piqueurs, les guêpes et les
abeilles ne sont pas toutes agressives.
La guêpe chasse les insectes pour
nourrir ses petits et l'abeille visite
les fleurs pour se procurer du nectar.

Sphex

Blatte américaine

LES FOURMIS

Les fourmis vivent en colonies
dirigées par une reine qui pond
tous les œufs. Les ouvrières
construisent le nid, le défendent
et trouvent la nourriture.

Œufs de phasme morose

Scarabée
girafe

Blatte orientale

Blatte de Madagascar

Hanneton

Bousier

Phasme géant

Coccinelle aux élytres ouverts

Chrysomèle

Lucanes cerfs-volants mâles

LES COLÉOPTÈRES

La plupart des coléoptères
possèdent des élytres durs
et brillants qui protègent leurs
ailes délicates. Certains ont des
cornes ou des pinces, surtout
les mâles qui s'en servent pour
s'affronter.

Larve de ténébrion meunier

Phyllie

Vers de farine

Mouche
à viande

Scarabée Goliath

Sagra buqueti

Longicorne

25

L'ANATOMIE D'UN INSECTE

La plupart des insectes commencent leur vie sous forme de larves puis, adultes, possèdent un corps segmenté et dur, ainsi que six pattes articulées. Leur peau est rigidifiée par une substance dure, la chitine, qui forme un squelette externe. Souvent brillants et colorés, les insectes peuvent aussi porter des poils ou des écailles. La plupart des adultes, comme cette guêpe, ont par ailleurs des ailes formées de lamelles de chitine et actionnées par des muscles situés à l'intérieur de leur corps.

Insecte : anatomie

❶ LES ANTENNES
Avec leurs longues antennes, les insectes cherchent leur chemin mais, surtout, détectent les odeurs grâce à leurs extrémités nerveuses sensibles qui perçoivent des signaux chimiques. Les antennes de certains papillons de nuit peuvent sentir des odeurs à plus de 1 kilomètre.

❸ LES YEUX
Comme beaucoup d'insectes, une guêpe adulte a deux grands yeux composés (à facettes). Chacun possède des centaines de minuscules lentilles qui voient le monde en une mosaïque de points colorés. La guêpe possède aussi trois petits yeux simples, les ocelles, au sommet de la tête.

Les yeux composés donnent une bonne vision et sont relativement sensibles au mouvement.

Chacun des trois yeux simples possède une lentille qui détecte la lumière mais ne forme pas d'image.

Les fins poils sensibles du corps détectent les vibrations et les mouvements de l'air.

Les antennes longues et articulées sont des organes sensoriels vitaux.

L'antenne d'une guêpe femelle a 12 segments, contre 13 chez le mâle.

Les antennes permettent de reconnaître la nourriture et les autres membres de la colonie.

TÊTE

THORAX

❷ LA TÊTE
La tête contient le cerveau et la plupart des organes sensoriels. Elle est aussi dotée de pièces buccales correspondant au régime alimentaire de l'insecte. Le moustique possède une trompe pour aspirer le sang, tandis que la guêpe a de solides mâchoires pour broyer d'autres insectes.

Les mandibules, ou pièces buccales, servent à découper les végétaux ou la proie.

❹ LE THORAX
Les pattes et les ailes sont reliées à l'avant du corps, le thorax. Celui-ci est pourvu des muscles des ailes, qui fonctionnent comme les rames d'une barque, et contient un jabot où l'insecte stocke ses réserves de nourriture.

❻ LES AILES

Les ailes sont de fines et transparentes plaques de chitine. Celles du papillon et du papillon de nuit sont similaires, mais couvertes d'écailles colorées. La plupart des insectes ont deux paires d'ailes, mais les mouches n'en ont qu'une.

Les ailes délicates sont assez puissantes pour soulever le poids de la guêpe.

Les fines membranes flexibles des ailes comportent des nervures, les veines.

Grâce à sa taille fine, qui relie son thorax et son abdomen, la guêpe peut enrouler son corps.

❻

❼ LE DARD

La plupart des insectes sont inoffensifs, mais certains mordent ou piquent. La guêpe a dans sa queue un dard pouvant injecter un venin douloureux. Elle l'utilise pour se défendre, protéger son nid et tuer ses proies.

Les rayures noires et jaunes avertissent les prédateurs que la guêpe est venimeuse.

❺

Le dard est un organe de ponte modifié, l'ovipositeur.

❼

❽

ABDOMEN

Chaque patte est munie de griffes et, chez la mouche par exemple, de coussinets adhérents.

❺ L'ABDOMEN

L'abdomen flexible contient la plupart des organes internes, dont le système digestif. De minuscules trous conduisent à un réseau de tuyaux qui envoient de l'air dans les organes et les muscles. Les rayures voyantes de la guêpe indiquent aux autres animaux qu'elle peut piquer.

❽ LES PATTES

Tous les adultes ont six pattes. Lorsqu'ils marchent, ils ont toujours trois pattes en l'air et trois sur le sol, comme un tripode, ce qui assure leur équilibre. Chaque patte est constituée d'une série de tubes rigides articulés et actionnés par des muscles situés à l'intérieur de ces tubes.

LES POISSONS

Premiers invertébrés apparus sur la Terre, voici 500 millions d'années, les poissons ont évolué en de multiples formes. Du puissant requin au délicat hippocampe, ils représentent aujourd'hui plus de la moitié de tous les vertébrés. La plupart, comme ceux de cette page, vivent dans les océans salés, mais bien d'autres, dont ceux de la page suivante, vivent en eau douce. Quelques-uns, comme le saumon, sont adaptés aux deux milieux.

❸ LE POISSON-PINCETTE

Ce poisson-papillon vivant dans les récifs coralliens des océans Indien et Pacifique possède un museau très allongé terminé par une toute petite bouche. Il s'en sert pour attraper de petits animaux entre les coraux et les épines des oursins.

❺ LE POISSON-GLOBE

Ce poisson se défend en gonflant son corps d'eau ou d'air pour que ses prédateurs ne puissent pas l'avaler. Certaines espèces possèdent des épines dissuasives et des organes internes remplis de poison mortel.

❶ LA RAIE

Dotée d'un squelette de cartilage, la raie est un poisson plat qui utilise ses nageoires latérales (sur les côtés) comme des ailes pour nager. Elle se nourrit de petits poissons et de coquillages.

❷ LE POISSON-COFFRE

Ce poisson tient son nom de sa carapace de plaques osseuses qui lui sert d'armure. Celle-ci empêche tout mouvement corporel, de sorte qu'il nage à l'aide de petites nageoires semblables à des oreilles.

❹ L'HIPPOCAMPE

Cet étrange poisson, dont la tête ressemble à celle d'un cheval, vit dans les mers peu profondes, où il s'accroche aux plantes avec sa queue. Le mâle incube les œufs de la femelle dans une poche ventrale.

Les fentes branchiales et la bouche de la raie sont situées sur son ventre et ses yeux au sommet de sa tête.

❶

Avec sa forme plate et son excellent camouflage, la raie est difficile à distinguer au fond de la mer.

❷

La tache noire sur la nageoire est un faux œil qui sert à dérouter les prédateurs.

Le poisson-coffre mange de minuscules animaux.

❸

❺

Le poisson-globe épineux s'appelle aussi poisson-hérisson ou poisson porc-épic.

L'hippocampe s'accroche aux algues avec sa queue pour résister aux courants.

❹

❻ LE SAUMON

Le saumon passe la majeure partie de sa vie dans la mer, mais remonte les rivières caillouteuses et peu profondes pour se reproduire. Son organisme lui permet de passer de l'eau de mer à l'eau douce.

Poisson

❼ LA CARPE

Capable de vivre dans une eau très peu oxygénée, la carpe aime les lacs et les étangs chauds et calmes. Grâce à sa bouche protractile (qui s'allonge), elle se nourrit de petits animaux et de plantes au fond de l'eau.

❽ L'OSCAR

L'oscar, une des 650 espèces de Cichlidae, vit dans les fleuves à débit lent d'Amérique du Sud. Il fouille dans les rives à la recherche de petits animaux comme les vers et les crevettes d'eau douce.

❾ L'ÉPINOCHE

Dotée de trois épines dorsales, l'épinoche vit dans les mares, les fleuves, les lacs et certaines mers peu profondes. Au printemps, le mâle fait un nid de fibres végétales et danse pour que la femelle y ponde ses œufs.

❿ LE BROCHET

Ce puissant chasseur vit dans les lacs et les fleuves à débit lent d'Europe, du nord de l'Asie et d'Amérique du Nord. Pour capturer des poissons et des oiseaux aquatiques, il se met à l'affût au milieu des plantes aquatiques.

⓫ LE PIRANHA

Connu pour ses dents et ses attaques contre les animaux qui entrent dans l'eau, le piranha est un redoutable prédateur des fleuves d'Amérique du Sud. Un banc de piranhas peut réduire un gros animal en squelette.

L'épinoche se défend contre ses prédateurs grâce à ses trois épines dorsales.

Des écailles dures et brillantes protègent la peau de la carpe contre les blessures et les attaques des parasites.

De longues mâchoires pointues dotées de dents acérées permettent au brochet de saisir des proies gluantes.

Les couleurs de ce Cichlidae changent à mesure qu'il vieillit.

Grâce à son odorat très développé, le piranha détecte la moindre trace de sang dans l'eau.

SE NOURRIR

Tous les animaux se procurent les nutriments dont ils ont besoin en mangeant des plantes, des animaux ou des organismes comme les bactéries et les champignons. Certains aliments (feuilles, herbes…) sont faciles à trouver mais difficiles à digérer. D'autres, comme les animaux vivants, peuvent être difficiles à attraper, mais sont plus nutritifs. Les animaux ont développé diverses adaptations pour se nourrir. Certaines sont bien plus spécialisées que d'autres et influencent leur mode de vie.

❶ LE REQUIN-PÈLERIN

Les dents de l'énorme requin-pèlerin sont minuscules. Pour se nourrir, il nage la gueule ouverte dans les bancs de plancton et les capture dans ses branchies filtrantes. De nombreuses baleines et certains oiseaux, comme le flamant, pratiquent la filtration.

Les longues lames branchiales filtrent la nourriture.

@ ⏭
Alimentation des animaux

La gueule et les dents acérées sont entourées d'une ventouse.

Certains perroquets peuvent tenir une noix avec leurs pattes pendant qu'ils la cassent avec leur bec.

❷ LA GIRAFE

Grâce à son long cou, la girafe peut manger des feuilles hors de portée des autres animaux. Comme celui de nombreux herbivores, son système digestif contient des bactéries qui décomposent les fibres végétales pour en extraire les nutriments.

❸ LA SANGSUE

Ce parasite s'accroche à un animal vivant, fend sa peau et aspire son sang. Certaines sangsues peuvent absorber jusqu'à cinq fois leur poids en sang, mais ne se nourrissent qu'une ou deux fois par an.

❹ LE PERROQUET

Les oiseaux ont besoin d'une nourriture concentrée qui ne les alourdit pas : insectes, viande, fruits ou graines. Certains perroquets cassent des noix avec leur bec crochu, et d'autres ont une langue en brosse qui leur permet de lécher le nectar des fleurs.

❺ LE LION

Attraper de gros animaux vivants est difficile et dangereux. Le lion tue ses proies grâce à sa puissance et à ses longues canines. Il coupe la viande en bouchées avec ses molaires, mais il ne la mâche pas, car il la digère très bien.

❻ LE FOURMILIER GÉANT

Beaucoup d'animaux mangent des insectes, mais peu sont aussi spécialisés à cet effet que le fourmilier géant. Il sort et rentre la longue langue gluante de son long museau jusqu'à 150 fois par minute pour attraper ses petites proies dans leur habitation.

❼ LE VER SOLITAIRE

Ce parasite vit dans l'intestin d'autres animaux et, parfois, d'humains. Entouré de nourriture prédigérée, il n'a pas besoin de système digestif ni même de bouche : il absorbe les nutriments à travers sa fine peau.

La mouche peut contaminer les aliments en marchant dessus.

❽ LE PERCNOPTÈRE D'ÉGYPTE

Ce rapace est un charognard : il se nourrit d'animaux morts (charognes) et autres déchets. Le percnoptère élimine ainsi des restes qui, sinon, pourriraient. Sans les charognards, le monde serait donc beaucoup moins propre.

❾ LA MOUCHE DOMESTIQUE

De nombreux insectes, dont les mouches, mangent de la nourriture liquide. Certains sucent le sang, d'autres se nourrissent de nectar ou de sève. La mouche peut liquéfier les aliments solides puis les aspirer avec sa trompe.

❿ L'OURS BRUN

L'ours brun aime toutes sortes d'aliments, de la viande aux fruits, en passant par le poisson et le miel. Il n'a donc pas de régime alimentaire précis et peut changer son alimentation selon la saison. Comme l'homme, il est omnivore : il mange de tout.

31

LES CRUSTACÉS

Ce groupe varié d'invertébrés comprend plus de 50 000 espèces. Les crustacés tiennent leur nom de leur carapace dure et articulée, l'exosquelette, qui soutient et protège leur corps. La plupart vivent dans la mer, mais d'autres dans l'eau douce. Seuls les cloportes sont terrestres. Les crustacés possèdent au moins quatre paires de pattes articulées, des branchies pour respirer dans l'eau et des antennes sensorielles pour toucher et sentir ce qui les entoure.

❶ LE CRABE

Armé d'une paire de puissantes pinces et protégé par une épaisse carapace, le crabe est adapté à l'attaque et à la défense. Il peut marcher lentement vers l'avant, mais se déplace beaucoup plus vite latéralement (de côté).

❷ LE POUCE-PIED

Les jeunes pouces-pieds dérivent dans l'eau comme les crevettes mais, adultes, se fixent sur des rochers ou d'autres crustacés. Le pouce-pied se nourrit en sortant ses tentacules pour attraper les petites créatures flottantes.

❸ LA LANGOUSTINE

Dotée de pinces aussi longues que son corps, la langoustine sort la nuit de son terrier pour se nourrir de vers et de crustacés plus petits qu'elle. Sa chair délicieuse est riche en protéines.

Crustacé

Les puissantes pinces peuvent casser la carapace des mollusques.

Des plaques dures protègent le corps du pouce-pied.

Les tentacules attrapent les proies.

Le pouce-pied se fixe par la tête à une surface dure.

Les yeux sont situés au bout d'un pédoncule mobile.

Les pièces buccales manipulent et mâchent les aliments.

Une épaisse carapace recouvre sa tête et son thorax.

Les pattes antérieures articulées servent à la marche.

La puissante queue sert à la nage.

L'abdomen est situé sous le corps.

La langoustine peut atteindre 15 cm de longueur.

❹ LE HOMARD

Alourdi par le poids de sa carapace, le homard marche généralement au fond de la mer, mais il peut nager à reculons pour échapper au danger. Comme tous les crustacés, il mue, c'est-à-dire qu'il change plusieurs fois d'exosquelette pendant sa croissance.

❺ LE CLOPORTE

Le cloporte est le seul crustacé vivant complètement sur la terre ferme, mais il lui faut des endroits humides. Il possède sept paires de pattes et quelques espèces peuvent se rouler en boule quand elles se sentent menacées.

❻ LA CREVETTE

De nombreuses crevettes nagent ou dérivent dans l'eau, mais d'autres passent la majeure partie de leur vie à chercher de la nourriture sur les fonds marins. Certaines nettoient les parasites suceurs de sang présents sur les poissons des récifs coralliens.

La pince dentée détruit les coquilles.

La pince sert à attraper et briser la nourriture.

Les pinces et les pattes arrachées peuvent repousser.

L'extrémité recourbée de la pince permet de mieux agripper.

Les plaques rigides protègent les parties molles du corps.

Le cloporte femelle garde ses œufs fécondés dans une poche ventrale jusqu'à l'éclosion.

Les antennes longues servent à toucher.

La crevette détecte les mouvements dans l'eau grâce à ses deux gros yeux.

Les antennes courtes détectent les odeurs dans l'eau pour trouver de la nourriture ou un partenaire.

Une carapace dure recouvre la tête et le thorax.

Queue en éventail pour nager

Exosquelette transparent

Quatre paires de pattes pour marcher

LES AMPHIBIENS

Les amphibiens ressemblent à des reptiles écailleux, mais leur peau n'est pas imperméable et ne leur permet pas de vivre dans des milieux chauds et secs, où ils se déshydrateraient. La plupart se cachent le jour et sortent la nuit. Ils pondent dans des mares et autres endroits humides, et débutent en général leur vie sous forme de têtards.

❶ LA GRENOUILLE ROUSSE

Tous les amphibiens mangent des animaux qu'ils chassent à vue. La grenouille rousse ci-contre saute pour attraper une coccinelle qu'elle avalera vivante.

La grenouille rousse peut éclaircir ou foncer la couleur de sa peau pour se fondre dans son environnement.

Grenouille rousse

❼ Salamandre mandarin

Ces protubérances colorées sécrètent des fluides toxiques qui protègent l'animal de ses prédateurs.

❹ LE CRAPAUD ACCOUCHEUR

La plupart des grenouilles et des crapauds pondent dans l'eau, mais le mâle du crapaud accoucheur accroche les chapelets d'œufs autour de ses pattes et s'en occupe jusqu'à ce qu'ils soient prêts à éclore.

Crapaud accoucheur

❹

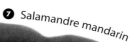

Rainette verte

Cécilie
❿

La peau fine et humide des grenouilles absorbe directement l'oxygène de l'air.

De grands yeux aident les dendrobates à bien voir dans les sombres forêts tropicales.

Dendrobate

❻

Rainette arboricole d'Australie

Grenouille tomate de Madagascar

❾

❽

❻ LE DENDROBATE

La peau de ces grenouilles arboricoles des forêts tropicales sud-américaines sécrète des poisons si toxiques que les indigènes en enduisent la pointe de leurs flèches.

❼ LA SALAMANDRE MANDARIN

Salamandres et tritons ressemblent à des grenouilles à longue queue. La salamandre mandarin a une peau de couleur vive qui prévient ses ennemis qu'elle est toxique.

❽ LA RAINETTE ARBORICOLE

Les ventouses de ses pattes lui permettent de s'accrocher aux feuillages mouillés. Elle ne recherche les points d'eau que pour pondre.

❾ LA GRENOUILLE TOMATE

De nombreux amphibiens tels que la grenouille tomate se défendent en se gonflant d'air pour être plus difficiles à avaler.

❷ LES TÊTARDS

Presque toutes les grenouilles naissent dans l'eau sous forme de têtards munis d'une longue queue et dépourvus de pattes. Les pattes apparaissent plus tard, leur permettant de quitter le milieu aquatique, et la queue disparaît.

Têtard avec queue

Têtard perdant sa queue ❷

Grenouille rousse

Les crapauds sont incapables de mâcher, mais ils sont dotés d'une grande bouche leur permettant d'avaler leurs proies entières.

Crapaud buffle ❸

Amphibien

❸ LE CRAPAUD BUFFLE

Cette souris est un en-cas de choix pour le crapaud buffle, qui avale tout ce qui bouge, ou presque.

Grenouille arboricole aux yeux rouges

❺ LA GRENOUILLE ARBORICOLE

Certaines de ces grenouilles gardent leurs œufs humides en les déposant dans un nid de mousse mouillée, haut dans les arbres.

Grenouille arboricole

❺

Recouverts de peau dure, les yeux de la cécilie sont incapables de voir en détail, mais ils détectent la lumière.

Salamandre tachetée

Discoglosse peint

❶❶

Physalème de Natterer

Des taches jaune vif avertissent les prédateurs, même de nuit.

❶❷

❿ LA CÉCILIE

La cécilie, proche du ver, enfouit sa tête osseuse dans le sol des forêts tropicales. Elle est presque aveugle et dépourvue de pattes.

⓫ LE PHYSALÈME

Cette grenouille a deux taches en forme d'yeux sur le dos. En cas d'attaque, elle se tourne et se gonfle d'air pour effrayer l'adversaire.

⓬ LA SALAMANDRE TACHETÉE

Des motifs aux couleurs vives avertissent les prédateurs que cette salamandre est capable de projeter un poison aveuglant jusqu'à une distance de 4 mètres.

35

LES CYCLES DE VIE

Avant de devenir adultes, les animaux passent par plusieurs étapes au cours de leur croissance. La première est la naissance et, pour la plupart, la dernière est celle de la reproduction. Pour certains animaux, dont la majorité des mammifères, ces étapes sont très similaires. Pour d'autres, comme beaucoup d'insectes, chaque stade est très différent et implique une transformation complète, une métamorphose.

2 Les deux premières semaines, le chiot ne voit pas le monde qui l'entoure.

LE CHIEN ▶
Le cycle de vie du chien est typique des mammifères, car le chiot ressemble déjà à ses parents à la naissance, mais en plus petit. Avec l'âge, ses organes internes se développent et il peut se nourrir comme les adultes et avoir ses propres petits.

3 Après environ deux semaines, le chiot peut voir, mais son système digestif ne supporte que le lait.

4 Plus âgé, le chiot mange les aliments solides que lui donne sa mère et commence à apprendre par le jeu.

5 Pas encore capable de se reproduire, le jeune chien trouve seul sa nourriture.

1 Aveugle et vulnérable, le chiot ne peut manger d'aliments solides et tète le lait de sa mère.

6 Le chien adulte cherche une femelle pour s'accoupler.

Le têtard possède trois paires de branchies qui absorbent l'oxygène de l'eau.

3 Le têtard sort de la gélatine en se tortillant et, à l'aide d'un fluide gluant, s'accroche aux plantes aquatiques.

2 L'embryon se développe et commence à bouger grâce à l'énergie fournie par le jaune de l'œuf.

4 En vieillissant, le têtard développe des pattes avant, puis arrière, et il commence à ressembler à une grenouille.

◀ LA GRENOUILLE
La plupart des amphibiens ont un cycle de vie complexe. La grenouille pond ses œufs dans l'eau. Après l'éclosion des œufs, les têtards développent des poumons et des pattes. Devenus des petites grenouilles, ils sortent de l'eau et deviennent adultes une fois leur croissance terminée.

La queue raccourcit à mesure que la jeune grenouille apprend à nager et à sauter.

5 Les poumons se développent, la queue raccourcit, et la petite grenouille saute hors de l'eau pour vivre sur la terre ferme, où elle chasse de petits animaux.

1 Le frai de la grenouille adulte contient des centaines d'œufs protégés par une gélatine qui gonfle dans l'eau.

6 Essentiellement terrestre, l'adulte retourne dans l'eau au printemps pour trouver un partenaire et se reproduire.

2 Gros mangeur, le bébé chenille grandit vite. Il perd plusieurs fois son épaisse peau en grandissant.

3 Le corps gras et mou de la chenille mature est rempli de réserves énergétiques qui lui permettront de se métamorphoser en adulte.

La chenille perd sa peau colorée et devient une chrysalide sans pattes et de couleur pâle.

4 La chenille arrête de se nourrir et devient une nymphe dans sa chrysalide. C'est le stade de sa vie où elle va se métamorphoser en adulte ailé.

1 La femelle adulte pond ses œufs sur une plante choisie avec soin. Une petite larve, la chenille, sort de chaque œuf.

La chrysalide s'ouvre et le papillon sort.

6 Sorti de son cocon, le papillon se nourrit de nectar sucré afin d'obtenir l'énergie nécessaire pour voler. Il doit aussi se reproduire.

5 La chrysalide reste immobile pendant plusieurs semaines pendant que la nymphe se métamorphose.

◄ LE PAPILLON

Comme beaucoup d'insectes, le papillon traverse deux phases dans sa vie. Il naît sous forme de larve à corps mou qui passe son temps à manger pour grandir. Ensuite, il devient un adulte ailé qui ne grandit plus et, parfois, ne mange pas du tout.

@ ►►
Vie

LA TORTUE ►

La plupart des reptiles, comme la tortue, le lézard et le serpent, pondent des œufs. Lorsqu'ils éclosent, les petits sont des répliques miniatures des adultes. Ils vivent exactement de la même façon et ont souvent la même alimentation.

Après l'éclosion, le bébé tortue a des pattes bien développées.

4 La jeune tortue se nourrit de la même façon que ses parents, mais en plus petites bouchées.

3 Une fois sorti de l'œuf, le bébé tortue va jusqu'à la mer.

5 Grandissant à mesure qu'elle mange, la tortue ne subit pas de métamorphose comme un amphibien ou un insecte.

2 Un embryon se développe dans l'œuf enfoui qui, abandonné par la mère, est incubé par le soleil.

Grâce à ses longues pattes, la tortue marine peut nager sur de longues distances jusqu'à une plage et pondre dans le sable.

1 La membrane de la coquille molle empêche l'œuf de se dessécher.

6 L'adulte mature peut se reproduire et les femelles vont sur les plages pour enfouir leurs œufs dans le sable.

ATTAQUE ET DÉFENSE

Nombre d'animaux sont des prédateurs qui chassent et se nourrissent d'autres animaux. Attraper des proies rapides n'est pas simple, les tuer non plus, c'est pourquoi, au fil de leur évolution, les prédateurs ont développé des caractéristiques et des tactiques pour les aider dans cette tâche. La survie devenant plus difficile pour les proies, ces dernières ont à leur tour mis au point des systèmes de défense.

◄ UN PRÉDATEUR NOCTURNE

Les chauves-souris mangeuses d'insectes ciblent leurs proies à l'aide d'impulsions sonores aiguës. En rebondissant sur la victime, les sons forment une image sonore qui permet à la chauve-souris de chasser les insectes dans une totale obscurité.

▲ L'EMBUSCADE

À l'affût sur une plante, la mante religieuse attend, immobile, qu'un autre insecte passe à sa portée. Elle projette alors ses pattes avant pour attraper sa victime et la dévore vivante.

UN PIÈGE DÉRIVANT ►

Les longs tentacules de la méduse-boîte sont pourvus de milliers de petites cellules urticantes. L'animal se laisse dériver avec les courants et dévore toute créature qui a la malchance d'entrer en contact avec ses tentacules.

@►► Prédation

◄ DU VENIN ET DES PINCES

De nombreux animaux possèdent des crocs ou des dards venimeux qui leur servent à tuer leurs proies et à se défendre. Un scorpion utilise ses pinces pour chasser. Le dard au bout de sa queue lui sert à se défendre.

◄ UN TRAVAIL D'ÉQUIPE

Les lions sont pourvus de crocs et de griffes aussi acérés que des poignards, mais leur meilleure arme est le travail d'équipe : ils encerclent leur proie pour l'empêcher de s'enfuir.

CONSTRICTOR ▼

Le python s'enroule autour de sa proie et serre à chaque expiration de sa victime jusqu'à ce qu'elle étouffe. L'articulation de la mâchoire inférieure des serpents est très souple, ce qui leur permet d'avaler leurs proies entières.

DES GLANDES À VENIN ▶

En cas d'attaque par un prédateur, le crapaud se défend en se gonflant d'air, tandis que sa peau sécrète du venin. Cela le rend plus difficile à avaler et lui donne un goût désagréable qui repousse plus d'un ennemi.

LE CAMOUFLAGE ▼

La meilleure défense consiste à ne pas se faire remarquer. Grâce au camouflage, les animaux se fondent dans leur environnement. La fourrure de ce lièvre variable de montagne prend en hiver la couleur de la neige.

DES PIQUANTS ▼

Certains animaux disposent d'une armure défensive. D'autres, comme le porc-épic, sont hérissés de longs piquants pointus. Cela les rend presque impossibles à attaquer, voire dangereux pour les animaux qui s'y risqueraient.

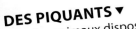

FAIRE LE MORT ▼

La plupart des prédateurs ne mangent que les proies qu'ils ont tuées eux-mêmes. Certains animaux, comme l'opossum, en tirent avantage en faisant le mort en cas de danger. Il est capable de rester ainsi pendant six heures d'affilée !

DES ODEURS DÉSAGRÉABLES ▼

Les moufettes sont connues pour le liquide nauséabond sécrété par leurs glandes anales, situées sous la queue. Elles sont capables de projeter ce liquide avec précision jusqu'à 2 m, et cherchent généralement à atteindre la tête de leurs ennemis.

LA SÉCURITÉ PAR LE NOMBRE ▶

Les animaux solitaires sont des cibles faciles. De nombreuses espèces se groupent donc en bancs, essaims ou troupeaux denses pour intimider leurs ennemis. En restant groupés, ces poissons ressemblent à un gros poisson plutôt qu'à plusieurs petits.

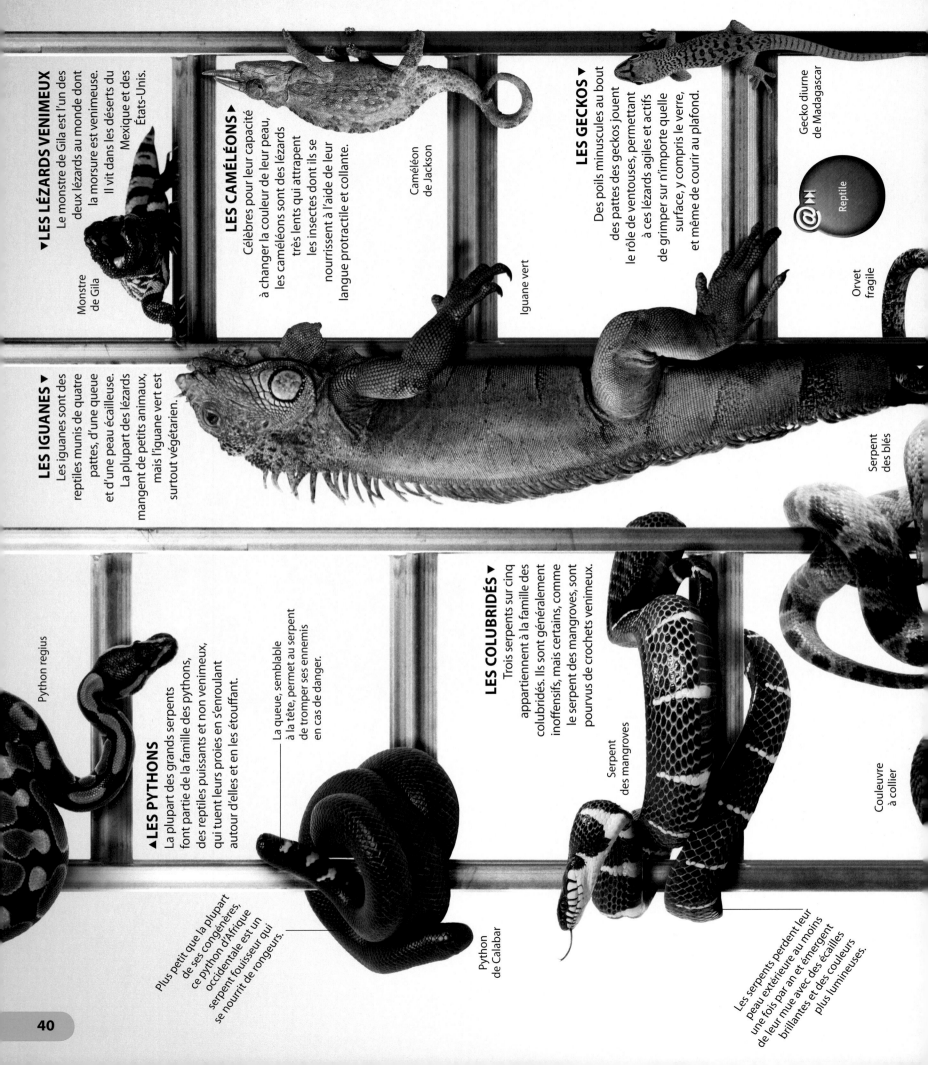

▼LES LÉZARDS VENIMEUX

Le monstre de Gila est l'un des deux lézards au monde dont la morsure est venimeuse. Il vit dans les déserts du Mexique et des États-Unis.

Monstre de Gila

LES CAMÉLÉONS ▶

Célèbres pour leur capacité à changer la couleur de leur peau, les caméléons sont des lézards très lents qui attrapent les insectes dont ils se nourrissent à l'aide de leur langue protractile et collante.

Caméléon de Jackson

LES GECKOS ▶

Des poils minuscules au bout des pattes des geckos jouent le rôle de ventouses, permettant à ces lézards agiles et actifs de grimper sur n'importe quelle surface, y compris le verre, et même de courir au plafond.

Gecko diurne de Madagascar

Orvet fragile

@ Reptile

LES IGUANES ▶

Les iguanes sont des reptiles munis de quatre pattes, d'une queue et d'une peau écailleuse. La plupart des lézards mangent de petits animaux, mais l'iguane vert est surtout végétarien.

Iguane vert

▲LES PYTHONS

La plupart des grands serpents font partie de la famille des pythons, des reptiles puissants et non venimeux, qui tuent leurs proies en s'enroulant autour d'elles et en les étouffant.

La queue, semblable à la tête, permet au serpent de tromper ses ennemis en cas de danger.

Python regius

Plus petit que la plupart de ses congénères, ce python d'Afrique occidentale est un serpent fouisseur qui se nourrit de rongeurs.

Python de Calabar

LES COLUBRIDÉS ▶

Trois serpents sur cinq appartiennent à la famille des colubridés. Ils sont généralement inoffensifs, mais certains, comme le serpent des mangroves, sont pourvus de crochets venimeux.

Serpent des mangroves

Serpent des blés

Couleuvre à collier

Les serpents perdent leur peau extérieure au moins une fois par an et émergent de leur mue avec des écailles brillantes et des couleurs plus lumineuses.

LES REPTILES

Les reptiles rampants, écailleux et à sang froid, paraissent sinistres, surtout les serpents venimeux et les crocodiles tueurs. Pourtant, de nombreux reptiles ont des couleurs chatoyantes, ainsi que des modes de vie fascinants. La plupart sont des chasseurs, mais ils n'ont pas de gros besoins de nourriture, car ils ne dépensent pas d'énergie à emmagasiner de la chaleur. Les crocodiles peuvent rester plusieurs mois sans manger et certains grands serpents survivre une année entière avec un seul repas.

▼ LE TUATARA

Présentes uniquement en Nouvelle-Zélande, les deux seules espèces de tuatara sont les survivants d'un groupe de reptiles disparu il y a plus de 100 millions d'années, à l'ère des dinosaures.

Tuatara

Alligator américain

▲ LES CROCODILES

Les alligators et les crocodiles, les plus puissants de tous les reptiles, sont des prédateurs féroces qui chassent et tuent des animaux aussi gros que les zèbres.

LES LÉZARDS APODES ▶

Certains lézards, dépourvus de pattes, ressemblent à des serpents et se comportent comme tels. L'orvet fragile, ou serpent de verre, présente des vestiges de pattes prouvant que ses ancêtres étaient des lézards comme les autres.

Le corps fin du serpent ratier à queue rouge fait de lui un bon grimpeur.

Serpent à sonnette

Serpent ratier à queue rouge

Sentant un danger, cette couleuvre à collier fait la morte en espérant passer inaperçue.

▼ LES COBRAS

Figurant parmi les plus mortels des serpents venimeux, les cobras sont armés d'un venin neurotoxique qui paralyse leur victime, l'empêchant de respirer et la tuant par asphyxie.

LES VIPÈRES ▶

Dotées de longs crochets venimeux qui se projettent vers l'avant quand elles ouvrent la gueule, les vipères comme les serpents à sonnette sont extrêmement dangereuses. Heureusement, les serpents à sonnette agitent leur queue en guise d'avertissement.

La couleuvre à collier est une excellente nageuse. Elle ondule à travers l'eau à la recherche de grenouilles dont elle se nourrit.

Cette petite tortue a une carapace aérodynamique qui lui permet de glisser dans l'eau.

Tortue d'Hermann

Tortue de Floride

▲ LES TORTUES

Bien reconnaissables à leur carapace, les tortues de mer et les tortues terrestres existent depuis l'époque des premiers dinosaures. Les tortues terrestres sont réputées pour leur lenteur, mais les tortues de mer sont capables de nager assez rapidement sur de longues distances.

Cobra à monocle albinos

41

Œil à l'extrémité
du tentacule ❷

La tête de l'encornet
se termine par huit bras
et deux tentacules.

Le calmar nage
plus vite que tout
autre invertébré.

❺

❹

LES MOLLUSQUES

L'escargot, la moule et même la pieuvre sont des
mollusques, animaux à corps mou souvent dotés
d'une coquille calcaire. Certains sont terrestres mais
la plupart vivent dans l'eau ou sur les littoraux. L'escargot
et la pieuvre sont mobiles et trouvent leur nourriture grâce à leurs
organes sensoriels. Toutefois, de nombreux mollusques aquatiques,
comme la moule, passent toute leur vie d'adulte au même endroit.
Ils n'ont ni organes sensoriels ni tête, et leur corps est protégé par
une coquille double, qui s'ouvre et se ferme selon les besoins.

❶

❸

Le bulot extrait les dépôts
calcaires de l'eau pour
former sa coquille.

❽

❾

❶ **L'escargot** Rampant sur son unique pied
musclé, l'escargot peut rentrer son corps mou
dans sa coquille quand il se sent menacé.

❷ **L'escargot géant** Originaire d'Afrique
tropicale, l'escargot géant peut atteindre 30 cm
de longueur. À l'avant de son pied, une glande
produit le mucus qui lui permet de ramper.

❸ **Le bénitier géant** Le bénitier géant,
plus grand des mollusques, peut mesurer 1 m
de large. Il se trouve un endroit approprié dans
un récif corallien et y reste toute sa vie.

❹ **Le calmar** Il capture des poissons avec ses
tentacules, change de couleur et fuit à reculons
grâce à un système de propulsion arrière.

❺ **La limace** Escargot sans coquille, la limace
vit dans les lieux offrant les minéraux calcaires
dont les autres mollusques se servent pour
fabriquer leur coquille en grandissant.

❻ **La patelle** Fixant sa robuste coquille
aux rochers, la patelle est bien équipée pour
survivre sur les côtes rocheuses agitées.

La patelle se sert de sa coquille conique pour se protéger contre les vagues.

6

La pieuvre déploie ses tentacules pour attraper ses proies.

Dans les lèvres charnues du bénitier géant, les algues fabriquent des aliments pour leur hôte en utilisant la lumière solaire.

Mollusque

La seiche change de couleur quand elle se sent menacée.

12

7

Les moules aspirent l'eau dans leur coquille en filtrant les particules comestibles.

10

11

7 La pieuvre Comme la seiche et le calmar, la pieuvre est un animal intelligent doté d'une très bonne vue. Elle utilise les ventouses de ses huit longs tentacules pour attraper des crabes.

8 Le bulot Sorte d'escargot marin, le bulot se sert de son excellent odorat pour repérer dans l'eau les animaux morts dont il se nourrit.

9 La coquille Saint-Jacques Comme la moule, la coquille Saint-Jacques est un mollusque bivalve. En cas de danger, elle se ferme en expulsant son eau, ce qui la propulse.

10 La moule Toutes les moules se fixent à des rochers à l'aide d'une «barbe» de filaments et filtrent l'eau riche en aliments pour se nourrir.

11 La limace de mer De nombreuses limaces de mer ont une bordure festonnée de couleur flamboyante. Cette couleur est un avertissement pour les prédateurs.

12 La seiche La seiche possède une coquille interne qu'elle remplit d'air pour en faire un flotteur et dériver à la poursuite de sa proie.

LES COQUILLAGES

Le corps de certaines créatures est protégé par une robuste coquille. C'est le cas de toutes sortes d'animaux, du crabe au tatou, mais les plus connus sont les mollusques comme le bigorneau, la coque et la moule. Ils absorbent les minéraux calcaires de leur nourriture ou de l'eau de mer, et les transforment en superbes coquilles sculptées souvent de couleur vive. L'intérieur est parfois revêtu de nacre brillante.

❶ LE NAUTILE
Parent de la pieuvre, doté de gros yeux et d'environ 90 tentacules, le nautile peut rentrer dans sa coquille à l'intérieur nacré pour se mettre en sécurité. Ses loges internes lui servent de flotteurs.

❷ LE PEIGNE DE VÉNUS
Tenant son nom de sa ressemblance avec un peigne, cet escargot marin vit dans les océans Indien et Pacifique. Sa centaine d'épines pointues le protègent contre ses prédateurs comme les raies mangeuses de coquillages.

❸ LA MITRE PAPALE
La mitre papale est l'une des 500 espèces de mitres, des coquillages allongés et pointus ressemblant à la coiffe des évêques et des papes. La mitre papale peut mesurer jusqu'à 15 cm de longueur.

❹ L'ESCARGOT TERRESTRE DE CUBA
Certains escargots terrestres sont assortis à leur environnement, ce qui leur permet de se camoufler. Ceux dont la couleur est différente de celle du milieu sont vite mangés par les oiseaux.

Scalaire précieux

Ce coquillage aux spires délicates était autrefois très recherché, d'où son nom.

Mitre papale

Distorsio commun

Le distorsio se rencontre dans les eaux tropicales.

Coquillage

Véritables aiguilles, les épines cassent facilement en perçant un autre animal.

Peigne de Vénus

Le nautile peut modifier sa flottaison en aspirant et expirant du fluide dans ses loges internes remplies de gaz.

Coupe transversale d'un nautile

Au repos, l'animal enveloppe entièrement sa coquille de son corps mou, ce qui lui donne son brillant.

44

❺ L'HUÎTRE

L'intérieur de la plupart des huîtres est nacré. Lorsqu'un grain de sable pénètre dans la coquille, l'huître l'entoure de nacre, couche après couche, ce qui donne une perle.

❻ LE TEST D'OURSIN

Possédant une « coquille », le test, recouverte de peau, l'oursin n'est donc pas un vrai coquillage. Ce test est parsemé de trous correspondant aux pieds de l'animal et de tubercules – les piquants.

❼ LA COQUE ÉPINEUSE

Formée de deux demi-coquilles, la coque est un mollusque bivalve. Elle s'enfouit dans le sable des zones découvertes à marée basse et se ferme hermétiquement jusqu'à ce que la marée remonte.

❽ L'ESCARGOT DE L'ÎLE DE MANUS

Les escargots ont une coquille enroulée en spirale qui s'amenuise vers la pointe. En grandissant, l'animal sécrète de la coquille au niveau de son ouverture, qui ne cesse de croître.

Escargot de l'île de Manus

Oursin tropical

Emplacement de la bouche

Coque épineuse

Oursin tropical

Escargots terrestres de Cuba

Les Indiens d'Amérique fabriquent des bijoux avec les huîtres épineuses, qui vivent au large de la Californie.

Porcelaine

Huître épineuse

Huître à lèvres noires

Pigeon biset

LES OISEAUX

Seuls animaux à plumes, les oiseaux vivent dans
le monde entier. Beaucoup sont parfaitement adaptés
au vol grâce à leurs puissants muscles ventraux.
La diversité des espèces est étonnante,
de l'albatros au paon coloré, en passant
par l'émeu, incapable de voler,
et le minuscule colibri.

Oiseau

▲L'AIGLE RAVISSEUR
L'aigle est un puissant chasseur.
Il repère sa proie de très haut, puis fond
sur elle pour la capturer entre ses serres.
L'aigle ravisseur est connu pour son habitude
de voler la chasse des autres rapaces.

LE DIAMANT MANDARIN ▲
Comme beaucoup d'oiseaux,
le diamant mandarin d'Australie
vit en vastes troupes qui volent
et se nourrissent ensemble.
Grâce à son bec trapu,
il casse l'épaisse peau
des graines pour en
manger l'amande.

Les serres
extrêmement
puissantes de l'aigle
constituent une
arme redoutable.

Les ailes
du manchot
lui servent
à nager et non
à voler.

▲L'ÉMEU
Plus gros oiseau après
l'autruche, l'émeu est un herbivore
incapable de voler. Pour se nourrir,
il parcourt de longues distances dans les
déserts et les plaines semi-arides d'Australie.

Les oiseaux
passent des heures
à nettoyer leurs
ailes pour les
entretenir.

Manchots
royaux

Canards
de basse-cour

Paon

Le paon mâle déploie
les longues plumes
de sa queue pour
faire la roue.

Les perroquets cassent les fruits à coque avec leur bec puissant.

Perroquet

◄LE HARFANG DES NEIGES ►

Si la plupart des chouettes chassent la nuit, le harfang des neiges est actif pendant le jour presque continu de l'été arctique. Son ouïe fine lui permet de repérer les petits animaux comme le lemming.

Ses plumes très douces lui permettent de voler silencieusement.

▲L'ALBATROS

Doté de longues ailes étroites, l'albatros peut planer des heures dans les vents océaniques sans bouger un muscle. Il se nourrit d'animaux marins, qu'il pêche dans l'océan avec son bec.

Certaines hirondelles peuvent voler pendant des mois sans se poser.

Hirondelle

Le colibri vole sur place pour aspirer le nectar des fleurs.

Colibri

◄LE PIC

Avec son puissant bec, le pic creuse son nid dans un tronc d'arbre ou picore des insectes dans les bois tendres. Grâce à sa longue langue, ce pivert attrape des fourmis à l'intérieur des fourmilières.

Perruches ondulées

LE TOUCAN ►

L'énorme bec du toucan toco est bien plus léger qu'il n'en a l'air, car il est rempli de cavités et se compose d'une matière cornée légère. Ce bec lui sert à se nourrir et à intimider les autres mâles.

La couleur rose du flamant provient des pigments de sa nourriture.

Mésange bleue

Paon dressant sa traîne

LE FLAMANT ▲

Vivant en grandes colonies, le flamant mange des petits animaux et des algues des lacs chauds. Pour se nourrir, il tient son bec renversé dans l'eau, aspire l'eau et la filtre pour ne garder que les aliments.

LA PAONNE ►

La femelle du paon est terne et peu colorée par rapport au mâle qui, à la saison des amours, fait la roue pour séduire sa partenaire.

Pattes palmées empêchant le flamant de s'enfoncer dans la vase

Pélican blanc

Les pélicans utilisent la poche de leur bec comme filet de pêche pour attraper les poissons.

LES ŒUFS

Toutes les femelles oiseaux pondent. Les jeunes grandissent dans l'œuf tenu au chaud par leurs parents. Pour sortir, ils doivent casser la coquille de l'intérieur. Ce n'est pas difficile pour un autruchon, mais ça l'est pour la plupart des autres oisillons, qui naissent à un stade bien moins développé, sans plumes et aveugles.

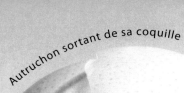

Manchot royal ❸

Autruchon sortant de sa coquille ❹

Faucon pèlerin

Jaseur

Grand pingouin ❶

Alouette

Aigle royal ❷

Cormoran

Corneille

Guillemot

Caille ❺

Tinamou élégant

Épervier ❻

Courlis

Coucou

❼

Mésange noire

Chevalier gambette

Fauvette à tête noire

❶ LE GRAND PINGOUIN
Ce bel œuf est l'un des derniers d'un grand oiseau aquatique aptère, qui vivait autrefois dans l'Atlantique Nord et se nourrissait de poissons. Chaque couple ne pondait qu'un œuf, et le dernier couple connu a été tué en 1844.

❷ L'AIGLE ROYAL
La femelle pond deux œufs à quelques jours d'intervalle, et couve le premier pour qu'il éclose plus tôt : si la nourriture est rare, il sera peut-être le seul à survivre.

❸ LE MANCHOT ROYAL
Le manchot royal vit en vastes colonies sur les îles rocheuses et venteuses autour de l'Antarctique. Chaque femelle pond un œuf et les parents se relaient pour le couver sur leurs pattes, sous la chaleur de leur ventre.

❹ L'AUTRUCHE
Plus gros oiseau du monde, l'autruche pond aussi les plus gros œufs. Chacun peut peser jusqu'à 1,9 kg, soit l'équivalent de 27 œufs de poule.

❺ LA CAILLE
La caille pond dans un nid sur le sol. Comme beaucoup d'œufs, les siens sont mouchetés pour passer inaperçus. La femelle ne se met à couver qu'une fois tous les œufs pondus. Autrement dit, ils commencent leur développement et éclosent tous en même temps. Les petits sont actifs dès la naissance, comme les autruchons.

❻ L'ÉPERVIER
Dans les années 1960, les éperviers ont été décimés en Europe par les pesticides utilisés en agriculture. Amincies par le poison, les coquilles de leurs œufs cassaient quand les parents voulaient couver. La plupart des pesticides dangereux sont aujourd'hui interdits.

48

Goéland argenté

Plongeon huard

Pipit farlouse

Engoulevent

Émeu

Bouscarle de Cetti

Grive musicienne

Crave à bec rouge

Kiwi

8

Œuf

9

Chevalier guignette

11

Lagopède d'Écosse

Bruant jaune

Poule

Colibri à gorge rubis

10

Chouette hulotte

Accenteur mouchet

Autruchon nouveau-né

Tinamou rubigineux

❾ LE CHEVALIER GUIGNETTE

Les chevaliers sont des échassiers qui pondent leurs œufs dans un petit creux à même le sol, près d'un point d'eau. Grâce à leur forme pointue, serrés les uns contre les autres, ils occupent peu de place. Leur camouflage tacheté les dissimule bien. Si l'on trouve des œufs dans la nature, il ne faut surtout pas les toucher sous peine de les casser ou bien de perturber les parents qui n'en voudraient plus.

❿ LE COLIBRI

Les œufs du colibri sont les plus petits œufs d'oiseau. Celui du colibri d'Hélène est gros comme un petit pois, car cet oiseau ne mesure que 6 cm. Cet œuf de colibri à gorge rubis est plus gros, mais minuscule comparé à celui d'une autruche.

⓫ LA POULE

Les œufs que nous mangeons le plus souvent sont ceux de la poule : chaque année, on en consomme plusieurs centaines de milliards dans le monde.

❼ LE COUCOU

Le coucou met chacun de ses œufs dans le nid d'une autre espèce d'oiseau. La couleur de chaque œuf est assortie à ceux de l'espèce hôte. À la naissance, le petit pousse les autres œufs hors du nid pour avoir toute la nourriture rapportée par ses parents adoptifs.

❽ LE KIWI

Le kiwi est vingt fois plus petit que l'émeu, mais leurs œufs ont presque la même taille. L'œuf de kiwi est donc énorme par rapport à la femelle qui le pond et pèse un quart de son poids. Par comparaison, c'est comme si une femme mettait au monde un enfant de trois ans.

LE DÉPLACEMENT

La grande différence entre les animaux et les autres êtres vivants repose sur la notion de déplacement. Certains ne bougent pas beaucoup, comme l'anémone de mer qui est sédentaire (elle reste au même endroit) et attrape tout ce qui touche ses tentacules. La plupart des animaux se déplacent pour chercher leur nourriture, trouver un partenaire ou fuir leurs ennemis. Ils glissent, rampent, marchent, sautent, courent, nagent ou volent, parfois avec une incroyable rapidité. Certains ont développé des capacités étonnantes, comme les insectes et les araignées, qui marchent sur l'eau, et les crotales cornus qui rampent sur le côté.

Mouvement

❶ LE GIBBON
Le gibbon marche très bien, mais il se déplace surtout en passant de branche en branche dans la forêt grâce à ses longs bras puissants. Sa rapidité, son agilité et son élégance sont extraordinaires.

❷ LE SERPENT
Un serpent se déplace en faisant onduler son corps de la tête vers la queue. Certains serpents du désert comme ce crotale cornu ont développé un mode de locomotion plus surprenant, le déroulement latéral, qui leur donne l'allure d'un ressort.

❸ LA PIEUVRE
La pieuvre se déplace au fond de la mer à l'aide de ses longs bras élastiques. Mais elle peut fuir le danger en se propulsant : elle aspire de l'eau dans son corps, puis l'expulse à haute pression. La seiche et le calmar ont aussi cette capacité.

❹ LE MANCHOT
Excellents nageurs, les manchots se servent de leurs ailes atrophiées pour nager, mais ils marchent maladroitement. Sur les pentes neigeuses, ils préfèrent glisser sur leur ventre bien rembourré, en s'aidant de leurs pattes munies de solides griffes.

❺ LE POISSON
La plupart des poissons ont un corps flexible leur permettant de se déplacer dans l'eau grâce à leurs nageoires, qui contrôlent leur stabilité et leur direction. Certains, comme le thon, se propulsent à grande vitesse en utilisant seulement leur queue.

❻ L'ÉTOILE DE MER
L'étoile de mer peut plier ses bras, mais elle rampe au fond de la mer grâce à des centaines de petits pieds en tube. Chaque tube se remplit d'eau et peut s'allonger et bouger selon la pression de l'eau.

❼ L'ESCARGOT
En se contractant puis en s'allongeant, les muscles du pied de l'escargot créent un mouvement ondulant qui le pousse vers l'avant. De plus, des glandes produisent un mucus gluant qui lubrifie le sol et protège le pied de l'animal des objets tranchants.

❽ L'ARAIGNÉE D'EAU

Liées entre elles, les molécules d'eau de la surface d'une mare forment un film assez solide pour supporter de petits animaux comme cette araignée d'eau. De plus, les poils huileux de l'extrémité de ses pattes repoussent l'eau et l'empêchent de couler.

❾ LE GUÉPARD

Animal le plus rapide de toutes les espèces terrestres, le guépard peut courir à 110 km/h. Pour ce faire, il courbe le dos afin d'allonger sa foulée avant de bondir sur ses longues pattes. Mais il ne peut tenir ce rythme que 10 à 20 secondes environ.

❿ L'EFFRAIE DES CLOCHERS

Les oiseaux sont les maîtres des airs. La plupart, comme l'effraie des clochers, utilisent leurs puissantes ailes pour voler. D'autres peuvent parcourir de longues distances en se laissant porter par les courants ascendants, sans battre des ailes.

⓫ LE KANGOUROU

Pour sauter, le kangourou utilise les tendons de ses pattes postérieures comme des ressorts. Chaque fois qu'il touche le sol, ces tendons s'étirent comme des élastiques, puis se contractent à nouveau et propulsent le kangourou vers l'avant.

VIVRE ENSEMBLE

Les animaux et les plantes dépendent souvent les uns des autres pour survivre, que ce soit pour se nourrir, se mettre à l'abri ou se reproduire par pollinisation. Parfois, cette relation est un véritable partenariat : par exemple, l'un fournit de la nourriture et l'autre sa protection. D'autres profitent de la situation sans rien donner en échange, allant même jusqu'à nuire gravement à l'espèce hôte, voire à la tuer !

Ce corail tient sa couleur vive des algues microscopiques qui vivent en partenariat avec lui.

❶

❷

Cette fleur tubulaire est parfaitement adaptée au long bec du colibri porte-épée.

❸

Les fourmis protègent les pucerons contre leurs ennemis en échange de leur miellat sucré.

❹

Plus grand que son hôte et le nid de celui-ci, ce bébé coucou continue à réclamer de la nourriture.

En concurrence pour la nourriture et la lumière, ce figuier étrangleur finira par étouffer l'arbre sur lequel il s'est fixé.

❺

Société animale

Cet impala apprécie qu'un pique-bœuf à bec rouge vienne picorer ses parasites.

Le rémora s'accroche à la peau du requin grâce à sa ventouse dorsale.

❶ LE CORAIL

Le corail attrape ses proies avec ses tentacules et cède une partie des nutriments tirés de ses victimes à des algues microscopiques vivant dans ses tissus. En retour, celles-ci fabriquent du sucre avec l'énergie solaire et en transmettent une partie au corail.

❷ LE COLIBRI

En aspirant le nectar des fleurs, le colibri transporte du pollen de fleur en fleur. Certains végétaux portent des fleurs parfaitement adaptées au bec d'une espèce particulière de colibri pour l'inciter à venir butiner.

❸ LA FOURMI ET LE PUCERON

Les pucerons sont de petits insectes se nourrissant de sève végétale sucrée. Ils doivent en absorber beaucoup pour couvrir leurs besoins en protéines, et rejettent l'excès de sucre sous forme de gouttes de miellat. Les fourmis adorant ce miellat, elles protègent les pucerons contre leurs prédateurs.

❹ LE COUCOU

Le coucou est un parasite : il pond ses œufs dans les nids d'autres espèces d'oiseau. Chaque petit éclôt rapidement et pousse les autres œufs hors du nid pour récupérer toute la nourriture apportée par ses parents adoptifs. Il devient rapidement plus gros qu'eux, mais ils ne semblent pas s'en apercevoir.

❺ LE FIGUIER ÉTRANGLEUR

Certaines plantes des forêts pluviales, comme le figuier étrangleur, encerclent l'arbre sur lequel elles se sont fixées et le tuent lentement : le processus peut prendre cent cinquante ans. Elles lui volent ses nutriments, et l'arbre finit par mourir et se décomposer.

❻ LE PIQUE-BŒUF

Les herbivores à sabots comme l'impala sont souvent infestés de petits parasites tels que les tiques, dont ils ne peuvent se débarrasser. En Afrique, des oiseaux appelés pique-bœufs éliminent ces parasites en les mangeant.

❼ LE RÉMORA

Les requins ont des dents très acérées pour découper leurs proies. Les miettes sont dévorées par des poissons appelés rémoras, qui se déplacent avec les requins en s'accrochant à eux. Ils ne leur font aucun mal, et les requins les ignorent.

LES MAMMIFÈRES

Animaux à sang chaud, les mammifères allaitent leurs petits jusqu'à ce qu'ils supportent les aliments solides. Contrairement aux autres vertébrés (animaux dotés d'un squelette), la plupart portent une fourrure ou des poils. Les uns mangent des végétaux, d'autres de la viande et certains, comme l'homme, mangent les deux.

L'ÉCHIDNÉ ▶
L'échidné et le non moins étrange ornithorynque sont les seuls mammifères à pondre des œufs. Le petit tète sa mère jusqu'à l'âge de six mois. La mère mange des aliments comme des vers de terre, qu'elle trouve en fouillant le sol avec son long nez.

◀L'ÉLÉPHANT
Avec sa trompe, l'éléphant attrape de gros végétaux qu'il réduit en pulpe avec ses énormes dents. Plus gros animal terrestre, l'éléphant est très intelligent.

▲LA SOURIS
Près de la moitié des mammifères sont des rongeurs, groupe incluant les souris, les rats, les castors, les porcs-épics et les écureuils. Avec l'homme, la souris domestique est le seul mammifère présent sur tous les continents.

@ ▶▶
Mammifère

LE KANGOUROU ▶
Les marsupiaux, dont fait partie le kangourou, mettent au monde de minuscules bébés à demi formés. Le nouveau-né rampe jusqu'à la poche du ventre de sa mère pour téter et y vit jusqu'à ce qu'il ait fini son développement.

▲LA CHAUVE-SOURIS
La chauve-souris est un mammifère volant. Certaines mangent des fruits, mais beaucoup, comme l'oreillard, attrapent des insectes. Cet animal nocturne (actif la nuit) émet des ondes sonores dans l'obscurité, dont l'écho est renvoyé lorsqu'elles rencontrent une proie.

◄ LE TIGRE

Puissant chasseur, le tigre mange des oiseaux et d'autres mammifères. Il tue ses proies avec ses canines impressionnantes et découpe la viande en morceaux à l'aide de ses molaires tranchantes.

▲ LA TAUPE

Parfaitement adaptée à la vie souterraine, la taupe possède de puissantes griffes pour creuser le sol et des moustaches très sensibles qui compensent sa mauvaise vue.

▲ L'ORQUE

Les baleines et les dauphins, comme cette orque, vivent dans l'océan et nagent en battant la queue. Ils remontent à la surface pour respirer.

◄ LE GORILLE

Nos plus proches parents mammifères sont les singes. Le gorille est un herbivore vivant dans les forêts pluviales d'Afrique tropicale.

L'HIPPOPOTAME ▶

L'hippopotame passe la majeure partie de son temps à patauger dans les fleuves et les lacs. Cet herbivore massif possède la plus large gueule de tous les mammifères terrestres.

LE SOMMEIL

Les animaux dorment pour économiser leur énergie, reposer leurs muscles et permettre à leur cerveau de traiter les informations réunies pendant qu'ils étaient éveillés. Certains chasseurs dorment beaucoup, car ils ne consacrent que quelques heures par jour à chercher de la nourriture. Les animaux chassés passent bien plus de temps éveillés, en alerte.

La chauve-souris dort suspendue la tête en bas dans des grottes, des tunnels, des caves ou sur des arbres.

Sommeil

❶ La chauve-souris dort environ vingt heures par jour, en vastes colonies.

❷ Le paresseux n'est éveillé que quelques heures par jour. Il somnole beaucoup, accroché aux branches avec ses griffes, comme une chauve-souris.

❸ Le gorille aime dormir jusqu'à douze heures par jour.

❹ Le cheval n'a besoin que de trois heures de sommeil par jour.

❺ L'éléphant dort debout pendant la moitié de ses quatre heures de sommeil par jour. Il s'allonge pendant la phase de rêve, quand ses muscles sont trop relâchés pour qu'il tienne debout. Les gros herbivores tendent à moins dormir que les petits animaux, car ils passent beaucoup de temps à chercher leur nourriture et à manger.

❻ Le phoque dort souvent sur la terre ferme, ou à la verticale dans l'eau, voire sous l'eau, sans se réveiller quand il remonte pour respirer.

❼ Le loup peut dormir jusqu'à quatorze heures par jour, surtout s'il a bien mangé après une chasse fructueuse.

❽ Le cochon a besoin de huit heures de sommeil par jour.

❾ L'ours dort lui aussi environ huit heures par jour.

❿ Le tigre dort jusqu'à seize heures par jour, car il peut capturer toute la nourriture dont il a besoin en très peu de temps.

⓫ Le mouton descend d'animaux sauvages qui doivent veiller pour échapper aux prédateurs : il dort moins de quatre heures par jour.

⓬ Le kinkajou cherche sa nourriture la nuit et dort toute la journée, soit environ douze heures.

⓭ Le tatou dort dix-huit heures par jour, recroquevillé dans son terrier.

Le phoque dort environ six heures par jour.

⓮ Le bébé humain a besoin de quinze heures de sommeil par jour. Les adultes dorment en moyenne huit heures et les personnes âgées moins de six heures.

⓯ L'échidné dort environ quatorze heures par jour, et les scientifiques pensent qu'il ne rêve pas dans son sommeil, contrairement aux autres mammifères.

⓰ Le renard roux dort environ dix heures, surtout le jour. Comme de nombreux chasseurs, il traque ses proies la nuit en utilisant son nez et ses oreilles très sensibles.

22 Le chinchilla dort environ treize heures par jour dans son terrier des hautes montagnes d'Amérique du Sud.

23 Le lapin dort environ huit heures, surtout le jour. Il préfère se nourrir la nuit, car il est alors moins vulnérable aux prédateurs.

24 Le chimpanzé adulte dort dix heures par jour, mais ses petits dorment davantage.

25 Le bébé gorille dort plus longtemps que ses parents. Il dort ou somnole plus de quinze heures par jour.

26 Le hérisson dort dix heures pendant la journée. L'hiver, il hiberne (il passe les mois froids dans un état proche du sommeil).

Le cheval peut dormir debout sans tomber, car il bloque ses jambes.

Le sommeil du chien est proche de celui de l'homme.

17 Le koala mange des feuilles d'eucalyptus, difficiles à digérer et fournissant peu d'énergie. Il passe donc environ quinze heures par jour à dormir et cinq heures à somnoler.

18 Le chien dort dix heures par jour.

19 Le petit panda, sorte de raton laveur mangeant du bambou, dort environ onze heures par jour.

20 Le chat dort souvent quinze heures par jour. Les chats sauvages sont plus actifs la nuit.

21 Le lion dort au moins treize heures, pendant lesquelles les animaux alentour ne courent aucun risque.

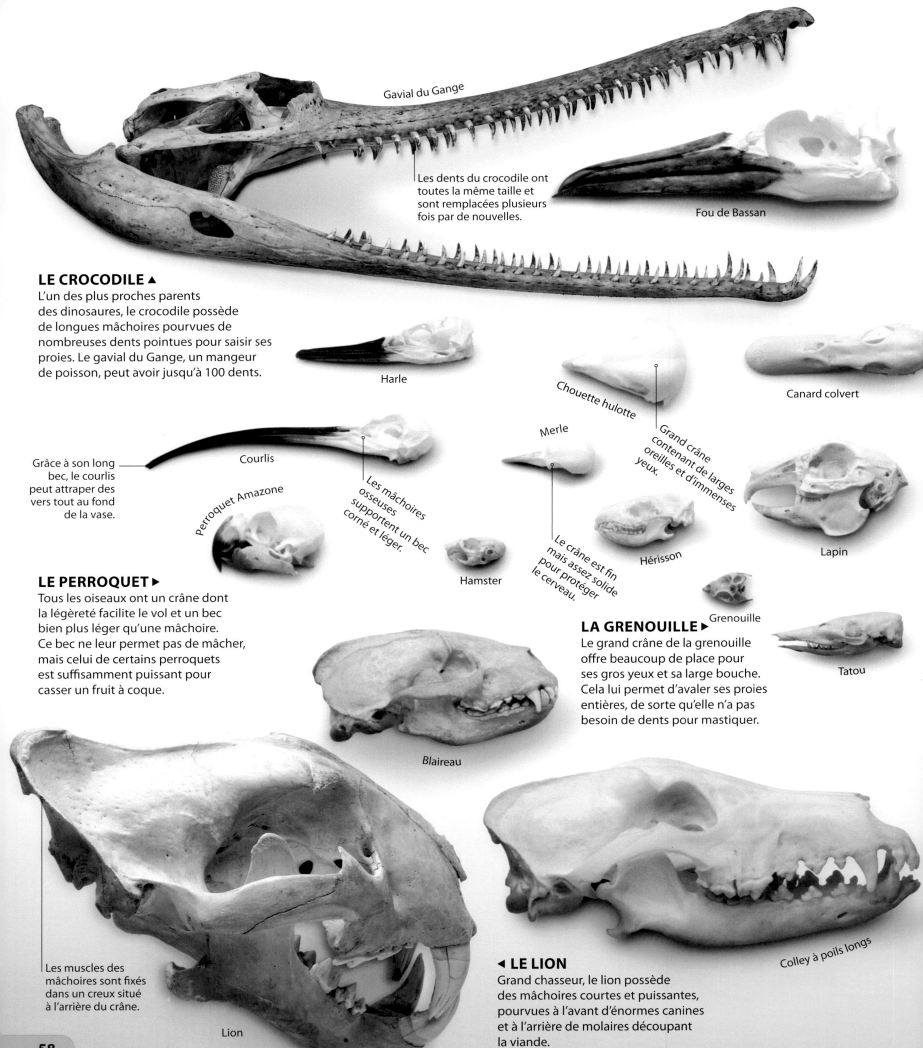

Gavial du Gange

Les dents du crocodile ont toutes la même taille et sont remplacées plusieurs fois par de nouvelles.

Fou de Bassan

LE CROCODILE ▲

L'un des plus proches parents des dinosaures, le crocodile possède de longues mâchoires pourvues de nombreuses dents pointues pour saisir ses proies. Le gavial du Gange, un mangeur de poisson, peut avoir jusqu'à 100 dents.

Harle

Chouette hulotte

Canard colvert

Merle

Grand crâne contenant de larges oreilles et d'immenses yeux.

Grâce à son long bec, le courlis peut attraper des vers tout au fond de la vase.

Courlis

Perroquet Amazone

Les mâchoires osseuses supportent un bec corné et léger.

Le crâne est fin mais assez solide pour protéger le cerveau.

Hérisson

Lapin

Hamster

LE PERROQUET ▶

Tous les oiseaux ont un crâne dont la légèreté facilite le vol et un bec bien plus léger qu'une mâchoire. Ce bec ne leur permet pas de mâcher, mais celui de certains perroquets est suffisamment puissant pour casser un fruit à coque.

Grenouille

LA GRENOUILLE ▶

Le grand crâne de la grenouille offre beaucoup de place pour ses gros yeux et sa large bouche. Cela lui permet d'avaler ses proies entières, de sorte qu'elle n'a pas besoin de dents pour mastiquer.

Tatou

Blaireau

Les muscles des mâchoires sont fixés dans un creux situé à l'arrière du crâne.

Colley à poils longs

◀ LE LION

Grand chasseur, le lion possède des mâchoires courtes et puissantes, pourvues à l'avant d'énormes canines et à l'arrière de molaires découpant la viande.

Lion

Le tamanoir possède des mâchoires et une langue extrêmement longues, mais aucune dent.

Tamanoir

Les gros yeux de ce puissant nageur sont situés dans de grandes cavités, les orbites.

LE BARRACUDA ▶

Contrairement aux mammifères, les diverses parties du crâne d'un poisson ne sont pas soudées. Les mâchoires de nombreux poissons sont séparées du crâne mais reliées par des os qui permettent à l'animal d'avancer la bouche pour saisir sa proie.

Barracuda

Les mâchoires massives sont armées de dents extrêmement pointues pour saisir les proies.

▼ L'ANTILOPE

Certains animaux, comme l'antilope et la vache, ont sur la tête deux cornes pour se défendre ou se battre contre des rivaux. Chez le cerf mâle, ces bois, ou cors, visent à impressionner les femelles et à se battre, mais ils tombent à la fin de la saison des amours. Une nouvelle paire de bois repousse chaque année.

Une pellicule de peau appelée velours nourrit le bois pendant qu'il pousse, et tombe en été.

Osseuses et creuses, les cornes sont recouvertes d'épaisses couches de kératine torsadées.

▼ LE BABOUIN

Parent proche des humains, le babouin possède un crâne similaire, mais des mâchoires plus longues et des molaires plus grosses. Cela est dû au fait qu'il mange beaucoup d'herbe qu'il doit mâcher. Le babouin a aussi de longues canines acérées qui lui servent à tuer ses proies et à se battre.

Antilope

Cerf

Baboin

Situées à l'avant du crâne, les orbites permettent au babouin de voir en trois dimensions.

Crâne

La cavité nasale contient des os enroulés, les cornets, tapissés d'une membrane qui perçoit les odeurs.

Un long museau permet à l'antilope de brouter l'herbe en restant à l'affût du danger.

LES CRÂNES

Les vertébrés (animaux dotés d'un squelette) possèdent un solide crâne osseux. Celui-ci se compose d'os crâniens qui protègent le cerveau, d'os maxillaires qui portent les dents ou le bec et d'os faciaux contenant les orbites et les fosses nasales. L'ensemble, relativement lourd, est soutenu par les muscles du cou.

Les incisives tranchantes de la mâchoire inférieure sont idéales pour brouter l'herbe et les feuilles.

LES CELLULES SANGUINES
Sang humain en fausses couleurs
grossi 13 500 fois au microscope
électronique à balayage.
Les globules rouges (en rouge)
transportent l'oxygène, les blancs
(en jaune) participent au système
immunitaire.

Le corps humain

LES CELLULES

Le corps humain est formé de milliards de minuscules unités vivantes, les cellules. Elles comptent plus de 200 types différents, chacun ayant une forme, une taille et une fonction propres. Les cellules de même type fonctionnent ensemble en unités appelées tissus. Chaque cellule est entourée d'une fine membrane régulant l'échange de nutriments et d'autres substances entre l'extérieur et l'intérieur de la cellule. Les cellules se multiplient en se divisant constamment en deux cellules filles identiques. C'est ce qui permet au corps de grandir et de remplacer les cellules abîmées ou mortes.

@Ж
Cellule

Macrophage s'apprêtant à capturer une bactérie (en bleu), qu'il va ensuite absorber et digérer.

Les cellules épithéliales
sont solidaires et forment
la paroi protectrice de
l'intérieur de l'estomac.

L'ostéocyte vit dans
une cavité, ou lacune,
de la matrice osseuse.

La matrice osseuse
est formée de sels
de calcium durs et
de fibres de collagène
plus souples.

La cellule
graisseuse
contient une
gouttelette
de graisse riche
en énergie.

❶ LES CELLULES NERVEUSES

Dans le cerveau, la moelle épinière
et les nerfs, les cellules nerveuses
(neurones) transmettent et traitent
des signaux électriques, les impulsions
nerveuses. Celles-ci coordonnent
les processus corporels et permettent
de ressentir, réfléchir et bouger.

❷ LES GLOBULES BLANCS

Circulant dans le sang et dans la lymphe,
un fluide transparent, les globules blancs
défendent le corps contre les maladies.
On distingue les macrophages et les
neutrophiles, qui mangent les bactéries
et autres microbes, et les lymphocytes,
qui libèrent des anticorps bloquant
les microbes.

❸ LES CELLULES ÉPITHÉLIALES

Jointives et solidaires, ces cellules
protègent les tissus corporels contre les
substances chimiques et les microbes.
Elles constituent la couche externe de
la peau et la paroi interne d'organes
creux (estomac, poumons, vessie…).

❹ LES CELLULES OSSEUSES

Les ostéocytes contribuent à maintenir
les os en bon état. Ils fabriquent d'abord
de l'os, puis se retrouvent «emmurés»
dans des cavités et communiquent entre
eux par des tentacules. Ces cellules
puisent leurs nutriments dans les
vaisseaux sanguins proches.

❺ LES CELLULES DU FOIE

Les hépatocytes permettent au foie de
remplir des centaines de fonctions, dont
le contrôle de la composition sanguine,
et de stabiliser l'organisme. Par exemple,
ils traitent et stockent les nutriments
et éliminent les substances toxiques.

❻ LES CELLULES GRAISSEUSES

Les adipocytes sont spécialisés dans
le stockage de la graisse. Ils forment
le tissu adipeux, réserve d'énergie
protégeant les organes comme les reins
et isolant l'organisme de l'extérieur
en s'accumulant sous la peau.

LE SQUELETTE

Composé de 206 os, le squelette humain est une charpente souple qui soutient le corps, modèle ses contours et autorise les mouvements lorsque les muscles le sollicitent. Par ailleurs, le squelette protège les organes internes mous tels que le cerveau et les poumons. Les os, qui constituent jusqu'à 20 % de la masse corporelle, sont reliés au niveau des articulations et par des bandes de tissu conjonctif solides et élastiques, les ligaments.

❶ LE CRÂNE

Les os du crâne protègent le cerveau, constituent l'armature du visage et servent d'ancrage aux muscles des expressions faciales. Le crâne compte 22 os, dont 21 sont soudés par des articulations immobiles, les sutures. Seule la mâchoire inférieure (mandibule) est mobile.

La mandibule permet d'ouvrir la bouche pour manger, respirer et parler.

❷ LE TRONC

Les os du tronc (thorax) se composent du sternum, des côtes et d'une partie de la colonne vertébrale. Ensemble, ils forment une cage de protection pour les poumons et le cœur.

L'épaule est l'articulation la plus souple du corps.

Humérus

❸ L'AVANT-BRAS

L'avant-bras se compose de deux os parallèles, le cubitus et le radius. Le radius tourne autour du cubitus pour former la pointe du coude, et constitue une articulation avec le carpe (os du poignet).

Le radius est l'os externe de l'avant-bras.

Le cubitus est l'os interne de l'avant-bras.

❹ LES COUDES

Les os du bras et de l'avant-bras se rejoignent au coude. Sorte de charnière, cette articulation donne la possibilité de plier ou de tendre le bras. La rotation des os de l'avant-bras au niveau du coude permet de tourner la paume vers le haut ou vers le bas.

Le cotyle est l'endroit où la tête ronde du fémur s'emboîte dans la cavité sphérique de l'os de la hanche.

Le sacrum relie la colonne vertébrale au bassin.

Les phalanges sont les 14 os allongés des doigts de la main.

❼ LA MAIN

Articulée au niveau du poignet, la main se compose de 27 os et de nombreuses articulations mobiles (jointures) qui lui permettent de réaliser de nombreuses tâches. Le pouce humain est opposable, c'est-à-dire qu'il peut toucher l'extrémité de chacun des autres doigts.

❾ LES ORTEILS

Les phalanges des orteils sont bien plus courtes et moins flexibles que celles des doigts de la main. Elles permettent de se tenir debout et sur la pointe des pieds. Par ailleurs, elles aident à propulser le corps vers l'avant lors du déplacement.

Les métatarsiens sont les 5 os allongés reliant les orteils au milieu du pied.

❻ LA CEINTURE PELVIENNE

Cette structure solide en forme de bol se compose des deux os courbes de la hanche (bassin) et du sacrum. La ceinture pelvienne soutient les organes abdominaux et relie les os de la cuisse au reste du squelette.

Squelette

Le péroné est le plus petit os de la jambe.

Les tarsiens sont les 7 os formant la cheville, le talon et une partie de la voûte plantaire.

Le fémur (os de la cuisse) est l'os le plus long du corps.

❺ LE GENOU

Situé entre le fémur (os de la cuisse) et le tibia (un des deux os de la jambe), le genou est l'articulation la plus solide et la plus complexe du corps. Il permet de plier ou de tendre la jambe et soutient le poids du corps au cours d'activités comme la course et le saut.

Le tibia relie le fémur aux os de la cheville.

❽ LE PIED

Le pied comprend les os de la cheville, de la plante et des orteils, qui soutiennent le poids du corps. Ces os constituent une plate-forme flexible permettant la marche et amortissant le choc lorsque l'on pose le pied au sol.

Les phalanges sont les 14 os allongés des orteils.

LES MUSCLES

Tout mouvement du corps – saut, clin d'œil, battement cardiaque… – est produit par des muscles. Les muscles squelettiques sont reliés aux os et permettent au corps de se mouvoir. Les muscles lisses, par exemple, poussent les aliments vers l'intestin. Le muscle cardiaque, le myocarde, fait contracter le cœur. Tous les muscles se composent de cellules, les fibres, qui se contractent (rétrécissent) pour exercer une traction.

❶ LES MUSCLES SQUELETTIQUES

Ce sont des muscles striés qui se composent de longues fibres musculaires cylindriques et parallèles pouvant atteindre 30 cm de longueur. Liés en faisceaux, ils forment les muscles attachés aux os par une sorte de cordon, les tendons. Les muscles striés font mouvoir le corps sur ordre du système nerveux.

❷ LES MUSCLES LISSES

Superposées en couches, les fibres musculaires lisses tapissent l'intérieur des organes creux. Les muscles lisses de l'intestin, par exemple, poussent la nourriture et ceux de la vessie expulsent l'urine. Ces muscles se contractent lentement et de façon involontaire.

❸ LE MUSCLE CARDIAQUE

Présentes uniquement dans la paroi du cœur, les fibres musculaires cardiaques forment un réseau qui se contracte automatiquement et sans interruption pour pomper le sang vers l'ensemble du corps. Les stimulations du système nerveux accélèrent ou ralentissent le rythme cardiaque selon les besoins du corps.

Muscle

Le deltoïde assure l'élévation du bras sur le côté et son balancement vers l'avant et l'arrière.

Le grand droit de l'abdomen exerce une traction sur la paroi abdominale et plie le corps en avant.

Le couturier fléchit la cuisse au niveau de la hanche et la tourne vers l'intérieur.

Le quadriceps fémoral se compose de quatre muscles qui tendent la jambe au niveau du genou.

Le tibial antérieur soulève le pied.

MUSCLES SUPERFICIELS

Le diaphragme sépare le thorax (tronc) de l'abdomen et participe à la respiration.

Le grand adducteur tire la cuisse et la tourne vers l'intérieur.

MUSCLES PROFONDS

LA FACE AVANT

Les muscles squelettiques se superposent, les muscles superficiels recouvrant les muscles profonds. Ceux de la face avant du corps produisent les expressions du visage, bougent la tête vers l'avant et le côté, élèvent les bras et les plient au niveau du coude, fléchissent le corps vers l'avant et le côté, plient les jambes au niveau de la hanche, tendent les genoux et soulèvent les pieds.

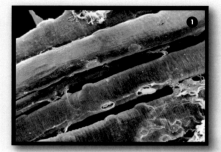

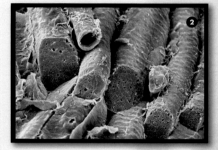

Le triceps brachial
tend le bras au
niveau du coude.

Le grand dorsal tire
le bras vers l'arrière
et vers le corps.

Le moyen fessier tire
la cuisse vers le côté.

Le biceps fémoral
(l'un des ischio-
jambiers) fléchit
la jambe au
niveau du genou.

Le grand fessier
tend la cuisse au niveau
de la hanche en station
debout pour, par exemple,
gravir un escalier.

Le muscle jumeau
externe étire le tendon
d'Achille pour plier
le pied vers l'avant.

Le long péronier
assure l'extension
du pied.

Le tendon d'Achille est
le tendon le plus épais et
le plus solide du corps.

LES MUSCLES SUPERFICIELS

Les muscles
intercostaux
soulèvent les
côtes pendant
la respiration.

Le jambier
postérieur
tourne le pied
vers l'intérieur.

LES MUSCLES PROFONDS

LA FACE ARRIÈRE

Tous les muscles portent un nom latin décrivant
leur taille, leur emplacement, leur forme
ou leur rôle. De la tête aux pieds, les muscles
squelettiques de la face arrière du corps portent
la tête, stabilisent les épaules, maintiennent
la posture verticale du dos, tendent les bras
et les tirent vers l'arrière, tendent les cuisses
au niveau de la hanche, plient les genoux
et étirent les orteils vers le bas.

LES ORGANES INTERNES

Les milliards de cellules du corps, extrêmement organisées, sont groupées par types formant des tissus. Les organes sont constitués d'un minimum de deux types de tissu et, lorsqu'ils sont reliés entre eux, forment un système jouant chacun un rôle bien défini, comme la digestion. Les 12 appareils corporels collaborent et interagissent pour faire fonctionner le corps humain. Six d'entre eux sont présentés sur cette page. Les autres sont les systèmes tégumentaire (peau), squelettique (os), musculaire, endocrinien (hormones), immunitaire (défense) et reproductif.

Organe

◀LE CERVEAU

Le cerveau est le centre du système nerveux, qui contrôle les activités corporelles. Il est dominé par l'encéphale, siège des émotions, de la réflexion et des souvenirs, qui ordonne aussi les mouvements du corps. Les autres parties du cerveau sont le cervelet, situé sous l'encéphale, et le tronc cérébral, qui contrôle de façon automatique la respiration et les battements cardiaques, et relie le cerveau à la moelle épinière.

Situé à la base de l'encéphale, le cervelet coordonne l'équilibre et le mouvement.

▼LA MOELLE ÉPINIÈRE

Extension du cerveau descendant le long du dos, la moelle épinière transmet les signaux entre le cerveau et le corps par l'intermédiaire des nerfs rachidiens. Elle contrôle par ailleurs de nombreuses actions réflexes du corps, comme retirer sa main quand on se brûle. La moelle épinière, le cerveau et les nerfs forment ensemble le système nerveux.

LES POUMONS ▶

L'appareil respiratoire est constitué de deux poumons et de voies aériennes par lesquelles l'air pénètre dans le corps. Chaque poumon contient un réseau de ramifications se terminant par des millions de petits sacs d'air. C'est par là que l'oxygène de l'air entre dans la circulation sanguine, puis va vers toutes les cellules, qui l'utilisent pour transformer les aliments en énergie.

◀LE CŒUR

L'appareil cardio-vasculaire transporte le sang dans tout le corps pour oxygéner et nourrir ses cellules, et éliminer les déchets. Situé entre les poumons, le cœur est le centre de ce système : il se contracte plus de 70 fois par minute pour faire circuler le sang dans tout le corps par les vaisseaux sanguins.

Le sang pénètre dans le cœur par les veines et en sort par les artères.

Par la respiration, l'air entre dans les poumons et en ressort.

L'air entre par le nez et la bouche, puis parvient aux poumons par la trachée.

◀LA RATE

La rate fait partie du système lymphatique, le réseau d'irrigation du corps. Elle contient des globules blancs, qui luttent contre les infections en détruisant les bactéries, et élimine du sang les vieux globules rouges.

▲L'ESTOMAC

Ce sac musculaire se dilate lorsqu'il reçoit et stocke les aliments mâchés et avalés. Ses parois brassent la nourriture en une soupe en partie digérée, qui passe ensuite dans l'intestin.

Le côlon (gros intestin) transforme les déchets en selles et les pousse hors du corps.

L'intestin est un long tube dans lequel se déroule la majeure partie de la digestion et de l'absorption.

▲LE FOIE

Plus gros organe interne, le foie contrôle la composition du sang en traitant les nutriments absorbés par l'intestin.

Stockée dans la vésicule biliaire, la bile aide à la digestion des graisses.

Des milliards de bactéries inoffensives digèrent les déchets dans le côlon.

L'APPAREIL DIGESTIF ▲

Le corps a besoin de nutriments pour son énergie, sa croissance et pour se réparer. Le système digestif décompose la nourriture pour obtenir les nutriments essentiels. Il est constitué de la bouche et des dents, de l'œsophage (tube musculaire allant de la bouche à l'estomac), de l'estomac, de l'intestin et du côlon. Les aliments sont digérés grâce à des forces mécaniques comme la mastication et à des substances nommées enzymes. Les nutriments passent ensuite dans le sang et sont transportés vers les cellules.

LE PANCRÉAS ▲

Le pancréas libère dans l'intestin des substances appelées enzymes pour aider à la digestion, et dans le sang des hormones (messagers chimiques) contrôlant son niveau de glucose, principal nutriment du corps.

Le foie stocke l'excès de glucose et le libère selon les besoins du corps.

Chaque rein contient un million de petits filtres traitant le sang pour fabriquer l'urine.

Les parois musculaires de l'uretère se contractent pour faire descendre l'urine vers la vessie.

La vessie est un sac musculaire qui, une fois plein, pousse l'urine vers l'extérieur à travers l'urètre.

L'APPAREIL URINAIRE ▲

L'appareil urinaire (reins, uretère, vessie et urètre) élimine du corps l'urine qu'il produit. Les reins fabriquent l'urine en évacuant les déchets et le surplus d'eau et de sels du sang afin que la composition de celui-ci soit constante. L'urine est stockée dans la vessie et expulsée par l'urètre situé à sa base.

69

LA RESPIRATION

Les milliards de cellules du corps doivent en permanence être alimentées en oxygène afin de libérer l'énergie dont elles ont besoin pour se maintenir en vie. Elles l'obtiennent par un processus appelé respiration. Le corps inspire l'air contenant de l'oxygène par son système respiratoire. L'oxygène entre dans la circulation sanguine par les poumons, puis parvient aux cellules. Le dioxyde de carbone retourne aux poumons par le sang, puis est expiré.

L'APPAREIL RESPIRATOIRE

Situé dans la tête, le cou et le thorax, le système respiratoire se compose des poumons, qui remplissent presque entièrement le thorax, et des voies aériennes – cavités nasales, gorge, larynx, trachée et bronches – où l'air circule. Cette image en rayons X montre les différentes parties de l'appareil respiratoire.

Respiration

Composée de 12 paires de côtes, la cage thoracique protège les poumons et intervient dans la respiration.

Les muscles situés entre les côtes (intercostaux) soulèvent la cage thoracique, ce qui pousse l'air dans les poumons.

L'air parvient aux poumons et en sort par la trachée.

La bronche droite part de la trachée et se ramifie à l'intérieur du poumon droit.

Les ramifications des plus petites bronchioles vont jusqu'au plus profond du poumon.

❶ LA TRACHÉE ARTÈRE

Prolongement du larynx situé à la base de la gorge, la trachée est un tube souple qui se divise en deux bronches. Elle est entourée de 16 à 20 demi-anneaux de cartilage qui la maintiennent ouverte lors de l'inspiration. Ses parois internes sont tapissées d'une muqueuse qui nettoie l'air inspiré de ses saletés et de ses microbes, processus qui a commencé dans les cavités nasales.

❷ L'ARBRE BRONCHIQUE

À l'intérieur d'un poumon, chaque bronche se divise en plus petites bronches qui se divisent elles aussi jusqu'à former des bronchioles. L'ensemble de cette structure se nomme arbre bronchique en raison de sa ressemblance avec un arbre à l'envers : la trachée correspond au tronc, tandis que les bronches représentent les branches et les bronchioles, les rameaux.

❸ BRONCHIOLES ET ALVÉOLES

Les plus fines bronchioles se terminent par 300 millions de sacs d'air, les alvéoles, qui remplissent l'essentiel des poumons et sont entourés de vaisseaux capillaires. En traversant la paroi de chaque alvéole, l'oxygène pénètre dans le sang en échange de dioxyde de carbone, qui fait le trajet inverse. La surface des alvéoles est assez importante pour que l'échange soit efficace.

Le diaphragme est un muscle au sommet arrondi qui sépare le thorax de l'abdomen.

❹ LE DIAPHRAGME

Situé sous les poumons, le diaphragme est essentiel à la respiration. À l'inspiration, il se contracte et s'aplatit tandis que les muscles soulèvent les côtes vers le haut et l'extérieur. Ce phénomène augmente le volume du thorax pour faire entrer l'air dans les poumons. À l'expiration, le diaphragme se relâche et remonte, et les côtes reprennent leur place, chassant l'air des poumons.

LE SANG

Le sang fournit des nutriments, de l'oxygène et autres éléments vitaux aux milliards de cellules et évacue leurs déchets. Par ailleurs, il distribue la chaleur dans tout l'organisme et le défend contre les infections. Le sang se compose d'un liquide jaune appelé plasma, dans lequel baignent les cellules sanguines. Les globules rouges prélèvent l'oxygène des poumons et le transmettent aux cellules. Les globules blancs défendent le corps contre les microbes. Le sang contient également des plaquettes, qui lui permettent de coaguler pour refermer les vaisseaux rompus. Les vaisseaux sanguins sont de trois types : les artères vont du cœur aux autres vaisseaux, les veines ramènent le sang au cœur, et les minuscules capillaires, qui relient les artères et les veines, apportent le sang aux cellules.

@ ▶▶

Sang

Un corps moyen contient 5 litres de sang.

Le sang des artères, riche en oxygène, est rouge vif. Le sang pauvre en oxygène des veines est rouge foncé.

Le sang se compose de 55 % de plasma et de 45 % de cellules sanguines.

Une goutte de sang contient environ 5 millions de globules rouges, 9 000 globules blancs et 400 000 plaquettes.

Composé d'eau à 90 %, le plasma contient plus de 100 substances dissoutes différentes, dont des aliments, des déchets, des hormones et des sels.

Les globules blancs, appelés neutrophiles et macrophages, mangent les microbes. Les lymphocytes bloquent les microbes au moyen de substances chimiques, les anticorps.

Mis bout à bout, les vaisseaux sanguins d'un adulte feraient deux fois le tour de la Terre. Les capillaires représentent 90 % de cette longueur.

De la largeur d'un pouce, les plus gros vaisseaux (aorte et veine cave) sont 2 500 fois plus gros qu'un capillaire, qui ne fait qu'un dixième de la taille d'un cheveu.

Les globules rouges oxygénés représentent 99 % de toutes les cellules sanguines.

Chaque seconde, 2 millions de globules rouges sont fabriqués par la moelle rouge située dans les os.

Au cours de sa vie, qui dure 120 jours, un globule rouge fait 170 000 fois le tour du corps, soit une fois par minute. Il est ensuite détruit puis recyclé par la rate et le foie.

Un globule rouge contient 250 millions de molécules d'hémoglobine rouge. Chacune présente quatre molécules d'oxygène, de sorte qu'un globule rouge peut transporter 1 milliard de molécules d'oxygène.

Le cœur est surtout constitué du muscle cardiaque, qui ne se fatigue jamais.

En 70 ans, le cœur bat 2,5 milliards de fois sans jamais s'arrêter.

Le cœur bat en moyenne 70 fois par minute. Son rythme peut doubler ou tripler pendant l'exercice pour fournir plus d'oxygène aux muscles.

Chaque individu possède l'un des quatre groupes sanguins (A, B, AB ou O) déterminé par de petits «marqueurs» présents dans les globules rouges.

On compte plus de 80 millions de dons de sang chaque année dans le monde. Les transfusions sanguines permettent de remplacer le sang perdu pendant une opération et de traiter certains problèmes médicaux.

LA PEAU, LES POILS ET LES ONGLES

La peau est une barrière protectrice entre les tissus corporels fragiles et les rudes conditions du monde extérieur. Elle empêche les pertes d'eau, bloque les microbes, se répare quand elle est abîmée, aide à maintenir la chaleur corporelle et permet de percevoir l'environnement. Sa partie supérieure est faite de cellules mortes remplies d'une substance dure et imperméable, la kératine. Les cheveux, les poils et les ongles, issus de la peau, sont constitués de cellules mortes elles aussi remplies de kératine.

L'épiderme est constitué de cellules qui, en remontant à la surface, meurent, s'aplatissent et se remplissent de kératine.

Les cellules plates et squameuses de la partie supérieure de l'épiderme sont sans cesse exfoliées.

Les cellules et les fibres vivantes du derme permettent à la peau de se tendre et de se rétracter.

Les cellules de la base de l'épiderme se divisent en permanence pour remplacer les cellules superficielles éliminées.

❶ LA PEAU
Une coupe transversale de la peau révèle deux parties. L'épiderme, barrière imperméable à l'épreuve des microbes, protège contre les rayons solaires nocifs. Plus épais, le derme contient les vaisseaux sanguins, les récepteurs sensoriels et les glandes sudorales.

Peau

❷ LA TRANSPIRATION
Ce liquide salé est produit par les glandes sudorales du derme. Lorsqu'il fait chaud, la sueur monte jusqu'à la surface de la peau, puis s'évapore, ce qui refroidit le corps et contribue à maintenir la chaleur corporelle à 37 °C.

Surface de l'épiderme sur le dos d'une main.

La mélanine et le sang circulant dans le derme donnent à la peau sa couleur.

❸ LA MÉLANINE
La mélanine, pigment brun produit par l'épiderme, filtre les rayons ultraviolets du soleil avant qu'ils n'endommagent les cellules de la peau.

La surface de la peau n'est pas lisse mais parsemée de sillons dans lesquels s'étalent les gouttes de transpiration.

La transpiration est une solution aqueuse filtrée à partir du sang et contenant des sels et des déchets. Elle sort par de petits orifices appelés pores.

L'ongle est constitué de plusieurs couches de cellules mortes et aplaties provenant de l'épiderme.

La peau du bout des doigts est sensible car elle contient de nombreux récepteurs du toucher.

Constitué de cellules mortes remplies de kératine, le poil pousse en hauteur à partir d'un bulbe.

L'alvéole de la peau dans lequel pousse le poil est un follicule pileux.

Une glande sébacée sécrète du sébum, une substance huileuse qui maintient la souplesse des poils et de la peau.

Dans les profondeurs du derme, le bulbe pilaire contient des cellules pileuses vivantes qui se divisent.

❹ L'ONGLE

Idéal pour saisir des objets ou se gratter, l'ongle est une plaque transparente protégeant le bout sensible du dessus du doigt. Ses cellules meurent, s'aplatissent et se remplissent de kératine à mesure que la matrice de l'ongle les pousse vers l'avant.

❺ POIL ET CHEVEU

De vastes zones du corps sont couvertes de poils. Les cheveux protègent la tête du soleil et réduisent les pertes de chaleur. Plus fins et courts, les poils du corps peuvent détecter la présence d'un insecte sur la peau avant qu'il ne pique ou ne morde.

❻ LES RÉCEPTEURS DU TOUCHER

Le derme contient des récepteurs qui réagissent au toucher, aux pressions et aux vibrations, et envoient au cerveau les signaux nous permettant de percevoir notre environnement. Le derme contient des récepteurs qui détectent la douleur, le chaud ou le froid.

LE CERVEAU

En sécurité à l'intérieur du crâne, le cerveau permet de sentir, penser, apprendre, se souvenir et bouger. Par ailleurs, il régule automatiquement des fonctions vitales comme la respiration. L'encéphale, sa partie principale, est divisé en deux hémisphères. L'hémisphère gauche, qui contrôle la partie droite du corps, est responsable du langage, des mathématiques et de la résolution des problèmes, tandis que l'hémisphère droit, qui contrôle la partie gauche du corps, traite de la créativité, de la musique et de l'art. Les nombreuses tâches de l'encéphale sont remplies par sa couche externe, le cortex, dont les différentes zones jouent chacune un rôle précis. Les zones motrices déclenchent le mouvement, les zones sensorielles traitent des sens et les aires d'association interprètent les informations.

Cerveau

❶ LE CORTEX PRÉFRONTAL
Partie la plus complexe de l'encéphale, le cortex préfrontal détermine notre personnalité et notre intelligence, et nous permet de raisonner, planifier, créer et apprendre des notions complexes, ainsi que d'avoir une conscience.

❷ L'AIRE DE BROCA
Tenant son nom de Paul Broca (1824-1880), le médecin français qui l'a découverte, l'aire de Broca se trouve dans l'hémisphère gauche. Elle planifie ce que nous voulons dire et envoie des instructions aux muscles de la gorge, de la langue et des lèvres pour produire la parole.

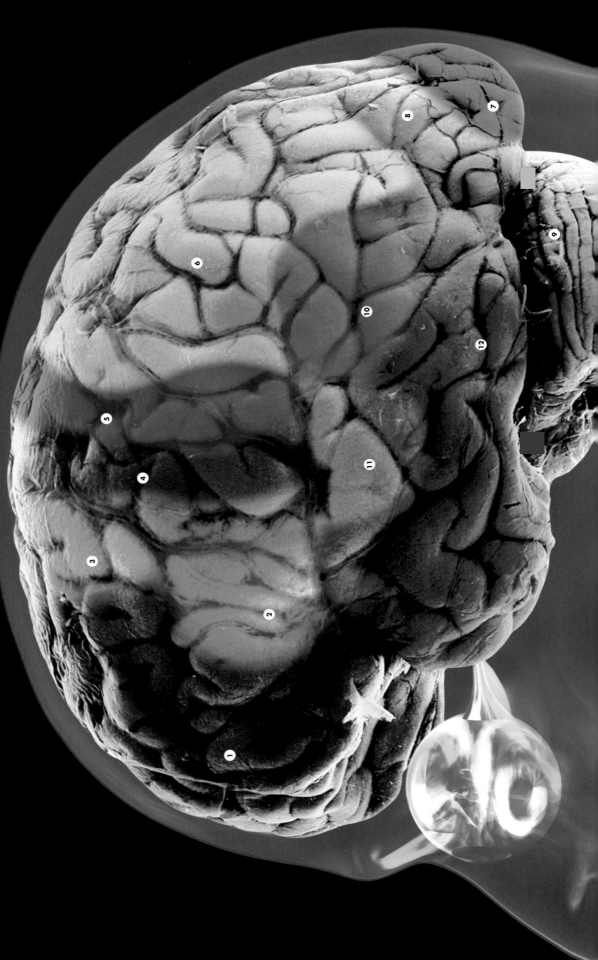

❸ LE CORTEX PRÉMOTEUR

Les mouvements appris, comme jouer au tennis, sont contrôlés et coordonnés par le cortex prémoteur. Il ordonne à des muscles spécifiques de se contracter, soit par l'intermédiaire du cortex moteur primaire, soit directement.

❹ LE CORTEX MOTEUR PRIMAIRE

Le cortex moteur primaire contrôle la plupart des mouvements. Guidé par les informations provenant du cervelet ou d'autres parties du cerveau, il envoie des instructions aux muscles qui font mouvoir le squelette pour leur dire quand se contracter, et selon quelle séquence.

❺ LE CORTEX SENSORIEL PRIMAIRE

Les récepteurs de la peau concernant le toucher, la pression, la vibration, le chaud, le froid et la douleur envoient à cette zone les signaux nous permettant de percevoir ces sensations. Les lèvres et le bout des doigts contiennent de nombreux récepteurs, d'où leur grande sensibilité.

❻ LE CORTEX SENSORIEL ASSOCIATIF

Les informations sensorielles de la peau sont transmises par le cortex sensoriel primaire au cortex sensoriel d'association. Celui-ci les analyse, les stocke et les compare avec les expériences précédentes, ce qui nous permet d'identifier les objets au toucher.

❼ LE CORTEX VISUEL PRIMAIRE

Lorsque la lumière touche la rétine du fond de chaque œil, des capteurs lumineux envoient des signaux au cortex visuel primaire. C'est là qu'ils sont interprétés en formes, couleurs et mouvements avant d'être transmis au cortex visuel d'association.

❽ LE CORTEX VISUEL ASSOCIATIF

C'est là que les informations provenant du cortex visuel primaire sur les objets vus sont interprétées et comparées aux expériences visuelles précédentes. Le cortex visuel d'association identifie ce que nous regardons et le localise dans l'espace, ce qui nous permet de « voir ».

❾ LE CERVELET

Le cervelet produit et coordonne les mouvements du corps. Il analyse les informations sur la position et les mouvements, puis interagit avec le cortex moteur primaire pour décider le moment précis où les muscles doivent se contracter.

❿ L'AIRE DE WERNICKE

Située dans l'hémisphère gauche du cerveau, l'aire de Wernicke donne un sens aux mots entendus ou lus. Tenant son nom du médecin allemand Carl Wernicke (1848-1905), son lien direct avec l'aire de Broca nous permet de prononcer les mots que nous entendons ou voyons.

⓫ LE CORTEX AUDITIF PRIMAIRE

Lorsque les deux oreilles perçoivent des sons, elles envoient des signaux au cortex auditif primaire. Celui-ci identifie l'intensité, la hauteur et le rythme des sons, informations qu'il transmet au cortex auditif d'association.

⓬ LE CORTEX AUDITIF D'ASSOCIATION

Les sons sont « entendus » dans le cortex auditif d'association. Grâce aux informations reçues par le cortex auditif primaire, il reconstitue le son complet et, en le comparant avec les sons stockés dans la mémoire, l'identifie, par exemple, comme musique, parole ou coup de tonnerre.

LES SENS

Nos sens nous font prendre conscience de notre environnement. Les yeux détectent des ondes lumineuses et les oreilles des ondes sonores, ce qui nous permet de voir et d'entendre. Percevant des substances chimiques, la langue et le nez nous offrent la possibilité de goûter et de sentir les saveurs et les odeurs. La peau détecte les textures et la chaleur.

L'iris contrôle la quantité de lumière pénétrant dans l'œil.

❶

Les formes, les couleurs et le mouvement sont détectés par le sens de la vision.

Le pavillon capte les ondes sonores et les dirige vers le canal auditif.

❷

Le canal auditif conduit les sons jusqu'à l'oreille interne, où ils sont perçus.

Les papilles filiformes (pointues) permettent à la langue d'attraper les aliments, mais sont dépourvues de bourgeons du goût.

Agiter une clochette produit des ondes sonores, qui sont détectées par les oreilles.

Téléphone portable

Clochette

LC & DR
N & SW

❶ LA VISION

La vision est le sens le plus important, car elle fournit au cerveau une quantité considérable d'informations sur l'environnement. La lumière réfléchie ou produite par un objet est automatiquement dirigée vers une couche de récepteurs lumineux qui tapisse le fond de l'œil. En réponse, ces récepteurs envoient des signaux à des zones situées à l'arrière du cerveau. Celles-ci déterminent ce que nous voyons et où cela se trouve, ce qui nous permet de voir des images mobiles, en trois dimensions et en couleurs.

❷ L'OUÏE

Les oreilles détectent des ondes de pression, les ondes sonores, qui se déplacent dans l'air. Ces ondes sont produites par des objets, que ce soit un téléphone portable ou une cloche, qui bougent ou vibrent. Les ondes pénètrent dans l'oreille interne située dans le crâne. Là, des récepteurs les convertissent en signaux, qui sont envoyés au cerveau. Celui-ci identifie alors la tonalité, le volume et la direction du son.

Les bonbons ont un goût agréable, car ils contiennent beaucoup de sucre.

Fonction sensorielle

Bourgeons du goût logés dans des papilles en forme de champignon

Les plumes sont douces au toucher et chatouillent.

❸ LE GOÛT

De petites saillies situées sur la langue, les papilles, abritent des récepteurs gustatifs, les bourgeons du goût, qui détectent les molécules de nourriture dissoutes dans la salive. Les bourgeons distinguent cinq goûts fondamentaux : l'acide, le sucré, le salé, l'amer et l'*umami* (savoureux). Le sens du goût nous aide à apprécier la nourriture et nous permet aussi de détecter des aliments toxiques.

Agrumes

Les sillons de la peau des doigts aident à saisir les objets.

En touchant la peau, un piquant de cactus stimule un récepteur de la douleur.

Certains fromages sentent très fort.

Fleurs fraîches

Le citron et les autres agrumes ont un goût acide.

❹ LE TOUCHER

La peau possède différents récepteurs permettant de percevoir notre environnement. La plupart sont des récepteurs du toucher qui envoient des signaux au cerveau quand la peau entre en contact avec un objet. Certains détectent les effleurements, d'autres les pressions plus fermes et d'autres encore les vibrations. Un autre type de récepteurs ressent les changements de température ou la douleur.

❺ L'ODORAT

Le nez peut détecter plus de 10 000 odeurs différentes. Lorsque l'air est inspiré par le nez, les molécules odorantes se dissolvent dans le mucus aqueux et sont perçues par des récepteurs du haut des cavités nasales. Les saveurs sont détectées à la fois par l'odorat et le goût. Mais l'odorat est plus important, ce qui explique pourquoi la nourriture n'a pas de goût quand on a le nez bouché. Certaines odeurs, comme celle du feu, nous avertissent d'un danger.

LA REPRODUCTION

Les êtres humains se reproduisent pour donner
naissance à une nouvelle génération qui les remplacera.
Les appareils reproducteurs masculin et féminin produisent
des cellules sexuelles spécialisées, les spermatozoïdes et les
ovules, qui fusionnent pendant la fécondation et associent leurs
données génétiques pour former un nouvel être humain. Après
la fécondation, l'embryon, futur fœtus, se développe dans l'utérus
de la mère pendant neuf mois de grossesse.

LA FÉCONDATION ▲

Dans l'appareil reproducteur de
la femme, les spermatozoïdes nagent vers
un ovule et tentent d'y pénétrer. Si l'un d'eux
y parvient, il perd son flagelle (queue), et sa tête
fusionne avec le noyau de l'ovule, ce qui associe
le matériel génétique (ADN) du père et de la mère.

L'ovule est
sphérique. Il ne
peut se déplacer
par lui-même.

En oscillant de la queue,
le spermatozoïde
transperce la couche
externe de l'ovule.

◄ LA MULTIPLICATION DES CELLULES

En progressant vers l'utérus, l'ovule fécondé se divise
sans cesse, passant de deux à quatre cellules, puis
huit, etc. Six jours après la fécondation, il s'implante
dans la paroi de l'utérus.

72 heures après
la fécondation, le futur
embryon est une boule
de 16 cellules.

La tête se tient plus droite
et les oreilles, organes
de l'équilibre inclus,
se développent.

Le foie fabrique
les cellules sanguines
jusqu'à ce que la
moelle des os puisse
prendre le relais.

Rétine du futur œil
sur le côté de la tête
de l'embryon.

▲ QUATRE SEMAINES

De la taille d'un petit pois,
l'embryon de quatre semaines
(sa tête est à gauche) a déjà
le cœur qui bat, et ses organes
vitaux, tout comme son système
nerveux, commencent à se
former.

▲ DE CINQ À SIX SEMAINES

Le cerveau continue à se développer, ainsi que d'autres organes
comme les intestins. Le crâne et le visage prennent forme,
et les membres, d'abord des bourgeons, commencent à grandir.
L'embryon flotte dans un sac rempli d'un liquide protecteur.

▲ SEPT SEMAINES

Les os de l'embryon, maintenant gros
comme un raisin, commencent à durcir,
et ses muscles se développent. Ses poignets
et ses chevilles sont visibles, tandis que
l'on devine ses doigts et ses orteils. Ses reins
commencent à traiter les déchets pour
produire de l'urine.

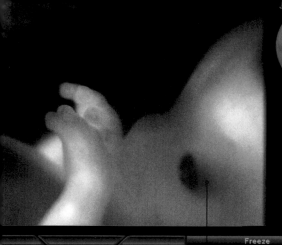

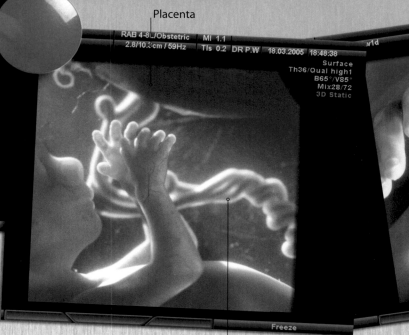

Placenta

RAB 4-8L/Obstetric MI 1.1
2.8/10.3cm / 59Hz TIs 0.2 DR P.W 18.03.2005 18:48:38
Surface
Th36/Qual high1
B65°/V85°
Mix28/72
3D Static

▲ DIX SEMAINES

Cinq cents fois plus gros que
l'ovule fécondé et composé
de milliards de cellules de
différents types, le fœtus, ainsi
qu'on l'appelle à ce stade,
possède tous ses organes vitaux
et grandit rapidement. Sa tête
est grosse, car son cerveau
grossit vite. Ses doigts sont
formés et ses ongles poussent.

Les yeux sont
en place sur
les côtés et
les paupières
se forment.

▲ DOUZE SEMAINES

Depuis leur implantation, les cellules
ont grandi et se sont spécialisées.
Le petit individu qu'elles ont modelé
est maintenant un humain
reconnaissable. Son visage possède
des traits, et ses doigts et orteils se
sont séparés. Ses organes internes
sont en place et son cœur bat.

Le fœtus reçoit les
aliments et l'oxygène
par le cordon ombilical,
qui est relié à la mère
par un organe appelé
placenta.

Reproduction

▲ VINGT SEMAINES

Les doigts et les oreilles se distinguent
nettement. La mère sent dans son
ventre les mouvements du fœtus.
Celui-ci cligne des yeux, déglutit (avale),
et suit des phases de sommeil et d'éveil.
Les sillons de ses empreintes digitales
apparaissent au bout de ses doigts.

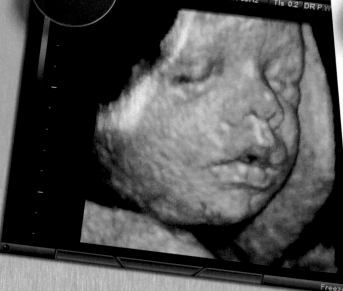

RAB 4-8L/Obstetric MI 1.1
2.8/10.3cm / 59Hz TIs 0.2 DR P.W

▲ TRENTE SEMAINES

L'échographie (ci-dessus) est une
méthode sûre pour vérifier le bon
développement du fœtus, et peut
révéler si c'est une fille ou un garçon.
À ce stade, le cerveau continue de
se développer rapidement. Le fœtus
entend les sons, et ses yeux réagissent
à la lumière. Ses poumons sont déjà
capables d'inspirer de l'air, mais c'est
encore trop tôt.

TRENTE-NEUF SEMAINES

À la fin de la grossesse, l'utérus se contracte
pour pousser vers le monde extérieur le fœtus
complètement formé. Une fois dehors, le nouveau-
né prend sa première inspiration, et l'on coupe
le cordon ombilical. Pendant les premières phases
de sa croissance et de son développement, le bébé
dépend complètement de ses parents pour son
alimentation et sa protection.

LA GÉNÉTIQUE

Si tous les êtres humains ont la même structure corporelle, chacun de nous (sauf les vrais jumeaux) possède des caractéristiques uniques. Cela est dû au fait que les informations provenant des parents, les gènes, varient d'une personne à l'autre. La génétique étudie la façon dont les gènes hérités des parents font ce que nous sommes.

@▶▶
Génétique

La couleur des yeux dépend de gènes spécifiques, dont les variantes produisent toute une gamme de couleurs.

❷ LES CHROMOSOMES

La molécule d'ADN d'une cellule porte 23 paires de chromosomes situées dans le centre de contrôle de la cellule, son noyau. Un chromosome est normalement long et fin, mais quand une cellule s'apprête à se diviser en deux nouvelles cellules, il se raccourcit en se dupliquant, et prend la forme d'un X.

❸ L'HÉRÉDITÉ

Nous héritons la moitié des chromosomes de chacun de nos parents. Nos 23 paires de chromosomes contiennent au total près de 25 000 gènes. Les chromosomes maternels et paternels portent des paires assorties de chaque gène – comme celui qui détermine la couleur des yeux –, mais pas forcément la même variante. S'il y a deux variantes, c'est le gène dominant qui l'emporte.

❶ ADN

Chaque cellule du corps contient une longue molécule d'ADN (acide désoxyribonucléique). L'ADN ressemble à une échelle torsadée dont les « barreaux » présentent quatre types de substances : les bases (en couleurs sur l'illustration). La séquence de bases d'une section d'ADN forme une instruction, un gène, qui fabriquera l'une des protéines qui créeront une cellule.

❹ LA SIMILARITÉ GÉNÉTIQUE

Comme les frères et sœurs héritent d'une sélection de gènes des mêmes personnes, leurs parents, ils se ressemblent souvent. C'est aussi le cas des faux jumeaux, alors que les vrais jumeaux portent les mêmes gènes : ils ont le même physique et sont de même sexe.

L'ALIMENTATION

Avoir un régime alimentaire équilibré est important pour la santé. Notre alimentation nous procure les nutriments nécessaires pour nourrir et réparer notre corps, et pour lui fournir de l'énergie. Il existe trois principaux types d'aliments, les hydrates de carbone, les protéines et les lipides, mais les vitamines et les minéraux sont indispensables en petites quantités. L'eau et les fibres alimentaires sont également vitales. Pour rester en bonne santé, il faut manger une proportion correcte de divers aliments. Les hydrates de carbone, ou glucides, principale source d'énergie du corps, se présentent sous deux formes : les sucres lents et les sucres rapides.

Nutrition

◀LES SUCRES RAPIDES

Les bonbons, les gâteaux et les biscuits devraient être consommés avec modération, car ils contiennent beaucoup de sucre ajouté. Une forte consommation de sucre donne au corps une grosse quantité d'énergie ponctuelle au lieu de l'apport constant fourni par les sucres lents. L'excès de sucre est stocké sous forme de graisse et provoque une prise de poids.

Le chocolat noir de bonne qualité procure des nutriments utiles (magnésium, phosphore, etc.), mais peut contenir beaucoup de graisses et de sucre.

Les noix sont riches en acides gras oméga 3, essentiels pour être en bonne santé.

LES MATIÈRES GRASSES ET LES HUILES ▶

Si elles apportent des vitamines et sont essentielles au bon fonctionnement du corps, les matières grasses et les huiles doivent être consommées avec modération. L'huile végétale, d'olive par exemple, contient des acides gras insaturés bons pour la santé. Les acides gras saturés, eux, présents dans de nombreux aliments d'origine animale et ajoutés dans les plats tout préparés, peuvent boucher les artères.

Comme toutes les graisses insaturées, l'huile d'olive se liquéfie à température ambiante.

LES PROTÉINES ET LES LAITAGES ▶

Notre régime alimentaire devrait compter environ 15 % de protéines, nécessaires à la croissance et à la réparation du corps. On en trouve dans les fruits à coque, les haricots, les œufs, le poisson et la viande. Riche en graisses saturées, la viande rouge est nocive en trop grande quantité. Les laitages fournissent des protéines et le calcium nécessaire aux os, mais peuvent contenir beaucoup de graisses.

FRUITS ET LÉGUMES ▶

Les fruits sont une bonne source d'eau, de fibres et de vitamines, et les sucres naturels procurent de l'énergie. Beaucoup apportent par ailleurs des antioxydants, qui peuvent réduire le risque d'apparition de certaines maladies. Les légumes contiennent des vitamines, des minéraux et beaucoup de fibres. Les nutritionnistes recommandent de manger au moins cinq fruits et légumes par jour.

Les poivrons orange, rouges et verts sont particulièrement riches en vitamines A et C.

Le riz complet est riche en certaines vitamines B.

Le pain complet fournit un peu de fer, des protéines et des fibres.

Les pommes de terre sont une bonne source de vitamines C et B6, et de quelques minéraux.

Les céréales au son sont riches en fibres, ce qui rend la digestion plus efficace.

Faites avec de la farine de blé, les pâtes appartiennent à la catégorie des sucres lents.

◀ LES HYDRATES DE CARBONE COMPLEXES

Principal hydrate de carbone complexe de notre alimentation, l'amidon est présent dans les féculents : pâtes, céréales, pommes de terre, pain et riz. Pendant la digestion, il est transformé en glucose, notre principale source d'énergie. La moitié de notre régime alimentaire devrait être fait d'hydrates de carbone complexes.

85

LA SANTÉ

Un corps en bonne santé est bien proportionné, résistant et souple et fonctionne correctement. Les maladies et les blessures empêchent son fonctionnement normal. S'il n'est pas toujours possible d'éviter les maladies, on en diminue les risques en adoptant un mode de vie sain, ce qui inclut de pratiquer des exercices physiques réguliers et de manger correctement. Lorsqu'on tombe malade, le médecin doit déterminer la cause et décider du traitement approprié : médicaments, opérations chirurgicales ou tout autre moyen permettant de nous guérir.

LES MÉDICAMENTS

Les médicaments sont des substances chimiques prescrites par un médecin que l'on emploie pour prévenir et traiter les maladies en changeant certains aspects du fonctionnement du corps. Les antibiotiques, par exemple, tuent les bactéries nocives, et les analgésiques calment la douleur. Les médicaments s'administrent par injection (piqûre), voie orale (comprimés, gélules et sirops) ou inhalation (dans le nez).

Sirop contre la toux

L'inhalateur permet d'introduire un médicament dans les poumons sous forme de vapeur, par exemple pour soigner l'asthme.

La seringue hypodermique sert à injecter un médicament dans le sang, la peau ou les muscles.

Comprimés et gélules

Ce type de miroir se place dans la bouche pour examiner le larynx.

Thermomètre

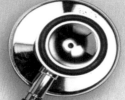

Muni d'une lentille et d'un pinceau lumineux, l'otoscope sert à examiner l'intérieur de l'oreille.

Le stéthoscope sert à écouter les sons à l'intérieur du thorax, tels que la respiration et les battements de cœur.

L'ophtalmoscope permet au médecin d'examiner l'intérieur de l'œil.

LES PREMIERS SECOURS

En cas de maladie ou de blessure, les premiers soins sont souvent réalisés par une personne qui n'est pas médecin, mais qui a été formée pour traiter les cas simples. Dans un cas plus grave, ces premiers soins peuvent maintenir le malade en vie jusqu'à l'arrivée des secours. Une trousse de secours contient par exemple des gants jetables, des ciseaux, une crème et des lingettes antiseptiques, des pansements, des compresses stériles et des bandages.

Les cuisiniers préfèrent les pansements bleus, plus repérables s'ils tombent dans la nourriture.

LE DIAGNOSTIC

Quand une personne est malade, le médecin doit d'abord déterminer l'origine du problème : cela s'appelle établir un diagnostic. Il interroge le patient sur ses symptômes (les manifestations de la maladie) et ses antécédents médicaux. Puis il effectue un examen, qui peut inclure une prise de la température à l'aide d'un thermomètre ou un examen de la gorge, selon les symptômes. Il est parfois nécessaire de compléter l'examen par des analyses sanguines ou une radio, entre autres.

Haltère

Les chaussures
de sport sont idéales
pour courir et faire
de l'exercice.

La viande de poulet
est riche en protéines
et pauvre en mauvaises
graisses.

LA PRÉVENTION

Les exercices physiques réguliers comme la course,
la marche ou la pratique d'un sport sont bons pour la
forme, car ils améliorent l'efficacité du cœur et des muscles.
Par ailleurs, il est important que le régime alimentaire soit
équilibré, varié (pâtes, riz, fruits, légumes, viande
maigre et poisson gras) et pauvre en sel, en
sucre et en mauvaise graisse comme celle
de la viande rouge. Un régime sain réduit
les risques de surpoids et protège contre
certaines maladies.

Comme tous les
fruits, les oranges
contiennent
des vitamines
essentielles pour
être en bonne santé.

Les acides gras du poisson
diminuent les risques
de maladies cardiaques.

Santé

Le bandage extensible
soutient les articulations,
limite les gonflements
et maintient la
compresse en place
en cas de saignement.

L'OPÉRATION CHIRURGICALE

Exécutée par un médecin appelé chirurgien,
une opération chirurgicale consiste à ouvrir le corps
du patient pour réparer, enlever ou remplacer des tissus
endommagés par une maladie ou une blessure. Pour
réduire les risques d'infection, les membres de l'équipe
chirurgicale portent une blouse et un masque, et la salle
d'opération est stérile (sans microbes). Pour l'opération,
le patient reçoit un anesthésique, c'est-à-dire un
médicament ou un gaz qui l'empêche de souffrir.

Le chirurgien emploie
des instruments
stériles pour pratiquer
les opérations.

Le scalpel est
une lame acérée
permettant
de couper la peau
et d'autres tissus.

Crème antiseptique

Compresse stérile

Pince à bouts épais

Ciseaux fins

Gros ciseaux

Sondes

La pince à bouts
fins sert à tenir
et soulever
les tissus pendant
l'opération.

Gants jetables

87

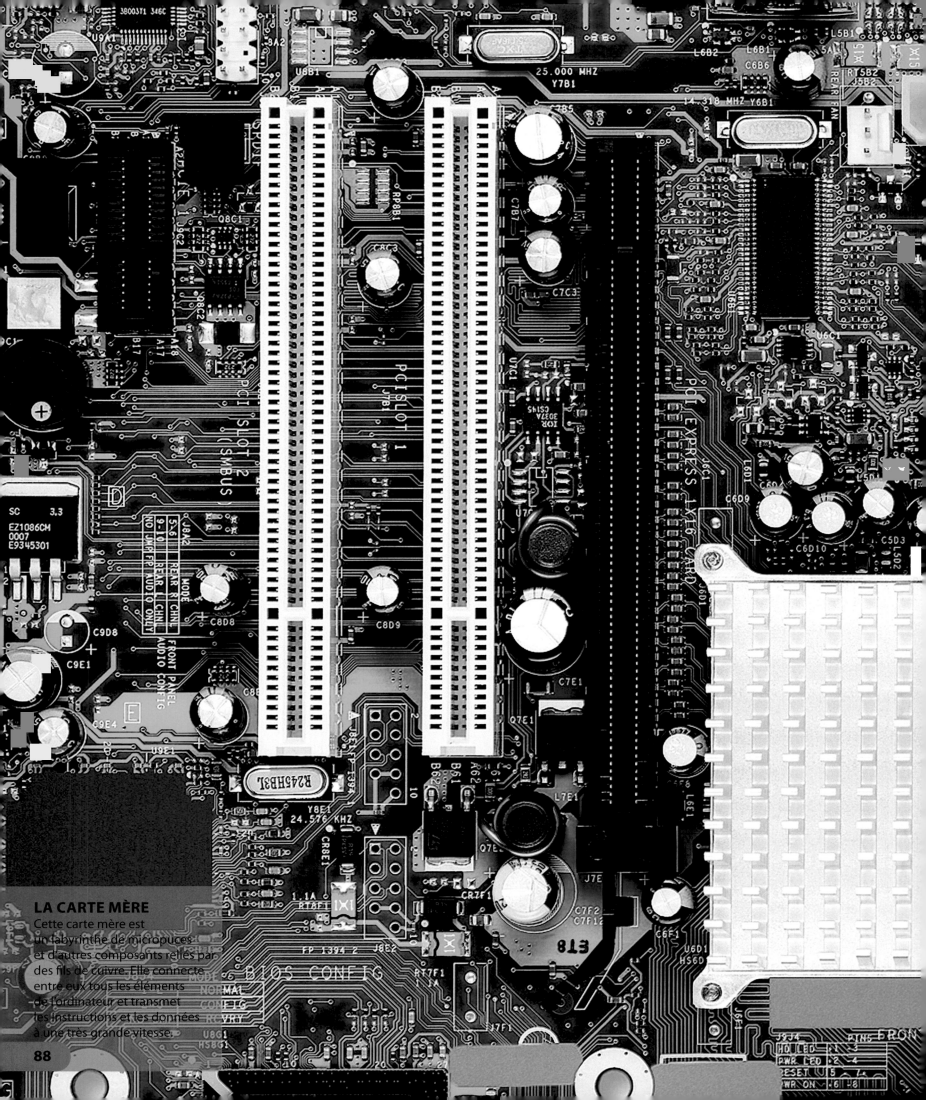

LA CARTE MÈRE
Cette carte mère est
un labyrinthe de micropuces
et d'autres composants reliés par
des fils de cuivre. Elle connecte
entre eux tous les éléments
de l'ordinateur et transmet
les instructions et les données
à une très grande vitesse.

Sciences et technologie

LES ÉLÉMENTS

Dans le monde, tout se compose d'éléments, c'est-à-dire de substances pures qu'on ne peut réduire à une forme plus simple. Les éléments sont groupés en fonction de leurs propriétés communes telles que leur apparence, leur capacité à conduire l'électricité et leur réaction à d'autres substances. Il existe neuf groupes principaux auxquels s'ajoute l'hydrogène, classé à part.

La nébuleuse d'Orion, vaste nuage de gaz et de poussière, est principalement constituée d'hydrogène.

❶

Le magnésium est une substance argentée qui produit en brûlant une flamme blanche intense.

❷

Le cuivre est un bon conducteur de chaleur et d'électricité.

❹

Le potassium est un métal alcalin présent dans les minéraux de la croûte terrestre.

❸

Le symbole de la radioactivité est utilisé pour signaler les éléments émettant des radiations.

❺

❶ L'HYDROGÈNE

L'hydrogène constitue 90 % des atomes de l'Univers. Sur la Terre, l'hydrogène pur est un gaz invisible qui n'est classé dans aucun groupe d'éléments. Il alimente les réactions nucléaires à l'intérieur des étoiles telles que notre Soleil. Il est présent dans le composé H_2O : l'eau.

❷ LES MÉTAUX ALCALINOTERREUX

Ces métaux se trouvent dans les minéraux de la croûte terrestre. Sous leur forme pure, ils sont blanc argenté. Semblables aux métaux alcalins, ils sont moins réactifs. Le calcium présent dans le calcaire, le lait et les os, fait partie de ce groupe.

❸ LES MÉTAUX ALCALINS

Le sodium contenu dans le sel est un métal alcalin. Ces éléments se distinguent par leur réaction à l'eau. À son contact, ils réagissent très violemment et peuvent exploser. Les métaux alcalins n'existent pas sous leur forme pure dans la nature à cause de cette propriété.

❹ LES MÉTAUX DE TRANSITION

Ce groupe, le plus vaste de tous, inclut le fer, l'argent, l'or, le nickel, le platine et le titane. Les éléments de ce groupe sont considérés comme de vrais métaux : ils sont durs et brillants, conduisent l'électricité, chauffent bien et ont des points de fusion élevés.

❺ LES ACTINIDES

Les éléments de ce groupe sont des métaux radioactifs, pour la plupart créés artificiellement dans des réacteurs nucléaires ou lors d'explosions nucléaires. Leurs atomes instables se brisent et émettent des particules radioactives. L'uranium et le plutonium sont des actinides.

6 Le gadolinium, comme les autres lanthanides, réagit facilement au contact de l'air.

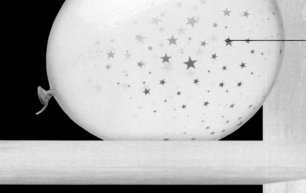

8 L'hélium, l'élément le plus léger après l'hydrogène, sert à gonfler les ballons et les dirigeables parce qu'il est moins lourd que l'air.

@ ▶▶
Élément

7 Le brome, du groupe des halogènes, est un liquide rouge-brun à température ambiante. Extrêmement volatil, il forme alors un gaz irritant.

L'étain sert souvent dans les alliages. Associé au cuivre, il donne du bronze; au plomb, il produit un métal blanc appelé soudure.

9

10 La silicone sert à la fabrication des micropuces en électronique.

❻ LES LANTHANIDES

Ces métaux malléables et réactifs étaient autrefois appelés terres rares parce qu'on pensait à tort qu'ils étaient rares à l'état naturel. D'un blanc argenté, ils s'oxydent facilement au contact de l'air. L'holmium, élément ayant le plus fort moment magnétique, fait partie de ce groupe.

❼ LES NON-MÉTAUX

Un sixième des éléments sont des non-métaux. Ils sont peu conducteurs d'électricité, et leur point de fusion est bas. Le carbone, l'azote et l'oxygène sont des non-métaux, ainsi que les halogènes, groupe d'éléments très réactifs se combinant à d'autres éléments pour produire des sels.

❽ LES GAZ NOBLES

Il y a six gaz nobles, aussi appelés gaz rares ou inertes, car ils sont très peu réactifs et ne se combinent pas à d'autres éléments pour produire des composés. Il s'agit de l'hélium, du néon, de l'argon, du krypton, du xénon et du radon. Hormis le radon, tous peuvent servir à éclairer.

❾ LES MÉTAUX PAUVRES

Les métaux mous avec un point de fusion bas sont appelés métaux pauvres. Ils sont fréquents dans le sol sous forme de minéraux et peuvent servir dans les alliages (mélanges de deux métaux produisant un métal plus résistant). L'aluminium et le plomb sont tous deux des métaux pauvres.

❿ LES SEMI-MÉTAUX

Ces éléments associent des propriétés de métaux et de non-métaux. L'arsenic, par exemple, brille comme du métal, mais il n'est pas bon conducteur. Certains semi-métaux sont semi-conducteurs : ils conduisent ou isolent selon les substances ajoutées.

LES MOLÉCULES

L'atome est la plus petite particule d'un élément (c'est-à-dire une substance composée d'atomes d'une seule sorte). Les atomes se lient souvent par groupes de deux ou plus pour former des molécules. La liaison des atomes s'effectue par le partage ou l'échange de particules appelées électrons. Certaines molécules, dites complexes, réunissent différents éléments.

Atome d'oxygène

◄L'OXYGÈNE (O_2)

Certains éléments peuvent s'associer de diverses manières pour former différentes substances. Les atomes de l'élément oxygène (O) s'unissent par paires pour former des molécules d'oxygène gazeux. Cependant, dans l'atmosphère, à une altitude élevée, les atomes d'oxygène se lient par trois pour former l'ozone.

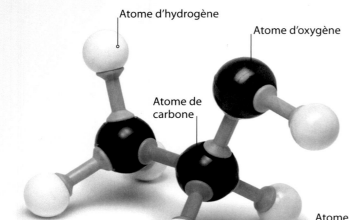

Atome d'hydrogène

Atome d'oxygène

Atome de carbone

LA VITAMINE C ($C_6H_8O_6$) ►

Comme l'éthanol, la vitamine C (acide ascorbique) contient des atomes de carbone (C), d'hydrogène (H) et d'oxygène (O). Cependant, la molécule contient des quantités différentes de ces éléments, organisés différemment, et forme donc une substance radicalement différente : un composé solide à température ambiante.

Atome d'hydrogène

Atome de carbone

Atome d'oxygène

L'ÉTHANOL (C_2H_6O) ▲

L'éthanol est un composé dont les molécules contiennent deux atomes de carbone (C), six atomes d'hydrogène (H) et un atome d'oxygène (O). À température ambiante, c'est un liquide incolore utilisé comme désinfectant, comme conservateur et comme alcool dans les boissons.

Atome d'hydrogène

Atome de carbone

◄LE MÉTHANE (CH_4)

Les molécules du gaz méthane contiennent quatre atomes d'hydrogène (H) liés à un atome de carbone (C). Les substances composées d'hydrogène et de carbone sont appelées hydrocarbures. Outre le méthane, elles comprennent les carburants tels que le pétrole et le charbon, ainsi que des matières synthétiques telles que le polystyrène.

Les atomes de chlorure et de sodium s'assemblent toujours selon le même mode pour former des cristaux cubiques.

Atome de chlorure

Atome de sodium

◄SEL (NaCl)

Le sel de table, ou chlorure de sodium, se compose d'un nombre égal d'atomes de sodium (Na) et de chlorure (Cl). Le sel ne forme pas de petites molécules isolées contenant chacune un atome de sodium et un atome de chlorure ; de nombreux atomes de ces deux éléments s'assemblent pour former un cristal rigide.

◄ L'EAU (H₂O)

Quand deux atomes de gaz hydrogène (H) se lient à un atome de gaz oxygène (O), ils forment une molécule d'eau (liquide). L'eau, le composé le plus fréquent sur terre, est essentielle à la vie.

Atome d'oxygène

Atome d'hydrogène

LE SOUFRE (S₈)

Huit atomes de soufre (S) se lient en anneau pour former une molécule de soufre. La plupart des non-métaux existent sous forme de gaz à température ambiante, mais le soufre est un solide jaune et friable.

Atome de soufre

Atome d'azote

Atome d'hydrogène

Molécule

▲ L'AMMONIAC (NH₃)

L'ammoniac est un gaz incolore formé d'un atome d'azote (N) lié à trois atomes d'hydrogène (H). Les plantes retirent l'azote dont elles ont besoin pour vivre de l'ammoniac et d'autres composés azotés présents dans le sol.

◄ LE DIAMANT (C)

Le diamant n'est en fait qu'une molécule géante unique. Elle se compose d'atomes de carbone (C) liés dans un solide réseau à trois dimensions. Quand ces atomes de carbone se lient en couches hexagonales souples, ils forment le graphite, une substance cassante servant à fabriquer les mines de crayon.

Atome de carbone

Ces bâtonnets servent à représenter les liaisons entre les atomes.

Ces boules représentent les atomes dans les maquettes de molécules.

Chaque atome est solidement lié à quatre autres, excepté aux extrémités.

ACIDES ET BASES

Un acide est une substance produisant des particules d'hydrogène chargées positivement, appelées protons, lorsqu'elle est dissoute dans l'eau. Plus un acide contient de protons, plus il est fort. Une base est le contraire chimique d'un acide. Au contact de l'eau, elle produit des particules chargées négativement, les ions hydroxydes. Plus une base contient d'ions hydroxydes, plus elle est forte. Les bases solubles dans l'eau sont appelées alcalis.

LE PAPIER INDICATEUR DE PH ▼

Quand on trempe une bandelette de papier indicateur de pH dans un liquide, elle change de couleur. La coloration peut être comparée à une échelle de pH permettant de déterminer l'acidité de la solution. «pH» signifie «potentiel hydrogène». C'est la mesure du nombre d'ions d'hydrogène contenus dans une solution.

◄L'ACIDE CITRIQUE

Le goût prononcé des agrumes (citrons, pamplemousses…) est dû à l'acide citrique qu'ils contiennent. Celui-ci est souvent ajouté aux aliments et boissons de l'industrie alimentaire pour donner une sensation acidulée rafraîchissante.

Le vinaigre est produit quand des bactéries convertissent l'éthanol contenu dans l'alcool en acide acétique.

◄LE VINAIGRE

Le goût du vinaigre provient de l'acide acétique qu'il contient. Chaque graduation sur l'échelle de pH est 10 fois moins acide que la graduation précédente. Avec un pH de 4, l'acide acétique est donc 1 000 fois moins acide que l'acide chlorhydrique.

◄L'ACIDE CHLORHYDRIQUE

Plus le pH est bas, plus l'acide est fort. L'acide chlorhydrique, créé par la dissolution dans l'eau d'un gaz appelé chlorure d'hydrogène, a un pH de 1. Hautement corrosif, cet acide est capable de ronger les métaux.

Acide

◄LE DARD

L'abeille injecte un acide léger dans la peau de sa victime, causant une sensation de brûlure. Laver la piqûre avec un savon alcalin peut soulager la douleur en neutralisant l'acide.

◄LE RISQUE CHIMIQUE

Les bases et les acides les plus forts doivent être stockés dans des récipients résistant à la corrosion chimique. L'étiquetage de ces récipients met en garde contre les dangers de ce qu'ils contiennent.

LE SAVON LIQUIDE ▶

Le savon est une base faible. Il est obtenu en associant un acide faible à une base forte pour le rendre légèrement alcalin avec un pH de 8 environ. Trempée dans du savon liquide, une bandelette de papier indicateur de pH devient bleue.

Toutes les bases sont glissantes au toucher, comme le savon.

LE CALCAIRE ▶

Le carbonate de calcium, ou calcaire, est une roche formée au cours de millions d'années par les coquilles des animaux marins. Taillée et réduite en poudre, cette base importante entre dans la composition des engrais, des peintures, des céramiques et du ciment.

UN LIQUIDE NETTOYANT ▶

Les bases les plus fortes ont un pH de 14 et plus. Les solutions alcalines à pH élevé sont utilisées comme nettoyants, car elles dissolvent les graisses. L'eau de Javel et la soude caustique ont un pH d'environ 10.

◀ L'EAU

L'eau pure n'est ni acide ni alcaline, mais neutre, avec un pH de 7. L'eau de pluie est légèrement acide avec un pH de 5 à 6, tandis que l'eau de mer est légèrement alcaline avec un pH compris entre 8 et 9.

Le pH de l'eau du robinet se situe généralement entre 6 et 8, selon les gaz et les minéraux qu'elle contient.

LES HORTENSIAS ▶

Les hortensias produisent des fleurs de différentes couleurs en fonction de l'acidité du sol. Sur sols acides, les fleurs sont bleues, sur sols alcalins, roses ou mauves, sur sols neutres, d'un blanc crémeux.

95

LES RÉACTIONS CHIMIQUES

Les atomes à l'intérieur d'une molécule sont maintenus par des liens appelés liaisons chimiques. Lors d'une réaction chimique, ces liaisons se brisent et les atomes en créent de nouvelles pour former des molécules différentes. Dans certaines réactions, les éléments s'associent pour créer un composé. Parfois, au contraire, les composés se brisent en éléments ou composés plus simples. Tous les atomes de la substance d'origine se retrouvent dans la nouvelle substance, mais ils sont réorganisés.

Le mélange de calcaire et de vinaigre est très effervescent quand l'acide décompose le carbonate de calcium.

L'argent se fixe au fil de cuivre.

La combustion est une réaction irréversible : la mèche ne peut être reconstituée à partir de la cendre et de la suie.

L'énergie produite par la réaction du soufre et du fer entraîne l'incandescence du mélange.

L'explosion obtenue en enflammant de la thermite produit une température d'environ 2 400 °C.

Les cellules de la pomme contiennent des produits chimiques appelés phénols qui s'oxydent et brunissent au contact de l'air.

❶ LA RÉACTION

Mélanger vinaigre (acide acétique) et calcaire (carbonate de calcium) produit une réaction chimique. Le vinaigre acide dissout le calcaire qui libère du dioxyde de carbone. Les matières de départ d'une réaction chimique sont appelées des réactifs. Les matières finales sont des produits.

❷ LE DÉPLACEMENT

Dans une réaction de déplacement, les métaux d'un composé cèdent la place à d'autres métaux. Ainsi, quand un fil de cuivre est plongé dans une solution claire de nitrate d'argent, le cuivre agit sur l'argent de la solution pour former une solution bleutée de nitrate de cuivre et des aiguilles d'argent solides.

❸ LA COMBUSTION

En brûlant, la mèche d'une bougie entre en réaction avec l'oxygène de l'air pour produire des cendres et de la suie. La combustion génère chaleur et lumière. Dans toute réaction, de l'énergie est consommée quand les liaisons entre les atomes se brisent, et de l'énergie est produite quand de nouvelles liaisons se créent.

❹ LE TAUX DE RÉACTION

Le taux d'une réaction chimique est influencé par des facteurs tels que température, pression, lumière, surface et concentration. On peut modifier le taux d'une réaction en faisant varier l'un de ces facteurs : augmenter la concentration de colorant dans une solution a pour effet de colorer plus rapidement un matériau.

❺ LA RÉVERSIBILITÉ

Quelques réactions chimiques sont réversibles. Les molécules créées par la réaction peuvent reprendre leur forme d'origine. La réaction initiale est appelée réaction aller, la seconde réaction retour. Le tétroxyde de diazote se décompose en dioxyde d'azote sous l'effet de la chaleur, pour reprendre sa forme initiale en refroidissant.

À plus de 140 °C, le dioxyde d'azote est un gaz brun.

À une température plus basse, les molécules de dioxyde d'azote se lient par paires et forment le tétroxyde de diazote transparent.

Chauffé de nouveau, il redevient du dioxyde d'azote.

Une teinture concentrée contient plus de particules colorantes qui se fixent au tissu.

Réaction chimique

Les cristaux de permanganate de potassium se dissolvent en formant des zébrures mauves dans l'eau, jusqu'à ce qu'une solution uniformément colorée soit obtenue.

Quand on place la pâte à pain dans un endroit chaud, des bulles de dioxyde de carbone se forment et la font gonfler.

❻ L'APPLICATION DE CHALEUR

Quand on chauffe un mélange de fleur de soufre jaune et de limaille de fer grise à haute température, une réaction se produit, entraînant la formation de sulfure de fer. Sans application de chaleur, les substances ne réagiraient pas. La chaleur accélère les réactions, et le froid les ralentit.

❼ L'EXOTHERMIE

La thermite est un mélange d'aluminium et d'oxyde de fer. Enflammée à haute température, elle produit une explosion, car la réaction chimique entraîne une décharge d'énergie sous forme de lumière, de chaleur et de bruit. Les réactions produisant de la chaleur sont appelées exothermiques.

❽ L'OXYDATION

Certaines réactions chimiques surviennent naturellement autour de nous. L'une des plus courantes est l'oxydation, quand des substances se chargent en oxygène. Elle se produit quand le métal rouille, quand le bois brûle et quand nous respirons. Dans toutes ces réactions, des substances réagissent à l'oxygène contenu dans l'air.

❾ LES SOLUTIONS

Une solution est un mélange dans lequel les molécules sont mêlées si régulièrement et complètement qu'on dirait une substance unique. Pourtant, une solution n'est pas le résultat d'une réaction chimique. Ni le soluté (la substance minoritaire) ni le solvant (la substance majoritaire) n'ont changé.

❿ LE CATALYSEUR

Un catalyseur est une molécule qui provoque et accélère une réaction chimique, sans changer elle-même au cours de la réaction. Les catalyseurs naturels sont des enzymes. La pâte à pain lève parce que les enzymes de la levure produisent des bulles de dioxyde de carbone au contact des sucres et de l'eau.

LES ÉTATS DE LA MATIÈRE

Tout ce qu'on peut sentir, toucher ou goûter est composé de matière, qu'il s'agisse d'êtres vivants comme l'homme, ou d'objets inanimés comme ce livre. La matière est faite d'atomes, et tout ce qui n'est pas fait de matière est de l'énergie. Le son, la chaleur et la lumière sont des formes d'énergie. On ne peut pas sentir, toucher ou goûter de l'énergie, qui n'est pas faite d'atomes. Toute matière sur Terre existe dans l'un de ces trois états : solide, liquide ou gazeux.

❹ D'UN ÉTAT À L'AUTRE

La matière change d'état quand elle est chauffée ou refroidie. La chaleur fait fondre les solides à l'état de liquides, et fait bouillir les liquides à l'état de gaz. Le froid condense les gaz sous forme de liquides avant de les geler pour les rendre solides. En passant d'un état à l'autre, les atomes de la matière ne changent pas mais s'agencent différemment.

Contrairement à la plupart des substances, l'eau se dilate en gelant (au lieu de se contracter), car ses molécules s'écartent en prenant la structure rigide d'un solide.

❺ CHANGER DE FORME

Les solides n'ont pas toujours une forme fixe. Certains, comme la glace ou le verre, sont cassants et se brisent sous les coups. D'autres solides, tels que le caoutchouc ou les métaux, sont malléables et peuvent être étirés, frappés ou écrasés pour adopter d'autres formes.

La plupart des gaz sont invisibles. Même la vapeur d'eau est invisible tant qu'elle ne se condense pas sous forme de brouillard au contact de l'air plus froid.

❶ SOLIDE

Un solide tel que cette sculpture de glace a un volume fixe et une forme difficile à changer. Des liaisons fortes maintiennent les atomes ensemble et ne leur permettent pas de bouger comme ils le feraient dans un liquide ou dans un gaz. Les atomes de la plupart des solides sont agencés en motifs réguliers aux formes tridimensionnelles telles que des cubes ou des prismes, appelés cristaux.

❷ GAZ

Un gaz n'a pas de forme ou de volume fixes. Il se dilate pour remplir tout l'espace autour de lui. Les atomes dans un gaz se déplacent librement dans toutes les directions et bougent trop vite pour rester liés.

WATER first incarnation est une installation artistique du Britannique Sean Rogg. Il a réuni des bouteilles d'eau du monde entier.

LES MATÉRIAUX

Les matériaux sont utilisés pour fabriquer presque tous les produits qui nous entourent. Chacun dispose de propriétés différentes, comme la résistance ou la souplesse. Certains, comme la laine ou la roche, poussent ou existent dans la nature. En revanche, tous ceux dits synthétiques doivent être fabriqués. Quant aux composites, ils associent les propriétés de deux matériaux ou plus afin d'obtenir le meilleur produit possible.

Le Kevlar est utilisé pour renforcer les casques qui sont ainsi très légers et très résistants.

Le béton est le principal matériau utilisé aujourd'hui en construction.

❸ LE KEVLAR
Matériau synthétique souple et léger, le Kevlar est utilisé dans les vêtements de protection tels que les gilets pare-balles. Les molécules de Kevlar sont agencées en longues chaînes aux liaisons très fortes, ce qui rend ce matériau 5 fois plus résistant que l'acier.

❶ LA SOIE
Cette fibre naturelle est faite à partir du cocon du ver à soie. Chaque cocon peut produire 3 km de fil de soie. Une fois tissé, ce dernier donne une étoffe très fine, recherchée pour sa texture et sa brillance.

❷ LE BÉTON
Le béton est un mélange de sable, de gravier, de ciment et d'eau. Liquide quand il vient d'être fait, il peut être versé dans un moule où il se fige et devient un matériau extrêmement résistant et durable.

Les plastiques se moulent en des formes et des tailles presque infinies.

La plupart des métaux sont malléables et peuvent être tordus sans se briser.

❹ LA LAINE
Ce matériau naturel est issu de la toison des moutons. Ses fibres tendant à rétrécir, on mélange souvent la laine à des fibres synthétiques pour fabriquer des étoffes d'un entretien plus facile.

❺ LES COMPOSITES À BASE DE CARBONE

Ces matériaux résistants et légers prennent des formes complexes et servent souvent à fabriquer des équipements de sport. Ils sont réalisés à partir des dérivés carbonés du charbon, du pétrole et du gaz naturel.

❾ LE LYCRA

Les tissus synthétiques présentent de meilleures propriétés que les tissus naturels tels que le coton. Le Lycra, tissu élastique non déformable, est parfait pour fabriquer des vêtements de sport.

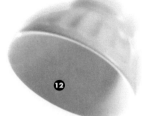

❿ LE CAOUTCHOUC

Le caoutchouc naturel est un matériau élastique fabriqué à partir du latex, la sève laiteuse de l'hévéa. Le caoutchouc synthétique, quant à lui, est fabriqué avec des produits pétrochimiques. Le caoutchouc sert pour les pneus ou pour étanchéifier des tissus.

⓫ LE NYLON

Développé en 1938, le Nylon a été le premier tissu synthétique. Ses fils peuvent être très fins, sa production est peu chère et il a tout d'abord remplacé la soie dans la fabrication des bas et des parachutes.

⓬ LA CÉRAMIQUE

Les matériaux céramiques sont obtenus en chauffant différents types d'argiles à très haute température. Porcelaine, briques, tuiles, ciment et verre sont tous des céramiques. Ces matériaux sont durs, cassants et résistants à la chaleur.

⓭ LE BOIS

Le bois, très solide si l'on considère son poids, est un bon matériau de construction. Il sert aussi pour la fabrication de meubles et d'objets d'art en raison de sa texture séduisante. Il est appelé bois dur ou bois mou selon l'arbre dont il provient.

⓮ LE COTON

Le coton est un matériau naturel issu des longues fibres souples contenues dans les cosses duveteuses des cotonniers. Il donne une étoffe douce, confortable, qui ne génère pas d'électricité statique comme certains tissus synthétiques.

Le bois taillé, sculpté, poncé peut adopter presque toutes les formes.

Les fibres de coton sont filées avant d'être tissées.

Une corde en Nylon est plus résistante qu'une corde en fibres naturelles.

❼ LE PLASTIQUE

Ce groupe de matériaux synthétiques est obtenu à partir des produits pétrochimiques (dérivés du pétrole brut). Ils sont solides, légers, peu chers à produire et se présentent sous forme de feuilles, de films ou de fibres d'une grande souplesse.

@▶▶ Matériau

⓯ LA PIERRE

La pierre est un matériau naturel extrait du sol. Dure et lourde, elle résiste à de fortes pressions. La pierre se découpe à l'aide d'une scie diamant ou d'un jet d'eau à ultra haute pression.

Le granit sculpté à la main fait un mortier inusable pour broyer des ingrédients.

❻ LE MÉTAL

Chauffés, les métaux peuvent être façonnés pour produire aussi bien des trombones que des avions. Bons conducteurs de chaleur, ils servent aussi à conduire l'électricité.

❽ LE VERRE

Cette céramique transparente est obtenue en faisant fondre du sable, du calcaire et de la soude à haute température, ou par recyclage. Le verre liquide peut se façonner en carreaux, lentilles ou fils pour fibres optiques.

LA GRAVITÉ

La force de la gravité est une force d'attraction qui existe entre tous les objets dotés d'une masse, qu'il s'agisse d'atomes microscopiques ou d'étoiles et de planètes. Sur Terre, la gravité se manifeste quand un objet tombe sur le sol, attiré par une force invisible. Dans l'espace, la force de la gravité maintient la Lune en orbite autour de la Terre, les planètes en orbite autour des étoiles, et d'immenses amas d'étoiles sous forme de galaxies.

LA DÉCOUVERTE DE NEWTON

Une pomme tombant d'un arbre poussa, paraît-il, le scientifique anglais Isaac Newton (1642-1727) à explorer la force de la gravité. Il développa une théorie établissant que toute masse attire toutes les autres masses par une force existant entre elles. Plus un corps est massif et proche, plus sa force d'attraction est grande.

LA NAISSANCE D'UNE ÉTOILE

Une étoile naît à l'intérieur d'un nuage de poussière et de gaz dans l'espace appelé nébuleuse. La poussière et le gaz s'amalgament pour former un noyau. La force de gravité de ce noyau augmente avec sa masse, ce qui attire alors plus de matière. Le centre, ou noyau, devient si massif et si dense qu'une fusion nucléaire s'amorce. L'étoile se met à briller.

LA LUNE ET LES MARÉES

Tandis que la Lune tourne autour de la Terre, sa force de gravité attire l'eau des océans, qui se bombe vers elle. La force de la rotation terrestre crée un renflement équivalent de l'autre côté de la Terre. Ces mouvements entraînent la montée et la baisse régulières du niveau de l'eau sur les plages, ce que nous appelons les marées.

LA MASSE ET LE POIDS

Il ne faut pas confondre ces deux termes. La masse d'un objet est la quantité de matière qu'il contient. Le poids d'un objet est la force exercée sur sa masse par la gravité. Cela veut dire que sur la Lune, où la gravité est 6 fois moins importante que sur Terre, un spationaute pèse 6 fois moins lourd que sur Terre, alors que sa masse est la même.

L'ABSENCE DE GRAVITÉ

En orbite autour de la Terre, les spationautes perdent leur poids et flottent dans leur vaisseau spatial comme si la gravité n'existait plus. En réalité, elle attire toujours les spationautes et leur vaisseau vers la Terre, mais, er avançant, le vaisseau ne cesse de « tomber » en suivant la courbure de la planète. Le vaisseau et les spationautes sont dans un état de chute libre, mais ils tombent sans jamais atteindre le sol.

LE CENTRE DE GRAVITÉ

Le centre de gravité d'un objet est le point où il peut être parfaitement équilibré. Un objet au centre de gravité bas a une plus grande stabilité. C'est pourquoi une voiture de sport est plus stable qu'un autobus à étage. Le secret pour conduire une voiture sur deux roues est de s'assurer que le centre de gravité reste au-dessus des roues. S'il se déplace vers le haut, la voiture se retourne.

@ ▶▶
Gravité

LA THÉORIE D'EINSTEIN

Albert Einstein (1879-1955), scientifique d'origine allemande, a développé une théorie de la relativité pour expliquer le fonctionnement de la gravité dans l'espace. Il a comparé l'espace et le temps à une feuille de caoutchouc élastique sur laquelle repose tout ce qui existe dans l'Univers. Les corps massifs, comme les étoiles, font de gros creux sur le caoutchouc. Les corps moins massifs, comme les planètes, tombent dans ces creux et deviennent prisonniers des étoiles, autour desquelles ils restent en orbite. Ces creux créent l'effet que nous appelons la gravité.

LES TROUS NOIRS

Quand une étoile massive meurt, son noyau peut s'effondrer. En rétrécissant, ce noyau devient plus dense et forme une région dans l'espace qu'on appelle un trou noir. La force de gravité y est telle que tout ce qui y entre est avalé, y compris la lumière. Bien qu'invisibles, les trous noirs peuvent être repérés par l'effet que produit leur force d'attraction sur tout ce qui les entoure. Absorbée par un trou noir, la matière chauffe et émet des rayons X que l'on peut déceler à l'aide de télescopes spatiaux à rayons X.

LA RÉSISTANCE DE L'AIR

Dans le vide, la gravité fait tomber tous les corps à la même vitesse, alors que, dans l'atmosphère terrestre, une pomme tombera plus vite qu'une plume. Pendant leur chute, les objets sont freinés par la résistance de l'air. Cette dernière est créée par la friction entre l'air et l'objet. La vitesse de la chute d'un objet dépend de l'équilibre entre la force d'attraction et la résistance de l'air.

LA CINÉTIQUE

Tout corps tend à résister au changement de sa vitesse ou de sa direction. Cette propriété s'appelle l'inertie. Le mouvement d'un corps n'est modifié que quand une force, comme une traction ou une poussée, est appliquée. On dit d'un objet lourd se déplaçant à grande vitesse qu'il a une quantité de mouvement élevée. Plus la quantité de mouvement d'un corps est élevée, plus il est difficile à arrêter. Un corps en mouvement a également de l'énergie cinétique. Les principes de la cinétique, c'est-à-dire des forces qui font bouger les objets, ont été expliqués par le scientifique Isaac Newton (1642-1727) dans ses trois lois du mouvement.

LA PREMIÈRE LOI DE NEWTON

La première loi établit qu'un corps restera au repos ou continuera de se déplacer à vitesse constante à moins qu'une force ne lui soit appliquée. Dans un *crash test* de laboratoire, les deux voitures se rapprochent l'une de l'autre à vitesse régulière. Les mannequins à l'intérieur se déplacent à la même vitesse que les voitures.

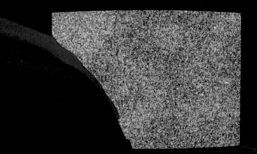

❶ **L'inertie** Si le mannequin n'a pas de ceinture, l'inertie lui fera continuer sa course en avant à la même vitesse jusqu'à ce qu'il soit arrêté par un élément de la voiture ralentie par l'impact, par exemple le pare-brise.

LA DEUXIÈME LOI DE NEWTON

Elle établit que lorsqu'une force est appliquée à un corps, elle le fait changer de vitesse ou de direction. Quand les deux voitures entrent en collision, l'avant de chacune d'elles exerce une force sur l'autre et la ralentit. À l'intérieur, les mannequins sont ralentis par la force de la ceinture.

Dynamique

LA TROISIÈME LOI DE NEWTON

Cette troisième loi établit que quand une force est appliquée à un objet, ce dernier réagit en exerçant une poussée ou une traction d'intensité égale, mais dans la direction opposée. Il est donc impossible pour une voiture de pousser l'autre sans subir elle-même une poussée de même intensité.

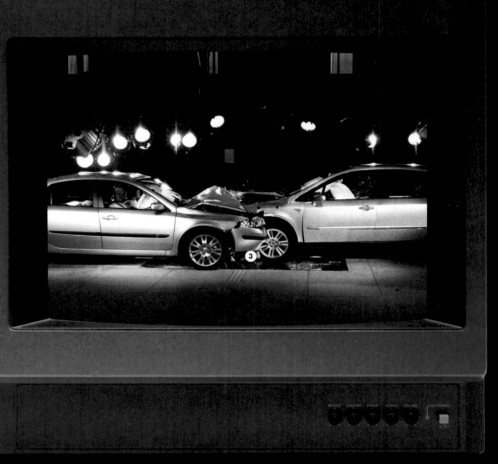

❷ **La collision** Quand deux voitures entrent en collision, l'énergie cinétique est convertie en formes d'énergie différentes (chaleur, bruit…) quand l'avant des véhicules se plie. Il s'agit d'une collision inélastique.

❸ **La quantité de mouvement** Si un camion heurte une voiture, la quantité de mouvement plus élevée du poids lourd pousse la voiture. Deux véhicules de vitesse et de poids égaux s'arrêtent sur place, car leurs quantités de mouvement s'annulent.

LE MAGNÉTISME

Le magnétisme est une force invisible qui attire ou repousse certains matériaux. Tout objet capable d'attirer ou de repousser des matériaux magnétiques s'appelle un aimant. La zone autour de l'aimant dans laquelle s'exerce son magnétisme s'appelle le champ magnétique. C'est aux pôles (extrémités) de l'aimant que ce champ est le plus fort. Des pôles magnétiques opposés s'attirent, tandis que des pôles identiques se repoussent. La planète Terre a son propre champ magnétique, dû aux matériaux en fusion présents dans son noyau.

① LES MATÉRIAUX MAGNÉTIQUES

Quand un matériau magnétique non magnétisé est placé dans un champ magnétique, il se transforme lui-même en aimant, à titre temporaire ou permanent. Des matériaux comme le nickel et le fer, qui se magnétisent et se démagnétisent facilement, sont appelés des aimants doux. Les alliages (mélanges) de fer, de nickel et d'aluminium sont difficiles à démagnétiser et sont appelés aimants durs ou permanents.

② L'ATTIRANCE

De la limaille de fer répandue autour d'un aimant révèle le champ de force magnétique en action. Si l'on rapproche le pôle nord et le pôle sud de deux aimants, la limaille de fer vient combler le vide entre les deux, prouvant l'existence d'une attirance.

③ LA RÉPULSION

Si l'on rapproche les pôles nord ou les pôles sud de deux aimants, on sent nettement la force qui les repousse quand les champs magnétiques entrent en contact.

④ LA PUISSANCE MAGNÉTIQUE

La force qui maintient ces objets ensemble est également utilisée dans l'industrie. De grandes grues dotées d'un aimant de levage servent à déplacer des tonnes de métaux et des carcasses de voitures, ainsi qu'à charger de lourdes pièces de machines.

Près de cet aimant, les ciseaux sont temporairement magnétisés, ce qui crée une attirance.

Les deux extrémités en argent de cet aimant en fer à cheval sont les pôles nord et sud.

Le pôle Nord magnétique est situé dans le nord du Canada, à environ 1 600 km du pôle Nord géographique.

Magnétisme

Pôle nord

Pôle sud

La limaille de fer montre l'attraction entre deux pôles opposés.

Pôle nord

❽ LA BOUSSOLE

Utilisée depuis le XIIe siècle, la boussole se compose d'une aiguille magnétique qui tourne librement sur un pivot. L'aiguille de la boussole s'aligne toujours sur le champ magnétique de la Terre et pointe en direction du pôle Nord magnétique.

L'aiguille rouge de cette boussole pointe vers le pôle Nord magnétique.

Pôle nord

La limaille de fer montre que les champs de deux pôles identiques se repoussent.

❼ LA TERRE MAGNÉTIQUE

Les courants électriques qui circulent à l'intérieur de la Terre pendant sa rotation la transforment en aimant géant, dont le champ magnétique s'étend sur des milliers de kilomètres dans l'espace. La Terre a deux pôles magnétiques qui se situent à proximité des pôles Nord et Sud géographiques.

❻ LE SCANNER MAGNÉTIQUE

Dans un appareil d'imagerie par résonance magnétique (IRM), le patient est placé dans un champ magnétique, et des ondes radio lui traversent le corps, entraînant la vibration des molécules des tissus. Les différents tissus vibrent de manière différente, ce qui permet d'avoir une vision claire de chacun d'eux.

Ce cliché IRM montre les tissus mous ainsi que les os.

Des aiguilles en acier sont attirées par la force magnétique de la magnétite.

❺ LA MAGNÉTITE

Il y a près de 3 000 ans, l'homme a découvert une roche étrange ayant le pouvoir d'attirer les objets en fer : la magnétite. Les premières boussoles furent faites à base de cet oxyde ferreux au magnétisme naturel fort.

109

De l'électricité est générée quand des bobines de fil métallique entrent en rotation dans un champ magnétique. Les électrons circulent dans le fil et forment un courant électrique.

Dans les centrales électriques, la force entraînant les bobines vient de l'eau (électricité hydraulique), de la vapeur de l'eau chauffée au pétrole, au charbon ou au gaz, ou encore grâce à la fission nucléaire.

Le courant électrique ne circule qu'au sein d'un circuit. Il a donc besoin d'un conducteur pour circuler, d'un appareil à faire fonctionner et d'une source d'énergie.

Tous les conducteurs présentent une certaine résistance au flux d'un courant électrique. Quand un conducteur résiste au courant, l'énergie électrique se transforme en chaleur.

L'ÉLECTRICITÉ

De l'ordinateur personnel à l'éclairage des grandes villes la nuit, l'électricité fait fonctionner presque tout ce que nous utilisons. L'électricité est l'une des formes d'énergie les plus utiles, car elle est facilement convertie en lumière, en chaleur ou en mouvement. L'électricité est le résultat de l'action de petites particules appelées électrons, qui possèdent tous une charge électrique. Quand une charge électrique s'accumule en un endroit, elle s'appelle électricité statique. Si la charge circule d'un endroit à l'autre, elle se nomme courant électrique.

@ ▶▶
Électricité

Un éclair est une énorme étincelle entre deux charges d'électricité statique formées dans des nuages d'orage. Cette électricité statique provient de la collision de cristaux de glace et de gouttes d'eau.

L'électricité statique se manifeste quand on se peigne les cheveux ou quand on retire un vêtement synthétique : en d'autres termes, quand deux objets sont frottés l'un contre l'autre et créent une charge.

Le corps humain est plein d'électricité. Les 100 milliards de cellules nerveuses du cerveau travaillent en s'envoyant des messages sous forme d'impulsions électriques.

- Les matériaux dont les électrons ne peuvent pas bouger sont incapables de conduire l'électricité et sont appelés des isolants. Les fils électriques sont isolés avec du plastique ou du caoutchouc.

- L'électricité quitte les centrales électriques par des câbles métalliques montés sur des pylônes. Elle circule à un voltage bien supérieur à ce qui est utilisé dans les maisons.

- Avant d'alimenter une ville, il faut réduire le voltage de l'électricité à l'aide d'un transformateur dans une sous-station. L'électricité circule ensuite dans la ville dans des câbles souterrains.

- Dans certaines villes où les risques de séisme sont élevés, comme à Tokyo, au Japon, l'électricité est acheminée par des câbles aériens, car les câbles enterrés seraient trop fragiles.

❶ Amérique du Nord Avec 5 % de la population mondiale, les États-Unis consomment près de 25 % de l'électricité totale. Le Canada utilise des centrales hydroélectriques pour produire la majorité de son électricité (60 %).

❷ Amérique du Sud Certains pays de ce continent s'intéressent à l'éthanol (combustible «vert» renouvelable obtenu à partir des sous-produits de la canne à sucre) pour remplacer l'essence et alimenter les centrales thermiques.

❸ Antarctique L'électricité de chaque base de recherches est fournie par des générateurs diesel. En raison des vents qui balaient cette partie de la planète, certaines bases installent des éoliennes pour produire de l'électricité supplémentaire.

❹ Europe Dans de nombreux pays européens, l'électricité provient de centrales nucléaires. La France se trouve en tête avec 79 % de son électricité produite par le nucléaire.

❺ Afrique Seuls 10 % des habitants du continent africain ont l'électricité. Les autres cuisinent et se chauffent en brûlant du bois ou du fumier.

❻ Asie La Chine produit l'essentiel de son électricité à partir du charbon dont elle est le premier producteur mondial.

❼ Australie La consommation d'énergie s'appuie avant tout sur le charbon qui produit l'essentiel de l'électricité. Ce charbon provient des mines du Queensland et de la Nouvelle-Galles-du-Sud.

LA LUMIÈRE NOCTURNE
Cette image, réalisée à partir de photos prises par un satellite météo militaire, montre les lumières des grandes villes visibles depuis l'espace.

LE SPECTRE ÉLECTROMAGNÉTIQUE

L'énergie se répand en ondes de radiations électromagnétiques comme des cercles sur l'eau. Elle traverse l'espace à la vitesse de la lumière, soit environ 300 000 km/s. Si l'énergie voyage toujours à la même vitesse dans l'espace, sa longueur d'onde (la distance entre deux pics ou deux creux de l'onde) peut varier. Les ondes courtes comme les rayons X transportent des quantités élevées d'énergie, capables de pénétrer le corps humain, tandis que les ondes plus longues et moins conductrices d'énergie, comme la lumière, en sont incapables. Hormis la lumière visible, toutes les ondes électromagnétiques sont invisibles. Ensemble, ces ondes forment une bande continue d'énergie appelée le spectre électromagnétique.

@▶▶
Électro-
magnétisme

LA LUMIÈRE VISIBLE
Le Soleil émet l'essentiel de son énergie sous forme de lumière visible qui, en se divisant, crée les couleurs de l'arc-en-ciel. L'atmosphère terrestre laisse passer la lumière visible et bloque les longueurs d'onde plus nuisibles. La lumière visible est essentielle à la vie. Sans elle, les plantes ne pourraient pas pousser

LES RAYONS ULTRAVIOLETS
Avec une longueur d'onde plus courte que la lumière violette, les rayons ultraviolets transportent plus d'énergie que la lumière visible. Ceux émis par le Soleil et les cabines de bronzage peuvent brûler une peau non protégée.

LES RAYONS X
Ces ondes de haute énergie traversent les matériaux tels que la chair ou le plastique, mais pas les os ni les objets métalliques. Cette propriété en fait une aide précieuse à l'hôpital pour examiner les fractures, et dans les aéroports pour contrôler l'intérieur des bagages.

LES RAYONS GAMMA
Les rayons gamma sont produits par la radioactivité. Dotés d'une courte longueur d'onde, ils transportent beaucoup d'énergie. Très nocifs pour l'homme, ils servent pourtant à traiter le cancer en tuant les cellules malades.

LES LONGUEURS D'ONDE
La différence entre les longueurs d'onde aux deux extrémités du spectre électromagnétique est considérable. La longueur d'onde des rayons gamma ne représente qu'une fraction de la taille d'un atome, tandis que les ondes radio peuvent mesurer plusieurs milliers de kilomètres de long.

LES RAYONS INFRAROUGES

Situé juste en deçà du rouge visible dans le spectre, l'infrarouge se manifeste sous forme de chaleur. Quand l'énergie calorifique se déplace, elle est souvent transportée par des ondes infrarouges. Les images satellites infrarouges de la surface de la Terre servent aux météorologues pour déterminer les températures.

LES MICRO-ONDES

Elles ont une longueur d'onde bien supérieure à celle de la lumière visible. Les micro-ondes à longueur d'onde élevée servent dans les fours du même nom. Les micro-ondes à longueur d'onde plus courte sont utilisées dans les radars qui aident les avions et les bateaux à naviguer en visualisant le trafic et les obstacles.

LES ONDES RADIO

Ce sont les plus longues du spectre. De nombreuses formes de communication, telles que la télévision, les téléphones portables et la radio les utilisent. Les longueurs d'onde différentes transportent des signaux différents. Les ondes radio en provenance de l'espace sont recueillies par des radiotélescopes et servent à étudier l'Univers.

LE VIOLET

La lumière à l'extrémité violette du spectre électromagnétique a une longueur d'onde plus courte et une fréquence plus élevée que la lumière à l'extrémité rouge du spectre.

LE SYMBOLISME

Dans le monde entier, les couleurs sont utilisées comme symboles. Leurs significations diffèrent selon les cultures et les religions. Ainsi, dans certains pays, les mariées portent du rouge, ailleurs elles sont en blanc.

Au Nouvel An chinois, on offre de l'argent dans des pochettes rouges, car cette couleur est celle de la chance.

LA COULEUR

La lumière est la partie visible du spectre électromagnétique. Nous percevons les différentes longueurs d'onde sous la forme de couleurs différentes. La surface des objets absorbe certaines longueurs d'onde et en réfléchit d'autres. Un objet blanc apparaît blanc à l'œil humain parce qu'il réfléchit toutes les longueurs d'onde qui le touchent. En revanche, un objet noir est noir parce qu'il absorbe toutes les longueurs d'onde.

Les emballages alimentaires rouges sont censés susciter la faim.

LES COULEURS COMPLÉMENTAIRES

Quand on ordonne les couleurs du spectre sur une roue chromatique, les couleurs opposées comme le rose et le vert sont appelées complémentaires. Les couleurs complémentaires paraissent plus lumineuses quand elles sont placées côte à côte.

Les taxis jaunes new-yorkais sont faciles à repérer.

LES COULEURS RÉELLES

La lumière réfléchie par un objet se compose de diverses longueurs d'onde. Ainsi, un objet jaune peut réfléchir 80 % de longueurs d'onde de couleur jaune et moins de longueurs d'onde d'autres couleurs.

LE DALTONISME

La capacité humaine à percevoir les couleurs dépend de cellules de la rétine, sensibles à des longueurs d'onde spécifiques. Ces cellules sont absentes ou ne fonctionnent pas chez un daltonien.

Couleur

Un objet jaune absorbe toutes les longueurs d'onde sauf le jaune qu'il réfléchit et que l'œil perçoit. La bande des couleurs visibles de la lumière s'appelle le spectre. Chaque couleur se fond dans la suivante, mais on a l'habitude de diviser le spectre en six couleurs : rouge, orange, jaune, vert, bleu et violet.

L'INTENSITÉ

Par beau temps, les choses paraissent plus colorées parce que l'œil perçoit les différences dans les longueurs d'onde de la lumière. Quand il fait sombre, l'œil reçoit moins de lumière et distingue moins bien les longueurs d'onde : les couleurs semblent ternes.

LA DÉCOMPOSITION DE LA LUMIÈRE BLANCHE

Quand de la lumière blanche passe à travers un bloc de verre appelé prisme, ses différentes longueurs d'onde dévient et se décomposent (réfraction) en un faisceau présentant les couleurs du spectre. Quand de la lumière blanche passe à travers des gouttes de pluie, cet effet crée un arc-en-ciel.

Les plantes contiennent un pigment vert appelé chlorophylle.

Des machines simples permettent à l'homme d'exécuter des tâches telles que soulever ou tirer des poids, qui lui seraient difficiles à accomplir avec sa seule force musculaire. Il existe six sortes de machines simples : la roue, la vis, le levier, la poulie, le plan incliné et le coin. Ces machines transforment une force en une force plus grande ou plus petite, ou changent la direction dans laquelle cette force s'applique. Les outils les plus rudimentaires, comme le pied-de-biche et la pelle, sont des machines simples.

❶ LA ROUE (ENGRENAGE)

Les engrenages sont des roues dentées qui s'imbriquent et tournent ensemble, ce qui change la force, la vitesse ou la direction d'une force. Une force appliquée sur l'axe d'un petit engrenage entraînant un engrenage plus grand se traduira par une force de rotation supérieure sur l'axe du grand engrenage.

❷ LA VIS

Le filetage en spirale d'une vis transforme une force de rotation en une force verticale beaucoup plus grande. La vis doit être tournée de nombreuses fois pour créer un petit mouvement ascendant ou descendant.

❸ LE LEVIER

La plupart des leviers augmentent la force qui leur est appliquée, ce qui facilite, par exemple, le déplacement d'une charge. Un levier tourne autour d'un point fixe appelé pivot. Plus la force s'applique loin du pivot, plus la charge est facile à déplacer.

Le mouvement de rotation des roues est converti en mouvement linéaire qui permet au chariot de remonter la pente. ⑤

Le second levier tombe en appliquant le coin sur la tomate. ⑥

Le mouvement descendant du coin coupe la tomate en deux. ⑥

⑦

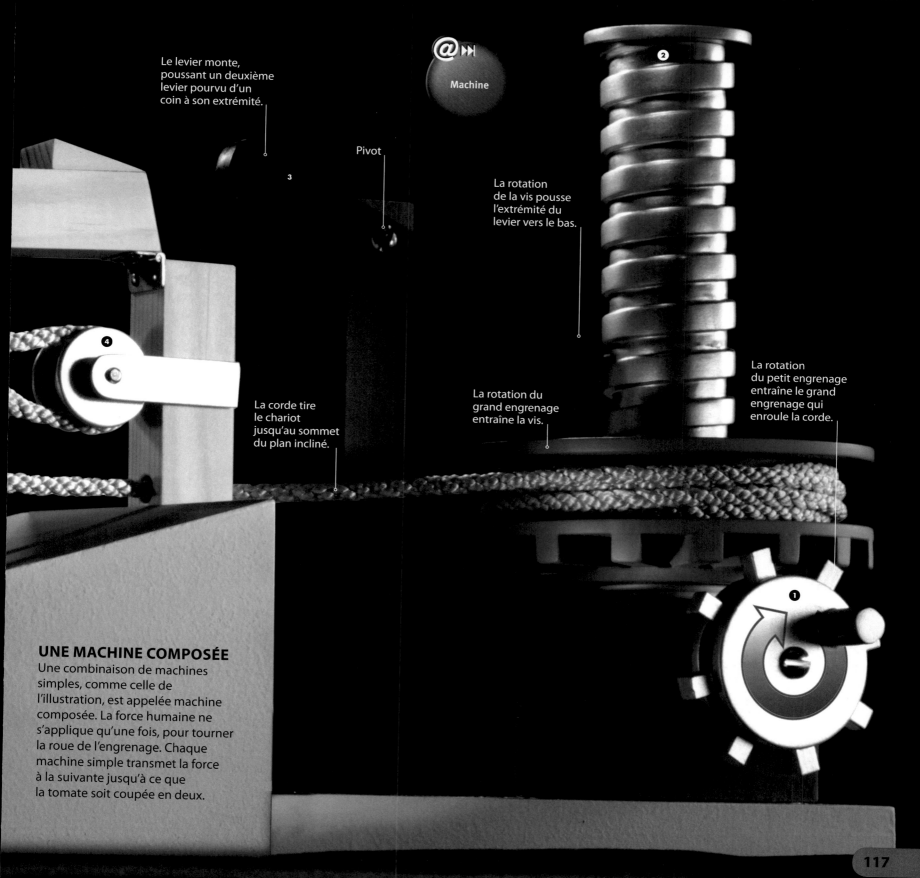

❹ LA POULIE

Une poulie se compose d'une corde enroulée autour d'une roue. Elle facilite le levage et le déplacement de charges importantes. Plus il y a de cordes et de roues, moins il faut de force pour soulever la charge.

❺ LE PLAN INCLINÉ

Il s'agit d'une surface plane dont les extrémités ne sont pas à la même hauteur. Déplacer un objet sur un plan incliné réduit la force nécessaire pour le bouger, mais augmente la distance à parcourir.

❻ LE COIN

Cet objet triangulaire peut servir à couper un autre objet. Inséré sous un objet, il peut aider à le soulever. Quand une force descendante s'applique sur le coin, sa forme produit une force latérale sur l'objet.

❼ LES ROUES DU CHARIOT

Ces roues permettent au chariot de remonter la pente sans à-coups. Elles sont indispensables pour un déplacement plus facile, car elles réduisent considérablement les forces de friction. Elles ne modifient pas la force qui s'applique à elles pour produire un effort.

Le levier monte, poussant un deuxième levier pourvu d'un coin à son extrémité.

Machine

Pivot

3

La rotation de la vis pousse l'extrémité du levier vers le bas.

La corde tire le chariot jusqu'au sommet du plan incliné.

La rotation du grand engrenage entraîne la vis.

La rotation du petit engrenage entraîne le grand engrenage qui enroule la corde.

UNE MACHINE COMPOSÉE

Une combinaison de machines simples, comme celle de l'illustration, est appelée machine composée. La force humaine ne s'applique qu'une fois, pour tourner la roue de l'engrenage. Chaque machine simple transmet la force à la suivante jusqu'à ce que la tomate soit coupée en deux.

LA TECHNOLOGIE

La technologie est l'application pratique des connaissances scientifiques pour fabriquer des outils. Avec les premières technologies, comme la roue, l'invention a précédé l'explication scientifique. Les innovations technologiques modernes sont en général le résultat d'années de recherches, financées par les États et les industries.

Technologie

Timeline: -3500 | -3100 | -400 | -50 | 1000 | 1285 | 1454 | 1609 | 1769 | 1804 | 1821 | 1837 | 1876 | 1879

❶ La roue Les premières roues furent utilisées en Mésopotamie (Iraq actuel) : des planches clouées formaient un cercle.

❷ L'écriture En Mésopotamie, les comptes et les listes étaient inscrits sur des tablettes d'argile, et l'on utilisait des sceaux en relief pour imprimer sa signature.

❸ L'arbalète Un arc ordinaire dépend de la force de l'utilisateur. L'arbalète, inventée en Chine, utilise un mécanisme qui tend plus la corde et augmente la puissance du carreau.

❹ Le papier La fabrication du papier a aussi été inventée en Chine. Des chiffons et des fibres végétales étaient mélangés à de l'eau et battus en pulpe. La pâte obtenue était étalée pour sécher sous forme de feuilles.

❺ La poudre Les propriétés de la poudre furent d'abord utilisées par les Chinois pour produire des feux d'artifice et des explosions destinées à effrayer l'ennemi plus qu'à le tuer.

❻ Les lunettes En Chine comme en Europe, on avait observé dès l'Antiquité que des morceaux de verre incurvés (lentilles) faisaient dévier la lumière. Les lunettes n'apparurent qu'au XIIIe siècle.

❼ L'imprimerie La presse à imprimer de Johannes Gutenberg mettait en œuvre un système de caractères mobiles (lettres individuelles en métal) permettant, pour la première fois, l'impression massive de livres.

❽ Le télescope La première lunette astronomique était un télescope à réfraction qui utilisait deux lentilles pour concentrer la lumière provenant de corps distants.

❾ La machine à vapeur La machine à vapeur de James Watt fournissait l'énergie des usines de la révolution industrielle en convertissant l'énergie de la vapeur en mouvement.

❿ La locomotive La première locomotive utilisait une machine à vapeur à haute pression pour entraîner le train le long des rails.

⓫ Le générateur électrique Michael Faraday inventa le premier moteur électrique utilisant de l'électricité pour produire du mouvement. Il inversa ensuite le processus, se servant du mouvement pour produire de l'électricité, créant ainsi le générateur électrique.

⓬ La photographie S'appuyant sur les travaux de Nicéphore Niépce, Louis Daguerre inventa le premier procédé photographique viable. Le daguerréotype est une plaque de cuivre couverte d'une couche d'argent.

⓭ Le téléphone Alexander Graham Bell inventa le téléphone en convertissant les vibrations de la voix en signaux électriques, transmises par un câble et reconverties en vibrations sonores à l'autre bout.

⓮ L'ampoule Joseph Swan et Thomas Edison inventèrent l'ampoule en même temps. Ils eurent l'idée de faire passer du courant électrique à travers un filament de carbone, dans une ampoule sous vide.

| 1885 | 1895 | 1903 | 1906 | 1920 | 1926 | 1947 | 1958 | 1962 | 1972 | 1977 | 1986 | 1982 | 2007 |

15 La voiture à moteur à essence
La première voiture à moteur à combustion interne fonctionnant à l'essence était dotée de trois roues et d'un cadre en forme de U.

16 Le cinéma Les frères Louis et Auguste Lumière inventèrent une caméra associée à un projecteur. Leur appareil, le cinématographe, projetait des images mobiles sur un écran.

17 L'aéroplane Wilbur et Orville Wright sont les constructeurs du premier aéroplane plus lourd que l'air. Leur premier vol dura 12 secondes.

18 La triode Conçue tout d'abord pour contrôler le courant électrique, la triode fut ensuite utilisée comme amplificateur des signaux radios et télévisés, et comme « interrupteur » dans les ordinateurs.

19 L'émission de radio Les premières émissions de radio publiques eurent lieu en 1906. Les premiers postes furent vendus à des particuliers au milieu des années 1920.

20 La transmission télévisée John Logie Baird produisit la première émission de télévision en utilisant une série de disques rotatifs pour produire l'image. Ce dispositif mécanique fut bientôt dépassé par le tube électronique à rayons cathodiques.

21 Le transistor Il remplissait le même office que la triode, mais était plus petit, plus fiable et plus économe en énergie. Il ouvrit la voie à la miniaturisation des dispositifs électroniques.

22 La micropuce Une seule puce de silicone contenait des milliers de transistors remplaçant les dispositifs mécaniques de contrôle dans les appareils ménagers et les circuits encombrants dans les ordinateurs.

23 Le satellite de communication Le premier satellite de communication, Telstar, permit de transmettre des programmes de télévision en direct et des appels téléphoniques à travers le monde, en faisant rebondir les signaux du satellite en orbite vers les récepteurs au sol.

24 Les jeux électroniques *Pong,* le premier jeu électronique du commerce, était basé sur le ping-pong et consistait à renvoyer une balle à l'aide de deux raquettes.

25 L'ordinateur personnel L'un des premiers ordinateurs personnels, Apple II, était doté d'un clavier intégré se connectant au téléviseur.

26 Le téléphone portable Les appels sont transmis via un réseau de transmetteurs locaux à courte portée utilisant des ondes radio.

27 Le disque compact L'information sonore enregistrée sur le CD sous la forme de creux sous la surface du disque est lue par un laser.

28 L'iPhone Les appareils deviennent plus petits et plus complexes grâce aux progrès technologiques. Les nouveaux modèles tels que l'iPhone d'Apple disposent de fonctionnalités multiples permettant d'écouter de la musique, de regarder des vidéos, de stocker des photos et de surfer sur Internet.

LES ROBOTS

Le robot est une machine qui semble penser et agir par elle-même.
Les plus simples des robots sont des jouets mécaniques, ou automates,
programmés pour accomplir une suite d'actions sans fonction réelle.
Certains robots sont pilotés à distance par un opérateur humain;
d'autres, plus complexes, sont dotés d'une intelligence artificielle,
c'est-à-dire de la capacité à prendre des décisions, à résoudre
des problèmes et à apprendre seuls.

Le robot ASIMO se sert
d'une caméra intégrée
dans sa tête pour
repérer les obstacles
sur son chemin.

Kismet est conçu pour
répondre aux humains en
modifiant les expressions
de son visage.

▲ LE ROBOT CHIRURGICAL
Les robots chirurgicaux comme Da Vinci
sont capables d'insérer des instruments
minuscules et une caméra appelée
endoscope dans une incision inférieure
à 1 cm. Le chirurgien voit le champ
opératoire sur un écran et actionne les
instruments du robot par télécommande.

La dorade de Mitsubishi
imite les mouvements
d'un vrai poisson.

ASIMO, créé par
le Japonais Honda,
est capable de monter
et de descendre
les marches.

◀ LES HUMANOÏDES
Dans la réalité, peu de robots ressemblent aux
robots humanoïdes, ou androïdes, des films
de science-fiction. Fabriquer une machine
capable de se déplacer sur deux jambes
sans perdre l'équilibre, sur toute une variété
de surfaces, est un véritable défi technique.
La plupart des robots n'en ont d'ailleurs pas
besoin pour accomplir leur tâche.

▲ LES ROBOTS ANIMAUX
Les robots imitant les différents
déplacements et comportements
animaliers constituent des étapes
importantes dans le développement
d'un éventail de mouvements qui
seront peut-être requis par les robots
de la prochaine génération.

Ce jouet robot
humanoïde
se transforme
aussi en camion.

Spinybot II a les pieds
couverts de petits poils
qui lui permettent
de grimper aux murs
comme un insecte.

L'AIBO de Sony est doté
de programmes complexes
qui le font bouger et agir
comme un vrai chien.

LES BRAS INDUSTRIELS ▶

La plupart des robots industriels sont des bras mécaniques pilotés par ordinateur. Ils exécutent des tâches qui seraient difficiles ou dangereuses pour des hommes, ainsi que des tâches répétitives et fastidieuses. Le robot, plus fiable et plus rapide que l'être humain, présente surtout l'avantage de ne jamais se reposer !

La soudure dans une usine de voitures est prise en charge par des robots.

L'ASSISTANCE DOMESTIQUE ▶

Nul ne possède encore d'androïdes domestiques, mais il existe déjà des robots capables d'accomplir des tâches répétitives telles qu'aspirer le sol ou tondre la pelouse. Ils sont programmés pour repérer et éviter les obstacles sur leur chemin.

Le robot aspirateur Roomba est doté de senseurs qui calculent son trajet.

▲ LES VOYAGEURS DE L'ESPACE

Dans l'espace, des vaisseaux robots et des véhicules de surface, appelés rovers, sont envoyés pour explorer les endroits trop dangereux pour les spationautes. Les mouvements de ces robots sont programmés ou pilotés depuis la Terre. Les rovers se dirigent aussi à l'aide d'une caméra leur permettant d'éviter les obstacles.

▼ LES EXPLORATEURS

Les robots explorateurs sont envoyés dans des endroits sur Terre où l'être humain ne pourrait survivre. Ces robots travaillent à des températures élevées à l'intérieur des volcans, sous des pressions extrêmes dans le fond des océans ainsi que sur des sites hautement radioactifs ou toxiques.

Le robot CoWorker d'iRobot prend des photos avec l'appareil monté sur son cou rotatif.

LES ROBOTS MILITAIRES ▶

Les véhicules robots sont utiles en cas de guerre, car ils peuvent pénétrer dans des zones dangereuses sans risquer de vies humaines. Les robots sont capables de surveiller les territoires ennemis, de repérer et de neutraliser des mines et des bombes, tandis que l'opérateur reste à distance, en sécurité.

HOBO (Hazardous Ordnance Bomb Operator) transporte du matériel pour désamorcer une bombe ou la faire exploser en toute sécurité.

Les pattes de Robug III lui permettent de se déplacer sur des surfaces accidentées pour explorer des endroits dangereux à l'aide de sa caméra.

LES TRANSPORTS

Le monde d'aujourd'hui est en mouvement permanent. Il est difficile d'imaginer la vie sans les avions, les trains, les bateaux et les voitures qui transportent jour après jour leur lot de passagers et de marchandises. Ces incroyables machines ont été conçues pour voyager sur terre, dans l'air, sur ou sous l'eau.

PAR ROUTE ▼

La plupart des véhicules ont un moteur à combustion interne qui brûle un carburant pour fabriquer l'énergie qui fait tourner les roues. Dans une voiture, le moteur est généralement à l'avant et entraîne soit les roues avant, soit les roues arrière. Sur une moto, le moteur est placé entre les deux roues.

Des formes courbes réduisent l'effet de résistance à l'air.

Audi R8 2008

L'air entrant par la grille du radiateur permet de refroidir le moteur.

Le volant est relié à des barres de direction qui font tourner les roues avant.

Les pneus en caoutchouc sont renforcés de Nylon, de rayonne ou d'acier.

La roue avant est maintenue entre deux bras métalliques formant la fourche.

Le guidon tourne la roue avant pour diriger l'engin.

Les ressorts de suspension adoucissent l'impact des bosses sur les surfaces inégales.

Yamaha V-Max

Les roues sont en acier ou en alliage acier ou magnésium.

Le moteur entraîne la roue arrière de la moto.

Les gaz d'échappement du moteur sont expulsés par le pot d'échappement.

PAR AIR ▼

Pour se déplacer dans l'air, les avions doivent vaincre la force de gravité qui les pousse vers le sol. Ils y parviennent à l'aide d'ailes incurvées ou de rotors qui produisent une force ascendante qui porte l'appareil.

UH-60 BlackHawk

En tournant, les lames du rotor produisent une force ascendante qui tire l'hélicoptère vers le haut.

Roue d'atterrissage avant

Les volets contrôlent la montée et la descente de l'avion.

Boeing 777-300ER

Le volet de gouverne situé au dos de l'aileron de queue équilibre l'avion dans les changements de direction.

Des surfaces articulées appelées ailerons inclinent l'avion pour le faire tourner.

Un bras appelé pantographe capte le courant des câbles électriques.

TGV A325

Les chariots, ou bogies, sont dotés de quatre roues ou plus, ainsi que de puissants amortisseurs de choc garantissant un déplacement en douceur.

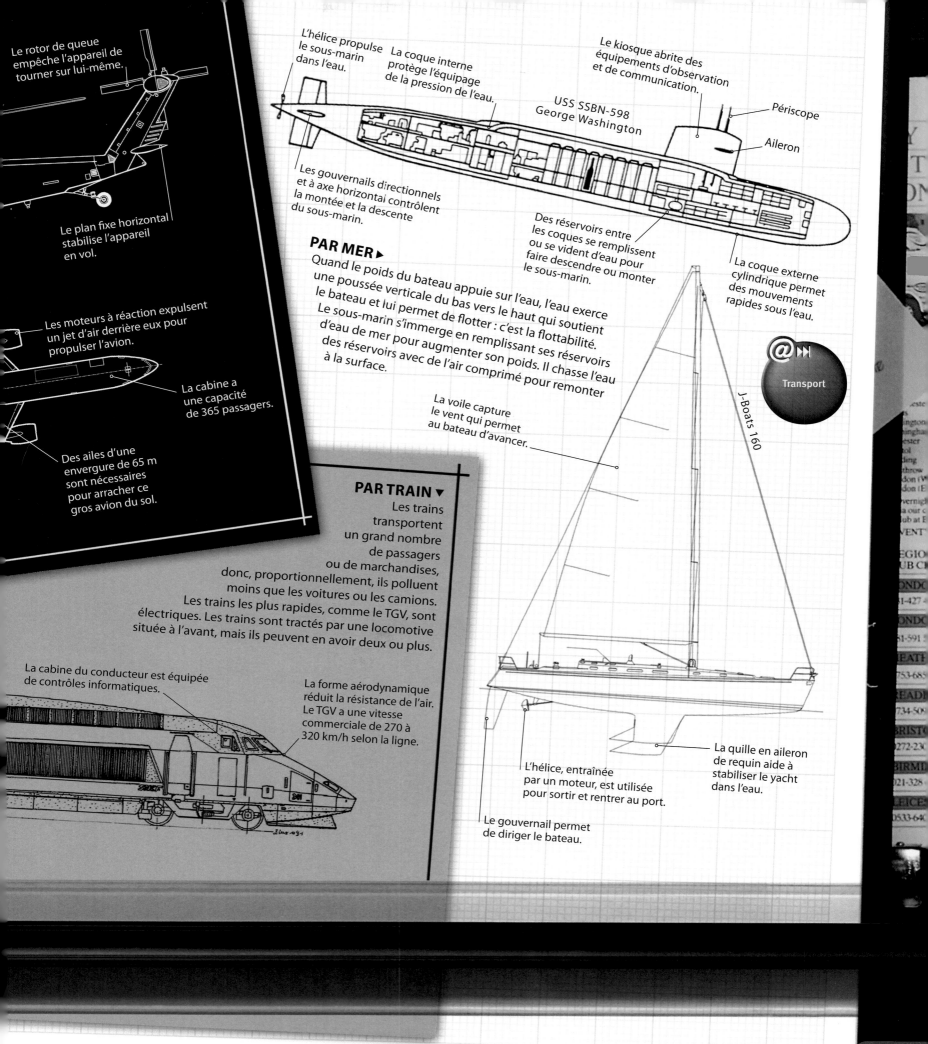

Le rotor de queue empêche l'appareil de tourner sur lui-même.

Le plan fixe horizontal stabilise l'appareil en vol.

Les moteurs à réaction expulsent un jet d'air derrière eux pour propulser l'avion.

La cabine a une capacité de 365 passagers.

Des ailes d'une envergure de 65 m sont nécessaires pour arracher ce gros avion du sol.

L'hélice propulse le sous-marin dans l'eau.

La coque interne protège l'équipage de la pression de l'eau.

Le kiosque abrite des équipements d'observation et de communication.

USS SSBN-598 George Washington

Périscope

Aileron

Les gouvernails directionnels et à axe horizontal contrôlent la montée et la descente du sous-marin.

Des réservoirs entre les coques se remplissent ou se vident d'eau pour faire descendre ou monter le sous-marin.

La coque externe cylindrique permet des mouvements rapides sous l'eau.

PAR MER ▶

Quand le poids du bateau appuie sur l'eau, l'eau exerce une poussée verticale du bas vers le haut qui soutient le bateau et lui permet de flotter : c'est la flottabilité. Le sous-marin s'immerge en remplissant ses réservoirs d'eau de mer pour augmenter son poids. Il chasse l'eau des réservoirs avec de l'air comprimé pour remonter à la surface.

La voile capture le vent qui permet au bateau d'avancer.

J-Boats 160

Transport

PAR TRAIN ▼

Les trains transportent un grand nombre de passagers ou de marchandises, donc, proportionnellement, ils polluent moins que les voitures ou les camions. Les trains les plus rapides, comme le TGV, sont électriques. Les trains sont tractés par une locomotive située à l'avant, mais ils peuvent en avoir deux ou plus.

La cabine du conducteur est équipée de contrôles informatiques.

La forme aérodynamique réduit la résistance de l'air. Le TGV a une vitesse commerciale de 270 à 320 km/h selon la ligne.

L'hélice, entraînée par un moteur, est utilisée pour sortir et rentrer au port.

Le gouvernail permet de diriger le bateau.

La quille en aileron de requin aide à stabiliser le yacht dans l'eau.

LES SCIENTIFIQUES

Les scientifiques étudient l'Univers pour trouver comment et pourquoi les choses fonctionnent. La science comporte de nombreuses branches comme la physique, la chimie et l'astronomie. Les scientifiques examinent les phénomènes qu'ils analysent. Ils élaborent des explications possibles à leurs observations, que l'on appelle théories ou hypothèses. Ils se livrent ensuite à des expériences pour vérifier la validité de leurs théories.

❶ ISAAC NEWTON

Le physicien et mathématicien Isaac Newton (1642-1727) proposa les lois de la dynamique pour expliquer l'action de forces sur les objets, avant d'élaborer une théorie sur la gravité. Il étudia aussi l'optique et la lumière.

❻ BLAISE PASCAL

Blaise Pascal (1623-1662), explorant diverses applications pratiques des sciences, inventa un calculateur mécanique : la pascaline. Il travailla aussi sur la pression atmosphérique.

❷ MARIE CURIE

Marie Curie (1867-1934), née en Pologne, effectua ses recherches sur la radioactivité à Paris, avec son mari français, Pierre. Elle découvrit de nouveaux éléments chimiques, le polonium et le radium en 1898 et remporta deux prix Nobel. Marie Curie mourut d'une leucémie probablement due à son exposition prolongée aux radiations.

❼ GALILÉE

L'astronome et mathématicien italien Galilée (1564-1642) fut le premier à utiliser une lunette pour explorer le ciel. Il découvrit les quatre plus grands satellites de Jupiter, aujourd'hui appelés les lunes galiléennes.

❶

❷

❸

Le calculateur mécanique de Pascal ne faisait qu'additionner et manquait de précision.

Le bec Bunsen, un brûleur de gaz réglable, utilisé dans certaines expériences, est nommé d'après le scientifique allemand Robert Bunsen (1811-1899).

L'unité d'intensité électrique, l'ampère, doit son nom au scientifique français André-Marie Ampère (1775-1836).

❸ LUIGI GALVANI

Le médecin italien Luigi Galvani (1737-1798) étudia le rôle des impulsions électriques dans les tissus animaux en se servant de grenouilles. Sa théorie selon laquelle l'électricité venait des tissus animaux était erronée, mais ses découvertes conduisirent à l'invention de la pile par Alessandro Volta.

❽ NICOLAS COPERNIC

L'astronome polonais Nicolas Copernic (1473-1543) est considéré comme le fondateur de l'astronomie moderne. Son étude de l'orbite des planètes mit en évidence que le Soleil se trouve au centre de notre Système solaire. À l'époque, on croyait que la Terre était au centre de l'Univers.

❹ ALBERT EINSTEIN

Albert Einstein (1879-1955) naquit en Allemagne, mais s'exila aux États-Unis quand Adolphe Hitler prit le pouvoir en 1933. Ses études sur la relativité révolutionnèrent la physique en montrant que la matière, l'énergie, l'espace et le temps sont liés. Il reçut le prix Nobel de physique en 1921.

❾ ALESSANDRO VOLTA

En 1800, ses recherches sur l'électricité amenèrent le physicien italien Alessandro Volta (1745-1827) à inventer la pile. La pile de Volta, ou pile voltaïque, fut le premier moyen fiable de produire de l'électricité, ce qui facilita considérablement les expériences électriques ultérieures.

❺ ALEC JEFFREYS

Le généticien britannique Jeffreys (né en 1950) découvrit que chaque individu a un ADN distinct et trouva comment représenter ces séquences d'ADN en images. Il inventa l'empreinte digitale d'ADN aujourd'hui utilisée par la police scientifique dans les enquêtes criminelles pour identifier les individus à partir de traces d'ADN.

❿ BENJAMIN FRANKLIN

Homme d'État américain, écrivain et scientifique, Benjamin Franklin (1706-1790) étudia l'électricité. Il prouva que la foudre est un courant électrique et suggéra l'utilisation de paratonnerres pour empêcher celle-ci de tomber sur les maisons.

❹

❺

En 1610, Galilée améliora la lunette nouvellement inventée et s'en servit pour découvrir les lunes de Jupiter : Io, Europe, Ganymède et Callisto.

L'empreinte digitale d'ADN révèle un dessin discontinu qui varie d'un individu à l'autre.

❽

❾

La pile voltaïque est composée d'un empilement de petits disques de métal et de carton trempés dans de l'eau salée.

Copernic utilisa une sphère armillaire telle que celle-ci pour démontrer que le Soleil se trouve au centre du Système solaire.

Franklin eut l'idée de lancer un cerf-volant pendant un orage pour le charger en électricité, et démontra ainsi que la foudre est électrique.

❿

L'UNIVERS

L'Univers est tout ce qui existe, de la plus petite particule sur Terre aux vastes galaxies de l'espace lointain. Chacune de ses parties, espace et temps inclus, est née lors du big bang, une explosion phénoménale qui s'est produite il y a 13,7 milliards d'années. À cette époque, l'Univers était très différent d'aujourd'hui et, depuis, il n'a pas cessé de s'étendre, de se refroidir et de se modifier. L'hydrogène et l'hélium du très jeune Univers ont créé les étoiles qui, à leur tour, ont formé tous les autres objets de l'Univers actuel, dont la Terre et tous ses éléments, nous compris.

LE FOND COSMOLOGIQUE

En étudiant la chaleur laissée par le big bang, appelée rayonnement de fond cosmologique (RFC), les scientifiques peuvent reconstituer l'Univers tel qu'il était à ses débuts. Cette image est une carte thermique de l'Univers de 380 000 ans après le big bang. Elle montre que la matière n'était pas répartie de façon égale : les zones les plus chaudes (en rouge) sont les plus denses et donneront naissance aux galaxies.

Les couleurs indiquent les infimes variations de température de la matière. Les zones rouges sont les plus chaudes.

-13,69
MILLIARDS D'ANNÉES

LE BIG BANG

À l'origine, l'Univers était incroyablement petit, dense et chaud. En un milliardième de seconde, il est passé de plus petit qu'un atome à plus grand qu'une galaxie, les minuscules particules d'énergie s'étant transformées en particules de matière. En trois minutes, l'Univers s'est retrouvé composé presque exclusivement de noyaux d'atomes d'hydrogène et d'hélium.

-13,7
MILLIARDS D'ANNÉES

LA FORMATION DES GALAXIES

Au fil de millions d'années, l'hydrogène et l'hélium ont formé d'immenses nuages qui se sont fragmentés, puis effondrés sous l'effet de la gravité, et ont donné des étoiles. Un milliard d'années après le big bang, l'Univers était formé de galaxies naines qui, après des collisions et des fusions, ont pris leur forme spirale ou elliptique.

Les plus petites et les plus rouges des galaxies datent d'environ 800 millions d'années après le big bang. Ce sont les plus vieilles connues.

Les galaxies et les étoiles ne représentent que 4 % de la matière de l'Univers.

-12
MILLIARDS D'ANNÉES

-10
MILLIARDS D'ANNÉES

Univers

LA JEUNE VOIE LACTÉE

Notre galaxie, la Voie lactée, s'est formée en même temps que les autres galaxies. Toutes ses étoiles n'existaient pas encore à l'époque. Depuis sa formation, elle donne naissance à des étoiles qui brillent pendant des millions d'années avant de mourir. Leurs vestiges produisent une nouvelle génération d'étoiles.

L'eau des océans, des lacs, de l'atmosphère et des calottes glaciaires a été déterminante pour l'apparition de la vie sur Terre.

AUJOURD'HUI

LA NAISSANCE DU SYSTÈME SOLAIRE

Le Système solaire s'est formé à partir d'un nuage de gaz et de poussière dans le disque d'une galaxie, la Voie lactée. Cette nébuleuse solaire en rotation s'est ensuite effondrée pour former une sphère centrale, le Soleil. Le reste de la matière environnante s'est transformé en planètes, en lunes, en astéroïdes et en comètes.

-4,6
MILLIARDS D'ANNÉES

NOTRE PLANÈTE

Troisième planète rocheuse à partir du Soleil, la Terre est le seul endroit connu où la vie existe. Elle est née dans les océans voici 3,7 milliards d'années quand de minuscules cellules ont évolué en créatures marines, puis en plantes terrestres et en animaux. L'homme existe depuis 1 million d'années.

La collision avec un astéroïde arrache du matériau rocheux au manteau terrestre.

-4,5
MILLIARDS D'ANNÉES

LA FORMATION DE LA LUNE

La Terre s'est formée à partir de collisions et de fusions d'amas de matière. Puis elle a été heurtée par un astéroïde de la taille de Mars, ce qui a projeté dans l'espace de la roche en fusion. Celle-ci a formé un anneau autour de la Terre, qui s'est aggloméré en donnant naissance à une grande sphère, la Lune.

LES GALAXIES

Une galaxie est un groupe d'étoiles maintenues ensemble par la gravité : il y en aurait entre 100 et 125 milliards dans l'Univers. Elles ne sont pas éparpillées au hasard, mais réunies en amas très éloignés les uns des autres. L'ensemble des galaxies occupe deux millionièmes de l'espace.

❶ LA TAILLE

Les galaxies sont énormes. Les plus grosses mesurent plus de 1 million d'années-lumière de diamètre (1 année-lumière est la distance parcourue par la lumière en 1 an), les plus petites quelques milliers d'années-lumière. Le diamètre d'Andromède est de 250 000 années-lumière.

❷ LA FORME

Composée de milliards d'étoiles, une galaxie se classe selon sa forme : spirale, spirale barrée, elliptique ou irrégulière. Les spirales et spirales barrées forment un disque muni de bras spiraux. Dans une spirale, comme Andromède, les bras partent d'un bulbe central, tandis que dans une spirale barrée, ils émanent des extrémités d'une barre centrale d'étoiles. Les galaxies elliptiques forment une boule, et les irrégulières n'ont pas de forme définie.

❸ LES ÉTOILES EN ORBITE

Une galaxie ne se comporte pas comme un objet solide. Chaque étoile suit sa propre orbite autour du centre de sa galaxie : celles d'une galaxie spirale l'accomplissent en quelques millions d'années. Les plus éloignées du centre mettent plus longtemps.

❹ LES BRAS SPIRAUX

Le disque et les bras d'une galaxie spirale possèdent des étoiles. Les bras sont bien visibles, car ils sont remplis de jeunes étoiles très brillantes.

❺ LE BULBE

Le bulbe d'une galaxie spirale contient de vieilles étoiles rouges et jaunes et un énorme trou noir en son centre. Le trou noir d'Andromède est 30 millions de fois plus gros que le Soleil.

❻ LES TRAÎNÉES DE POUSSIÈRES

Les nuages et les traînées de poussières d'un disque galactique masquent bien des étoiles.

❼ LA GALAXIE NAINE

M110 est une galaxie elliptique naine qui orbite autour d'Andromède. Elle est maintenue sur son orbite par la gravité d'Andromède.

@ ▶▶
Galaxie

▲ LA GALAXIE D'ANDROMÈDE

Andromède est l'une des galaxies les plus proches de la nôtre, la Voie lactée. Galaxie spirale située à 2,9 millions d'années-lumière de nous, c'est l'objet céleste le plus lointain que nous puissions voir à l'œil nu.

LA NAISSANCE D'UNE ÉTOILE ▼

Les étoiles se forment dans de vastes nuages d'hydrogène, comme la nébuleuse de l'Aigle. Quand un petit fragment s'effondre sous sa propre gravité, il se comprime de plus en plus, puis forme une boule de gaz en rotation, la protoétoile (future étoile).

Nébuleuse de l'Aigle

Détail de la nébuleuse de l'Aigle

Amas du Trapèze

LA SÉQUENCE PRINCIPALE ▼

La plupart des étoiles brillent une grande partie de leur vie. Le Soleil fait partie de ces étoiles de la séquence principale. Les planètes orbitent autour d'étoiles dont certaines, comme Formalhaut, possèdent un disque de poussières qui pourra donner naissance à des planètes.

Formalhaut

Sirius, étoile la plus brillante du ciel nocturne de la Terre

Amas de la Boîte à Bijoux

Albiréo, un système d'étoile double

◄ LES JEUNES ÉTOILES

En se comprimant, une protoétoile devient plus dense et chaude. Quand son cœur atteint 10 milliards de degrés Celsius, des réactions nucléaires convertissent l'hydrogène en hélium, ce qui produit de l'énergie et fait briller l'étoile. Les étoiles nées en même temps dans la même région forment un amas. Certains amas, comme le Trapèze et la Boîte à Bijoux montrés ici, restent ensemble pendant des millions d'années, puis leurs étoiles s'éloignent les unes des autres.

LES ÉTOILES

Une étoile est une énorme boule de gaz chaud et lumineux en rotation. Chacune est unique, étant donné qu'elles diffèrent toutes en couleur, en température, en taille, en luminosité et en masse. Avec le temps, ces caractéristiques changent et l'étoile traverse plusieurs étapes. Sa masse, c'est-à-dire la quantité de gaz dont elle est composée, détermine sa durée de vie, ses autres caractéristiques et leurs modifications.

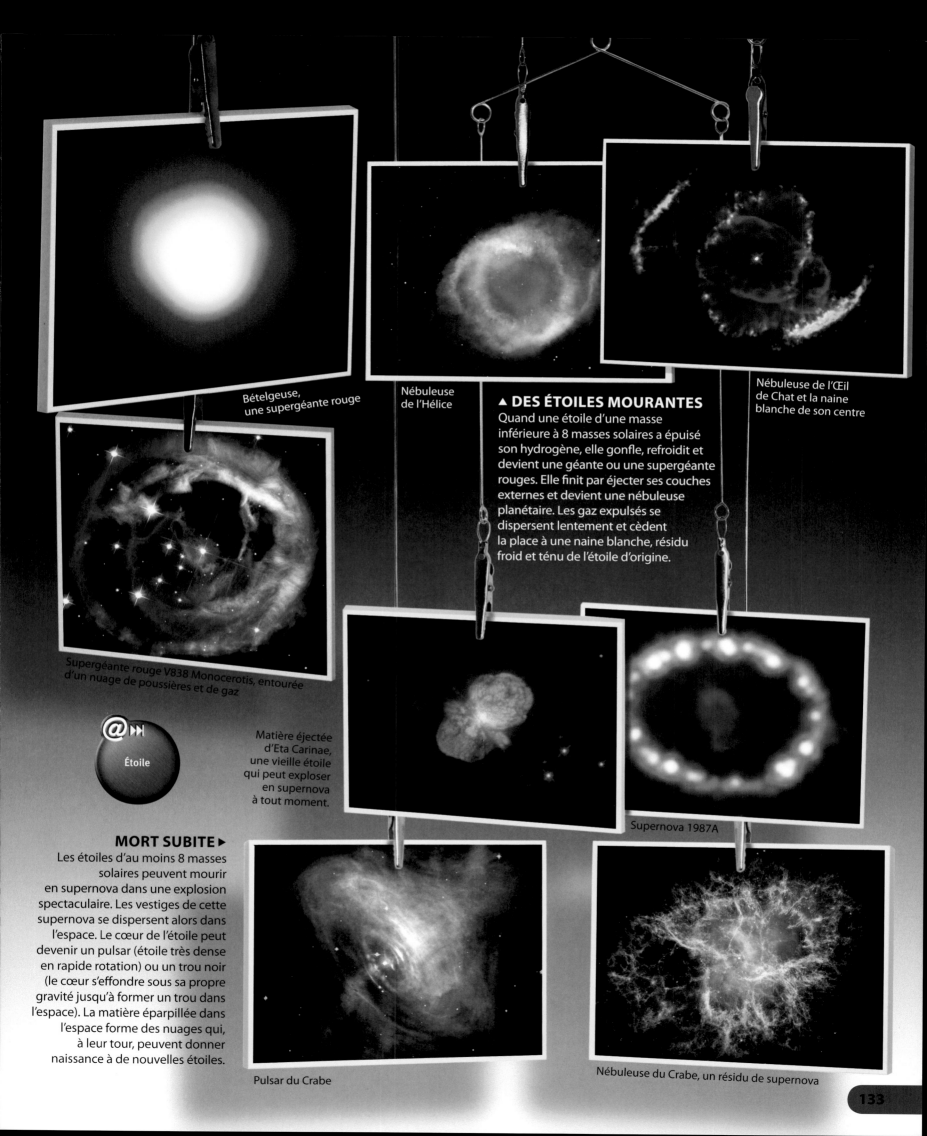

Bételgeuse,
une supergéante rouge

Nébuleuse
de l'Hélice

Nébuleuse de l'Œil
de Chat et la naine
blanche de son centre

▲ DES ÉTOILES MOURANTES

Quand une étoile d'une masse
inférieure à 8 masses solaires a épuisé
son hydrogène, elle gonfle, refroidit et
devient une géante ou une supergéante
rouges. Elle finit par éjecter ses couches
externes et devient une nébuleuse
planétaire. Les gaz expulsés se
dispersent lentement et cèdent
la place à une naine blanche, résidu
froid et ténu de l'étoile d'origine.

Supergéante rouge V838 Monocerotis, entourée
d'un nuage de poussières et de gaz

@ ▸▸|
Étoile

Matière éjectée
d'Eta Carinae,
une vieille étoile
qui peut exploser
en supernova
à tout moment.

Supernova 1987A

MORT SUBITE ▸

Les étoiles d'au moins 8 masses
solaires peuvent mourir
en supernova dans une explosion
spectaculaire. Les vestiges de cette
supernova se dispersent alors dans
l'espace. Le cœur de l'étoile peut
devenir un pulsar (étoile très dense
en rapide rotation) ou un trou noir
(le cœur s'effondre sous sa propre
gravité jusqu'à former un trou dans
l'espace). La matière éparpillée dans
l'espace forme des nuages qui,
à leur tour, peuvent donner
naissance à de nouvelles étoiles.

Pulsar du Crabe

Nébuleuse du Crabe, un résidu de supernova

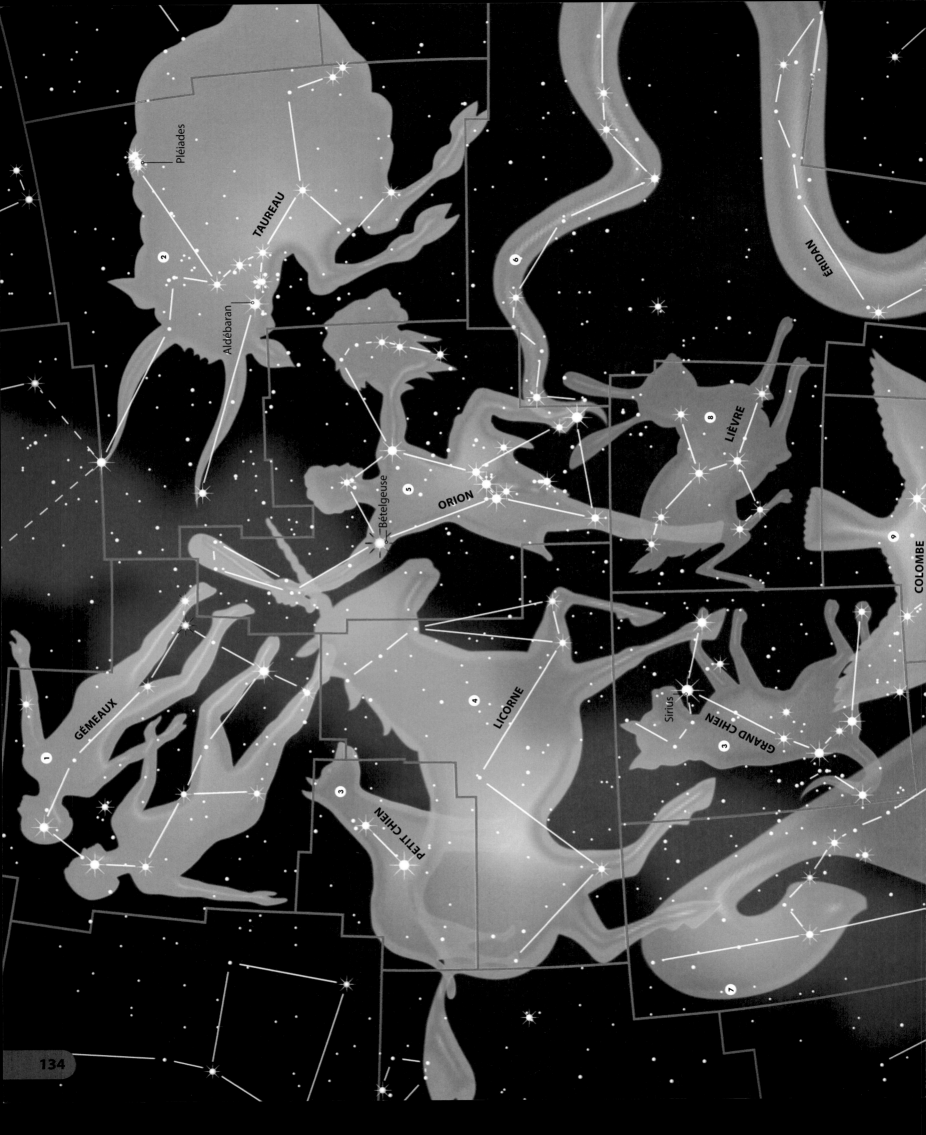

TAUREAU

Pléiades

Aldébaran

GÉMEAUX

ORION

Bételgeuse

LICORNE

PETIT CHIEN

GRAND CHIEN

Sirius

LIÈVRE

ÉRIDAN

COLOMBE

LES CONSTELLATIONS

L'œil humain a toujours cherché à relier les étoiles du ciel nocturne par des lignes imaginaires pour former le dessin de créatures ou d'objets qui sont les constellations. Les premières ont été imaginées voici 4 000 ans. Elles nous aident à explorer le ciel. Sur les 88 constellations, un peu plus de la moitié, dont Orion et le Taureau, sont des personnages de la mythologie grecque.

LE CIEL NOCTURNE

La région céleste ci-dessus est centrée sur la constellation d'Orion. Les lignes orange délimitent chaque constellation, les blanches relient les étoiles et le dessin imaginaire est en bleu.

Constellation

POUPE

❶ LES GÉMEAUX

Les deux plus brillantes étoiles marquent les têtes des jumeaux mythologiques Castor (droite) et Pollux (gauche). Celle de Castor est constituée de six étoiles et celle de Pollux est une géante orange.

❷ LE TAUREAU

La tête du Taureau est tracée autour des Hyades, un amas stellaire en forme de V. La géante rouge Aldébaran est son œil le plus brillant. L'amas des Pléiades marque le dos de l'animal.

❸ LE PETIT CHIEN ET LE GRAND CHIEN

Le Petit et le Grand Chien sont les chiens d'Orion. Le Grand Chien contient Sirius, parfois appelée l'Étoile du Chien, étoile la plus lumineuse du ciel nocturne.

❹ LA LICORNE

Introduite en 1613, la Licorne est traversée par la Voie lactée, la bande laiteuse et luisante d'étoiles qui s'étire dans le ciel (ici, la bande bleutée qui va du bas à gauche au centre en haut).

❺ ORION

Le chasseur Orion est visible de presque partout sur Terre. Ses bras levés tiennent une massue et une tête de lion. L'étoile rouge de l'une de ses épaules est la supergéante rouge Bételgeuse.

❻ L'ÉRIDAN

Sixième plus grande constellation du ciel, l'Éridan représente le fleuve dans lequel Phaéton, fils du dieu grec du Soleil Hélios, est tombé en perdant le contrôle du char d'or de son père.

❼ LA POUPE

Selon la mythologie grecque, la Poupe représente l'arrière du navire de Jason, *Argo*. D'autres parties du bateau sont représentées par les constellations de la Carène (quille) et des Voiles.

❽ LE LIÈVRE

Dans le ciel, le Grand Chien d'Orion chasse le Lièvre, l'une des 40 créatures du ciel nocturne. Parmi les autres, on trouve 13 personnages humains et 2 centaures (mi-homme, mi-cheval).

❾ LA COLOMBE

La Colombe serait l'oiseau envoyé de l'arche de Noé après le Déluge pour chercher une terre émergée, selon la Bible. Mais elle pourrait être la colombe de la mythologie grecque montrant aux argonautes le chemin de la mer Noire.

POUPE

LE SOLEIL

Étoile la plus proche de la Terre, le Soleil est
le centre de notre Système solaire. Cette énorme
boule est constituée de gaz lumineux très chaud
maintenu par la gravité. Ce gaz se compose
d'environ 75 % d'hydrogène, complété
d'hélium et d'une infime quantité de
90 autres gaz. Plus de la moitié de ces
gaz sont comprimés dans le cœur
du Soleil, où des réactions nucléaires
convertissent l'hydrogène en hélium
et produisent d'énormes quantités
d'énergie. Celle-ci remonte
à la surface sous forme de chaleur
et de lumière. Le Soleil produit
cette énergie depuis environ
4,6 milliards d'années et
continuera de le faire pendant
au moins 5 milliards d'années.
Cette image montre le Soleil
non pas tel que notre œil
le voit mais en lumière
ultraviolette.

@ ▶▶
Soleil

❶ LA TAILLE
Plus gros objet du Système solaire,
le Soleil mesure 1,4 million de kilomètres
de diamètre, soit 109 fois celui de la Terre.
De plus, il possède 330 000 fois plus de matière
et pourrait contenir 1,3 million de fois la Terre.

❷ LA PHOTOSPHÈRE
Comme toute étoile, le Soleil n'est pas solide
mais possède une surface visible, la photosphère,
une zone d'activité violente agitée par des jets
et des éruptions de gaz. D'une épaisseur d'environ
100 km, la photosphère est formée d'éphémères
granules de gaz ascendant qui, ensemble,
ressemblent à une peau d'orange.

❸ LA TEMPÉRATURE
La température de surface du Soleil est de 5 500 °C :
c'est ce qui lui donne sa couleur jaune. Les étoiles plus
froides sont rouges et les plus chaudes sont blanches.
L'intérieur est bien plus chaud. Dans son cœur chauffé
à 15 millions de degrés Celsius, des réactions nucléaires
convertissent 600 millions de tonnes d'hydrogène
en hélium chaque seconde.

❹ LES PROTUBÉRANCES

Une protubérance est un gigantesque nuage de gaz relativement froid, enroulé en boucle, qui émane de la surface du Soleil. Celle de cette image est environ 20 fois plus grosse que la Terre. Le gaz est expulsé de la surface par une force colossale due aux champs magnétiques de l'intérieur du Soleil.

❺ LES SPICULES

Les spicules sont des jets de gaz éphémères projetés en permanence à environ 10 000 km de la surface.

❻ L'ATMOSPHÈRE

Au-dessus de la surface, la couche inférieure de l'atmosphère, la chromosphère, est épaisse d'environ 2 500 km. Elle est surmontée de la couronne, qui s'étend dans l'espace sur des millions de kilomètres. Sur cette image, on n'aperçoit que la partie inférieure de la couronne.

❼ LES FACULES

Les zones les plus chaudes, presque blanches, sont les facules. Leur grande activité est due à des concentrations dans le champ magnétique du Soleil.

❽ LA ROTATION

Contrairement à la Terre, solide et solidaire, les diverses parties du Soleil ne tournent pas à la même vitesse. Il faut 25 jours à l'équateur pour une rotation complète et environ 9 jours de plus pour les pôles.

❾ LES ÉJECTIONS DE MASSE CORONALE

Cette protubérance torsadée est associée à une éjection de masse coronale : une gigantesque bulle de plasma éjectée dans l'espace.

LES PLANÈTES

Huit planètes gravitent autour du Soleil. Les plus proches, Mercure, Vénus et la Terre, sont faites de roche. Les grosses planètes extérieures, Jupiter, Saturne, Uranus et Neptune, sont appelées géantes gazeuses, car elles sont essentiellement composées de gaz. Toutes les huit tournent dans le même sens en orbite autour du Soleil. Le temps qu'elles mettent pour accomplir une trajectoire complète, ou révolution, augmente avec la distance. La révolution de Mercure prend 88 jours terrestres, tandis que celle de Neptune dure 164,8 années terrestres.

@▶▶
Planète

❶ JUPITER
Plus grosse et plus massive de toutes les planètes, Jupiter est aussi celle dont la rotation est la plus rapide : elle tourne sur son axe en moins de 10 h. Cette géante essentiellement composée d'hydrogène et d'hélium possède un cœur rocheux. Jupiter est entourée d'un système d'anneaux ténu et a de nombreuses lunes, ou satellites.

La surface visible de Jupiter est la surface de son épaisse atmosphère composée de bandes de gaz tourbillonnant.

❷ SATURNE

Sixième planète à partir du Soleil, et deuxième par la taille, Saturne, jaune pâle, se distingue par un système d'anneaux formé de fragments de glace. Surtout composée d'hydrogène et d'hélium, Saturne a un cœur rocheux et plusieurs lunes.

❸ URANUS

Dix-neuf fois plus éloignée du Soleil que la Terre, Uranus est un monde froid et sans relief délimité par une couche de nuages. Un faible système d'anneaux entoure son équateur. Uranus étant inclinée, ses anneaux et ses lunes semblent orbiter autour d'elle de haut en bas.

❹ MERCURE

Boule de roche sèche, Mercure est couverte de millions de cratères d'impact. Plus petite des planètes et la plus proche du Soleil, c'est aussi celle dont l'écart de températures est le plus grand. Très chaude le jour, il y fait un froid glacial la nuit.

❺ VÉNUS

Deuxième planète à partir du Soleil, Vénus est la plus chaude. Ce monde rocheux est couvert de nuages qui piègent la chaleur et la rendent très brillante.

❻ NEPTUNE

C'est la plus distante, la plus froide et la plus venteuse des huit planètes. Elle est dominée par un mélange de glaces d'eau, de méthane et d'ammoniac, et dotée d'une atmosphère riche en hydrogène. Entourée d'un système d'anneaux ténu, elle a des lunes.

❼ MARS

Encore appelée la planète rouge, Mars est la plus éloignée des planètes rocheuses. Froide et sèche, elle présente d'énormes calottes polaires, des volcans, des déserts glacés, de profonds canyons et deux petites lunes.

❽ TERRE

Seul endroit connu où la vie existe, la Terre est la plus grosse des planètes rocheuses et la troisième à partir du Soleil. C'est aussi la seule pourvue d'eau liquide. Les déplacements de sa croûte modifient constamment sa surface. La Terre possède une lune.

❾ LES PLANÈTES NAINES

Le Système solaire possède trois planètes naines connues, des petits corps arrondis qui orbitent autour du Soleil parmi d'autres objets. Éris et Pluton orbitent au-delà de Neptune dans la ceinture de Kuiper, zone où gravitent des objets de roche et de glace. Cérès orbite entre Mars et Jupiter, dans la ceinture principale d'astéroïdes.

Une fine couche brumeuse donne une apparence calme à l'atmosphère en rubans de Saturne.

Les fragments annulaires, dont la taille va du grain de poussière à des roches de plusieurs mètres de diamètre, réfléchissent bien la lumière solaire et permettent de discerner les anneaux.

La couleur bleue d'Uranus est due au méthane de son atmosphère.

L'ÉCHELLE DES PLANÈTES

Jupiter, cinquième planète à partir du Soleil, est de loin la plus grande planète du Système solaire. D'un diamètre de 142 984 km, elle possède 2,5 fois plus de matière que toutes les autres planètes réunies. Les sept autres planètes et les trois planètes naines sont présentées ici à peu près à l'échelle.

LES LUNES

Dans le Système solaire, plus de 160 lunes, ou satellites, orbitent autour de six de ses planètes : seules Mercure et Vénus n'en possèdent pas. La plus grosse et la plus petite sont deux satellites de Jupiter : ce sont Ganymède, plus grande que Mercure, et Kalé, qui ne mesure que 2 km de diamètre. Toutes sont composées de roche, ou de roche et de glace, et beaucoup sont criblées de cratères dus à des bombardements d'astéroïdes. Dix-neuf de ces lunes mesurent plus de 400 km de largeur et sont rondes. Les nombreuses lunes plus petites ont une forme irrégulière.

Les taches noires sont de grands centres volcaniques actifs : plus de 80 ont été identifiés.

Oceanus procellarum (océan des Tempêtes) est une vaste plaine couverte de lave.

La surface glacée de Callisto est criblée de cratères d'impact.

Callisto

Io

2

Europe

3

Ganymède

4

La Lune

1

La couche de brume de l'atmosphère supérieure de Titan donne à cette lune sa couleur orange.

Titan

5

Téthys

Encelade

Mimas

Dioné

Rhéa

Japet

7

Miranda

La surface accidentée pourrait être due à un éclatement puis un rassemblement de Miranda.

Umbriel

Longues failles au fond gelé, formées après dilatation de la croûte

Ariel

Titania

6

Obéron

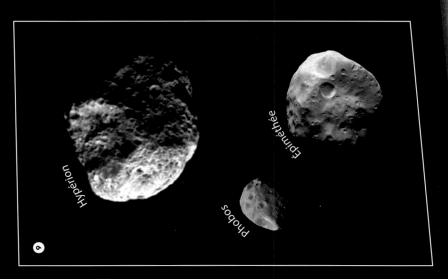

Hypérion

Épiméthée

Phobos

⑨

⑧ Triton

@▶▶ Lune

Protée

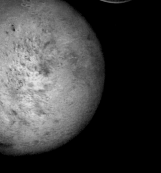

Protée, d'un diamètre de 440 km, orbite autour de Neptune.

❶ LA LUNE

Cinquième lune par la taille, la Lune est 4 fois moins grosse que la Terre, dont elle est le seul satellite naturel. La surface de cette boule rocheuse sèche est couverte de cratères.

❷ IO

En orbite autour de Jupiter, Io est la lune la plus volcanique du Système solaire. Sa surface se renouvelle sans cesse à mesure que des éruptions de roche fondue percent sa fine croûte de silicates et que des colonnes de gaz froid et de givre jaillissent par les fractures de sa surface.

❸ EUROPE

Ganymède, Callisto, Io et Europe sont les quatre lunes majeures de Jupiter. On les appelle les satellites galiléens, du nom de Galilée, premier astronome à les avoir observés en 1610. La surface d'Europe est parcourue de stries brunes qui zigzaguent dans la glace.

❹ GANYMÈDE

D'un diamètre de 5 262 km, Ganymède est le plus gros satellite du Système solaire et appartient à la plus grande famille de lunes, celles de Jupiter. Les astronomes en ont identifié 63, mais il en existe d'autres plus petites. Ganymède se compose de roche et de glace recouvertes d'une croûte gelée.

❺ TITAN

Titan est le plus gros des 60 satellites de Saturne. Sa surface présente des hauts plateaux brillants, des plaines sombres, et des mers de méthane. C'est la seule lune dotée d'une atmosphère riche en azote s'étendant sur des centaines de kilomètres.

❻ TITANIA

Titania est la plus grosse des 27 lunes d'Uranus. Titania, Obéron, Umbriel, Ariel et Miranda, plus grandes lunes d'Uranus, portent chacune le nom d'un personnage de la littérature anglaise. La surface grise et glacée de Titania est couverte de cratères d'impact et de grandes fractures.

❼ JAPET

Japet est une lune de contrastes. La majeure partie de son terrain criblé de cratères est brillante et glacée, mais le reste est couvert d'une matière noire. Japet, Rhéa, Dioné, Téthys, Encelade, Mimas et Titan sont les 7 satellites majeurs de Saturne (grands et sphériques).

❽ TRITON

Plus grosse des 13 lunes de Neptune, Triton est une boule de roche et de glace à la surface gelée et géologiquement jeune. Une zone de fissures linéaires, de crêtes et de dépressions a été surnommée terrain «cantaloup» en raison de sa ressemblance avec une variété de melon.

❾ LES PETITES LUNES

Comme Épiméthée et Hypérion, satellites de Saturne, la plupart des lunes font moins de 400 km de largeur et sont de forme irrégulière. Nombre de ces petites lunes, comme Phobos et Deimos, celles de Mars, étaient à l'origine des astéroïdes.

LA MÉTAMORPHOSE ▶

En s'approchant du Soleil, une comète se réchauffe. La neige se transforme en gaz qui, avec des poussières, s'échappe du noyau. Quand elle passe plus près du Soleil que de l'orbite de Mars, cette matière forme une chevelure appelée coma et deux queues, l'une de gaz et l'autre de poussières.

LES COMÈTES

Des milliards de comètes bordent le Système solaire. Orbitant autour du Soleil, elles forment ensemble une vaste sphère nommée nuage de Oort. Le noyau d'une comète est un amas de poussières surnommé « boule de neige sale ». Les comètes sont si petites qu'elles ne sont visibles qu'à proximité du Soleil, quand elles deviennent alors plus grosses et brillantes.

◀ UNE VISION SPECTACULAIRE

Plus de 2 300 comètes ont été identifiées lors de leur passage près du Soleil. Environ 200 reviennent régulièrement, mais la plupart ne passent qu'une fois. Trois ou quatre fois par siècle, une comète spectaculaire comme McNaught, en janvier 2007, fait son apparition.

La coma En s'approchant du Soleil, la comète Hale-Bopp a développé une coma (nuage de glace et de poussière) autour de son noyau.

Les queues Les queues s'allongent à mesure que la comète se rapproche du Soleil. Repoussées par celui-ci, elles sont toujours orientées à son opposé.

Cette tache brillante est la planète Mercure.

La comète grandit en approchant du Soleil.

Comète McNaught

LE PASSAGE PRÈS DU SOLEIL ▶

Ces images prises par l'engin spatial SOHO montrent la trajectoire de la comète McNaught autour du Soleil. Cette comète porte le nom de son découvreur, Robert McNaught, qui l'a repérée le 7 août 2006. En janvier 2007, au plus proche du Soleil, elle était énorme et très brillante.

Comète

LA STRUCTURE ▶

Le noyau d'une comète, gros comme une ville, est formé de deux tiers de neige et d'un tiers de poussières de roche. La comète de Halley orbite autour du Soleil en soixante-seize ans. En 1986, la sonde spatiale Giotto s'est introduite dans sa coma et a pu prendre des clichés de son noyau.

La forme des queues La queue de gaz est bleue et droite, celle de poussières est blanche et courbe.

Au plus près du Soleil Les queues atteignent leur longueur maximale au plus près du Soleil, puis raccourcissent à mesure que la comète s'éloigne.

Il faut masquer le disque brillant du Soleil pour photographier une comète.

Plusieurs dizaines de petits fragments suivent le fragment principal.

L'un de la trentaine de fragments de la comète Schwassmann Wachmann 3

Des jets de poussières et de gaz sortent du noyau.

Le noyau de la comète de Halley mesure 15,3 km de longueur.

LA FRAGMENTATION ▶

En passant près d'un corps massif comme le Soleil ou Jupiter, une comète peut se fragmenter sous l'effet de la gravité. Des astronomes ont observé que le noyau de Schwassmann Wachmann 3, orbitant autour du Soleil en 5,4 années, se fragmente un peu plus à chacun de ses passages, se transformant progressivement en un chapelet de minicomètes.

LES MÉTÉORITES

Des milliers de tonnes de matière rocheuse pénètrent chaque année dans l'atmosphère terrestre. La plupart proviennent d'astéroïdes, et d'autres de comètes, de la Lune et même de Mars. Ces petits corps s'approchant de la Terre se nomment météoroïdes. La plupart brûlent, mais ceux qui tombent sur Terre sont des météorites. Ces météorites sont de trois types : rocheuse, ferreuse et ferro-pierreuse. Ce dernier type est le plus rare.

▼ ESQUEL
Cette météorite ferro-pierreuse a été trouvée en 1951 à Esquel, en Argentine. Des cristaux dorés d'olivine, un minerai, sont incrustés dans l'alliage fer-nickel.

THIEL ▶
La météorite ferro-pierreuse des monts Thiel est l'une de celles découvertes en Antarctique voici environ quarante ans.

▲ LES MÉTÉORES
Les météoroïdes qui brûlent dans l'atmosphère terrestre produisent des traînées lumineuses. Ces traînées éphémères portent le nom de météores, ou étoiles filantes. On peut en voir environ 1 million par jour.

Météorite

◀ MURCHISON
Les météorites pierreuses sont les plus courantes. Murchison est tombée en Australie en 1969. Cette météorite, l'une des plus étudiées, contient des minerais, de l'eau et des molécules organiques complexes.

BARWELL ▶
La météorite Barwell fait partie d'une pluie de pierres tombée en Angleterre en 1965. En pénétrant dans l'atmosphère terrestre, sa couche externe a chauffé par friction et fondu, puis s'est solidifiée en une croûte noire.

◄CANYON DIABLO

Cette météorite pierreuse sciée et polie est un morceau de l'astéroïde qui a créé le cratère Barringer (voir ci-dessous). Les fragments trouvés pèsent 30 tonnes en tout, mais ne sont qu'une petite partie de l'astéroïde d'origine.

▼ UN CRATÈRE D'IMPACT

En s'écrasant sur Terre, une météorite peut créer un cratère. Celui nommé Barringer, dans le désert de l'Arizona, aux États-Unis, s'est formé il y a environ 50 000 ans. Il mesure 1,2 km de diamètre et 170 m de profondeur.

▲ GIBÉON

Les météorites ferreuses sont le deuxième type le plus courant, après les pierreuses. Gibéon, composée de fer et d'un peu de nickel, est l'une des nombreuses météorites trouvées en Namibie depuis les années 1830.

▲ CALCALONG CREEK

Plus de 50 météorites trouvées sur Terre ont été éjectées de la Lune par un impact d'astéroïde. La météorite de Calcalong Creek, en Australie, est un morceau de sol lunaire que la collision a transformé en roche.

▲ NAKHLA

Cette météorite pierreuse fait partie de la trentaine de pierres martiennes trouvées sur la Terre. Après avoir été éjectée de Mars, Nakhla a passé des millions d'années dans l'espace avant de tomber en Égypte, le 28 juin 1911.

◄ LES TECTITES

Quand une grosse météorite percute la Terre, la roche environnante se disloque, fond, puis est expulsée du cratère. Les fragments refroidissent, durcissent et retombent sous forme de corps vitreux, les tectites.

AUX JUMELLES ▲

La nébuleuse d'Orion est un nuage protostellaire massif de gaz et de poussières. Elle est nettement plus visible à travers des jumelles, association de deux lunettes de faible puissance. Dans des jumelles standard, les deux lentilles principales mesurent environ 5 cm de diamètre et grossissent l'image 7 fois.

AU TÉLESCOPE ▶

Au télescope, la nébuleuse est encore plus facile à voir. Dans le monde, on compte environ 50 télescopes dotés d'un miroir de 2 à 5 m de diamètre et 20 munis d'un miroir atteignant 10 m. Ces télescopes sont placés sur des sites d'altitude, là où l'air est clair et calme. Des commandes informatiques règlent leur position et les maintiennent sur leur objet d'observation pendant que la Terre tourne.

À L'ŒIL NU ▲

La constellation d'Orion est visible à l'œil nu. Par une nuit sans lune et sans nuages, on aperçoit une tache lumineuse diffuse sous les trois étoiles de la ceinture d'Orion : c'est la nébuleuse d'Orion.

LES TÉLESCOPES

Instrument de base de l'astronome, le télescope grossit les objets lointains et en révèle les détails. Grâce à une lentille ou un miroir, un télescope collecte la lumière, la focalise et produit une image. Les télescopes à réflexion, dotés d'un miroir, sont les plus employés. Plus le miroir est grand, plus le télescope est puissant et l'image de qualité.

Le télescope à réfraction contient une lentille qui collecte et focalise la lumière.

Par commodité, l'oculaire grossissant est placé à 90° par rapport au tube principal.

◄ LE TÉLESCOPE MOYEN

Dans un télescope équipé
d'un miroir de 20 cm de diamètre,
la forme de la nébuleuse
devient visible. Un appareil
photographique fixé sur
le télescope collecte la lumière
et enregistre les images.

Grâce aux rayons X
qu'elles émettent, environ
1 000 jeunes étoiles sont
visibles sur ce cliché.

LES IMAGES EN RAYONS X ET EN INFRAROUGE ▲

Les rayons X captés par
le télescope spatial Chandra ont permis d'obtenir
l'image de gauche, le cœur de la nébuleuse
d'Orion. L'image de droite montre la même région
photographiée au télescope infrarouge Spitzer.
Les nuages de poussières chauffés par la lumière
des étoiles sont en rouge.

LE TÉLESCOPE SPATIAL ►

Certains télescopes captent d'autres formes
d'énergie que la lumière : ondes radio,
rayons X, infrarouge… L'atmosphère
terrestre empêchant certaines de ces
formes d'énergie de parvenir jusqu'à
la Terre, on utilise des télescopes placés
dans l'espace. Cette image en fausses
couleurs combine les données de deux
télescopes spatiaux : Spitzer pour les ondes
infrarouges et Hubble pour les ondes
lumineuses et ultraviolettes.

Télescope

AU CŒUR DE LA NÉBULEUSE ►

Le miroir de 2,40 m de diamètre de Hubble
a permis d'obtenir cette vue détaillée
de la zone centrale brillante
de la nébuleuse d'Orion. Elle inclut
le Trapèze, un amas de dix jeunes
étoiles qui illuminent la nébuleuse
de leur rayonnement ultraviolet.

147

L'EXPLORATION SPATIALE

Depuis environ cinquante ans, l'homme est capable d'envoyer des vaisseaux explorer l'espace. Pendant cette période, plus de 100 engins robotisés ont voyagé dans le Système solaire pour voir à quoi ressemblent ses planètes, ses lunes, ses astéroïdes et ses comètes. Ils passent près de ces mondes, tournent autour ou y atterrissent. L'homme n'a encore marché que sur la Lune, mais projette de séjourner sur Mars.

ČESKOSLOVENSKÁ POŠTA

@ ▶▶ Exploration spatiale

Apollo 18 et ses trois astronautes américains

Le satellite russe Spoutnik 1

Chienne dans la capsule

Spoutnik 2 emmène la chienne Laïka dans l'espace.

Mercury-Atlas 5 avec, à bord, le chimpanzé Enos

Iouri Gagarine, premier humain dans l'espace

10 ПОЧТА СССР

Valentina Terechkova, première femme dans l'espace

Première sortie d'Alekseï Leonov dans l'espace

In the beginning God...

APOLLO 8

Apollo 8 en orbite autour de la Lune

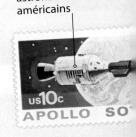

EUROPA

EUROPA

80c

Décollage d'Apollo 11

90c

En orbite autour de la Lune

$1.00

ST. KITTS

L'homme marche sur la Lune.

$1.20

ST. KITTS

Retour dans l'atmosphère terrestre

L'équipage d'Apollo 11 revient sur Terre dans le module de commande Columbia.

M A

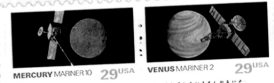

MERCURY MARINER 10   29 USA
VENUS MARINER 2   29 USA
EARTH LANDSAT   29 USA
MOON LUNAR ORBITER   29 USA
MARS VIKING ORBITER   29 USA

JUPITER PIONEER 11   29 USA
SATURN VOYAGER 2   29 USA
URANUS VOYAGER 2   29 USA
NEPTUNE VOYAGER 2   29 USA
PLUTO NOT YET EXPLORED   29 USA

Les vaisseaux spatiaux explorent les gros objets du Système solaire.

La vitesse maximale du véhicule lunaire était de 18,6 km/h.

Pioneer 10 survole Jupiter en 1973, suivi de son jumeau, Pioneer 11, en 1974.

Mission Apollo 15

La sonde Pioneer explore Jupiter.

Soyouz 19 et ses deux cosmonautes russes

Premier rendez-vous spatial international

Viking atterrit sur Mars.

Giotto pénètre dans la comète de Halley.

Lancement du télescope spatial Hubble

Décollage de Columbia, première navette spatiale

Mars Pathfinder et son véhicule Sojourner touchent le sol de Mars.

CHRONOLOGIE DE L'EXPLORATION SPATIALE

4 octobre 1957
La Russie met en orbite Spoutnik 1, premier satellite artificiel.

3 novembre 1957
À bord de Spoutnik 2, la chienne russe Laïka est la première créature sur orbite terrestre.

2 janvier 1959
Le vaisseau russe Luna 1 est le premier à échapper à la gravité terrestre.

13 septembre 1959
En s'écrasant sur la Lune, Luna 2 est le premier engin à alunir.

12 avril 1961
Le Russe Iouri Gagarine est le premier homme à voler dans l'espace. Son vol dure 108 minutes.

16 juin 1963
La Russe Valentina Terechkova est la première femme dans l'espace.

18 mars 1965
Le Russe Alekseï Leonov est le premier homme à sortir dans l'espace.

3 février 1966
Luna 9 alunit.

24 décembre 1968
Le vaisseau américain Apollo 8 est le premier à quitter habité la gravité de la Terre pour orbiter autour de la Lune.

20 juillet 1969
Neil Armstrong et Buzz Aldrin, transportés par Apollo 11, sont les premiers humains à marcher sur la Lune.

19 avril 1971
Lancement par les Russes de la première station spatiale, Saliout 1.

3 décembre 1973
La sonde américaine Pioneer 10 est la première à survoler Jupiter.

29 mars 1974
La sonde Mariner 10 survole Mercure.

17 juillet 1975
Premier rendez-vous spatial international entre l'Apollo 18 américain et le Soyouz 19 russe.

22 octobre 1975
La sonde russe Venera 9 transmet des images de la surface de Vénus.

20 juillet 1976
L'atterrisseur de la sonde Viking 1 est le premier à se poser sur Mars.

1 septembre 1979
La sonde Pioneer 11 survole Saturne.

12 avril 1981
Lancement de Columbia, la première navette spatiale américaine.

24 janvier 1986
La sonde américaine Voyager 2 est la première à survoler Uranus.

20 février 1986
Lancement sur orbite du premier module de la station spatiale russe Mir.

13 mars 1986
La sonde européenne Giotto prend les premiers clichés d'une comète.

24 août 1989
Voyager 2 est le premier à survoler Neptune.

24 avril 1990
Lancement du télescope spatial Hubble.

15 septembre 1990
Le vaisseau américain Magellan débute un programme de cartographie de Vénus qui durera trois ans.

29 octobre 1991
La sonde Galileo est la première à survoler un astéroïde, Gaspra.

13 juillet 1995
Galileo lance une microsonde dans l'atmosphère de Jupiter.

4 juillet 1997
L'engin Mars Pathfinder et son rover Sojourner se posent sur Mars.

20 novembre 1998
Lancement de Zarya, le premier module de la Station spatiale internationale (ISS).

2 novembre 2000
Le premier équipage arrive à l'ISS.

12 février 2001
La sonde NEAR atterrit sur l'astéroïde Éros.

25 août 2003
Le télescope infrarouge Spitzer est lancé vers l'orbite terrestre.

25 décembre 2003
Le premier vaisseau interplanétaire européen, Mars Express, orbite autour de Mars.

3 janvier 2004
Le rover Spirit atterrit sur Mars, suivi d'Opportunity.

2 mars 2004
La sonde Rosetta et son atterrisseur Philae entament leur voyage de dix ans vers la comète Churyumov-Gerasimenko.

1er juillet 2004
L'orbiteur américain Cassini arrive près de Saturne pour étudier la planète et ses lunes. Il envoie la sonde Huygens sur la lune Titan.

19 novembre 2005
La sonde japonaise Hayabusa atterrit sur l'astéroïde Itokawa.

19 janvier 2006
Lancement de New Horizons pour un voyage de huit ans vers Pluton.

14 janvier 2008
Messenger survole Mercure et entrera en orbite en 2011.

25 mai 2008
Atterrissage de la sonde Phoenix sur Mars pour y étudier la glace.

LES VOYAGEURS DE L'ESPACE

Depuis la première mission spatiale habitée, en 1961, plus de 470 personnes ont voyagé dans l'espace : 26 en missions lunaires, le reste en orbite autour de la Terre. Les États-Unis, la Russie et la Chine sont à ce jour les seules nations qui lancent des missions destinées à envoyer des hommes dans l'espace. Des animaux comme des chiens, des singes et des araignées sont également allés dans l'espace pour aider la recherche scientifique.

❶ **Alan Shepard** fut la deuxième personne, et le premier Américain, à voyager dans l'espace (mai 1961).

❷ **Ulf Merbold**, un Allemand, fut le premier Européen à voyager à bord d'une navette spatiale (novembre 1983).

❸ **Jim Voss** détient le record de la plus longue sortie dans l'espace (8 h 56 min) avec Susan Helms (mars 2001).

❹ **Susan Helms** (voir ci-dessus).

❺ **Laïka**, une chienne russe, fut le premier animal en orbite autour de la Terre, à bord de Spoutnik 2, en 1957.

❻ **Alekseï Leonov** fit les premiers pas dans l'espace en 1965, arrimé à la capsule Voskhod 2 pendant plus de 15 min.

❼ **Eileen Collins** fut la première femme pilote de navette (février 1995) puis commandant de navette (juillet 1999).

❽ **Yang Liwei** fut le premier spationaute chinois (taïkonaute) à bord du premier vol habité chinois lancé en octobre 2003.

❾ **Svetlana Savitskaya** fut la deuxième femme dans l'espace et la première à y avoir «marché» (juillet 1984).

❿ **Michael Collins** était un membre de la mission Apollo 11, en 1969. Il était en orbite autour de la Lune pendant qu'Amstrong et Aldrin exploraient sa surface.

⓫ **Dennis Tito** fut le premier touriste de l'espace, en 2001. Son voyage de sept jours lui a coûté 20 millions de dollars.

⓬ **Baker**, un singe écureuil, fut envoyé dans l'espace le 28 mai 1959 avec un singe rhésus appelé Able.

⓭ **Eugene Cernan** fit partie de la mission Apollo 17 en décembre 1972. Il est à ce jour la dernière personne à avoir marché sur la Lune.

⓮ **Neil Armstrong** fut la première personne à marcher sur la Lune. Il passa 2 h 31 min à explorer sa surface.

⓯ **Iouri Gagarine** fut la première personne à voyager dans l'espace, en avril 1961. Il fit le tour de la Terre en 108 min.

⓰ **Sunita Willams** détient le record du plus long voyage dans l'espace par une femme (188 jours).

17 **Mike Melvill** fut le premier astronaute à atteindre l'espace dans une fusée privée : SpaceShipOne (juin 2004).

18 **Valentina Terechkova** fut la première femme à voyager dans l'espace. Elle fit un vol de trois jours à bord de Vostok 6 en juin 1963.

19 **Sergueï Krikalev** détient le record de durée dans l'espace. En 6 vols, il y a passé 803 jours 9 h 39 min.

20 **Le singe rhésus Sam** voyagea dans l'espace en 1960 pour tester les équipements des vols habités.

21 **Valeri Poliakov** détient le record de durée dans l'espace en un seul vol, soit 437 jours 17 h 58 min.

22 **Bruce McCandless** fut le premier à sortir non arrimé dans l'espace, en février 1984.

23 **John Glenn** fut le premier Américain en orbite autour de la Terre, en 1962. En 1988, à soixante-dix-sept ans, il fut le plus vieux voyageur de l'espace.

24 **Arabella**, une araignée, fut envoyée dans la station spatiale Skylab en 1973. Une fois adaptée à l'espace, elle tissa des toiles parfaites.

25 **Un crâne de dinosaure** *Coelophysis* a été emporté dans la navette Endeavour en 1998.

26 **Des grenouilles vertes arboricoles** furent emmenées dans la station Mir en 1990.

27 **Buzz Aldrin** fut la deuxième personne à marcher sur la Lune.

28 **Un poisson porte-épée** a voyagé dans la navette spatiale Columbia en 1998.

29 **Deux singes** et 24 rongeurs étaient dans Spacelab-3 en 1985.

30 **Rongeurs** (voir ci-dessus).

31 **Des œufs de caille** ont éclos dans la station spatiale Mir, en mars 1990.

32 **Belka et Strelka** furent les premiers chiens en orbite qui ont survécu au voyage, en 1960.

33 **Ham** fut le premier chimpanzé dans l'espace. En 1961, il fut envoyé pour tester les équipements de la première mission spatiale habitée américaine.

L'ANTARCTIQUE
Les monts Transantarctiques
divisent le continent
Antarctique en deux régions,
l'Est et l'Ouest. La zone bordant
la mer de Ross est célèbre
pour ses spectaculaires grottes
de glace.

La Terre

NOTRE PLANÈTE

La Terre s'est formée voici 4,5 milliards d'années à partir de débris rocheux riches en fer orbitant autour du Soleil. En heurtant la jeune planète sous forme de météorites, ces roches se sont soudées sous l'effet de la chaleur générée par l'impact. Puis les bombardements ont produit une telle chaleur que la planète a fondu. Le fer lourd est tombé au centre pour devenir le noyau de la Terre, et les roches plus légères ont formé le manteau et la croûte.

❶ LE NOYAU INTERNE

Le noyau interne est une lourde boule de fer et de nickel solides. Des réactions nucléaires le chauffent à 4 700 °C, mais l'intense pression l'empêche de fondre.

❷ LE NOYAU EXTERNE

Le noyau interne solide est entouré d'une masse de fer, de nickel et de soufre fondus. Les courants tourbillonnants qui agitent le métal fondu du noyau externe génèrent le champ magnétique de la Terre.

❸ LE MANTEAU INFÉRIEUR

La base du manteau rocheux, à 2 900 km de profondeur, est à 3 500 °C. La pression l'empêche de fondre, mais la chaleur ascendante fait bouger la roche chaude.

❹ LE MANTEAU SUPÉRIEUR

La température du manteau supérieur avoisine les 1 000 °C. Aux endroits où le mouvement du manteau fissure la croûte froide et friable, la pression réduite fait fondre la roche du manteau, qui jaillit par les volcans.

❺ LA CROÛTE OCÉANIQUE

Entre les continents, la croûte mesure moins de 11 km d'épaisseur. C'est la roche en fusion jaillie des failles océaniques et brutalement refroidie par l'eau de mer qui forme les planchers des océans.

❻ LA CROÛTE CONTINENTALE

Les roches plus légères forment des plaques qui flottent tels des radeaux sur le manteau lourd. Pouvant atteindre 70 km d'épaisseur, elles émergent des océans : ce sont les continents.

LA STRUCTURE DE LA TERRE

Notre planète ressemble à une pêche : à l'extérieur, sa croûte rocheuse correspond à la peau du fruit, la roche chaude et mobile du manteau représente la chair et le centre métallique est le noyau.

La croûte de roche froide ne représente qu'une infime partie de la vaste masse de la Terre.

La croûte est en contact avec le dessus du manteau supérieur, qui bouge en permanence.

Les panaches chauds qui s'élèvent à travers le manteau écartent les plaques de la croûte.

Des montagnes se soulèvent là où la croûte océanique plonge sous les continents.

@ ▶▶

Terre

LA LUNE

Peu après sa formation, la Terre a été heurtée par un énorme astéroïde qui s'est complètement désintégré. La majeure partie de son noyau métallique a fusionné avec la Terre, et les fragments plus légers, après avoir dérivé en orbite, ont fusionné pour former la Lune.

Les énormes cratères d'impact se sont remplis de lave sombre jaillie de volcans anciens.

La mer Rouge occupe une faille en extension de la croûte terrestre : à terme, elle deviendra un océan.

❼ LA SURFACE TERRESTRE

Exposées au gel, au vent, à la pluie et à la chaleur du Soleil, les roches de la surface de la Terre sont dégradées par l'érosion : les minéraux ainsi libérés sont vitaux pour toutes les formes de vie.

❽ LES OCÉANS

Les cuvettes situées entre les continents sont remplies d'eau sur une profondeur moyenne de 3,7 km. La majeure partie de cette eau provient de la vapeur rejetée par les volcans au début de l'histoire de la Terre.

❾ LE CYCLE DE L'EAU

La chaleur du Soleil fait évaporer l'eau des océans, qui s'élève dans la basse atmosphère. L'eau forme des masses nuageuses et retombe sur les continents sous forme de pluie, ce qui permet la vie sur Terre.

❿ L'ATMOSPHÈRE

La masse de la Terre est suffisante pour retenir une atmosphère d'azote, d'oxygène et d'autres gaz, parmi lesquels le dioxyde de carbone. Ces gaz empêchent la chaleur de s'échapper dans l'espace la nuit, et protègent la planète contre les rayonnements nocifs.

Plus de 70 % de la surface de la Terre sont couverts par les océans.

LA SURFACE

Les mouvements de l'épais manteau en fusion morcellent la croûte fine et froide en plusieurs énormes plaques. Les limites de ces plaques sont des zones de séismes et de volcans, et des montagnes se soulèvent aux points de collision des plaques.

LA TECTONIQUE DES PLAQUES

La croûte terrestre et la partie supérieure du manteau constituent la lithosphère. Sous l'effet de la chaleur remontant de l'intérieur de la Terre, la lithosphère s'est fragmentée en plaques qui « flottent » sur le manteau sous-jacent et bougent les unes par rapport aux autres. En se déplaçant, elles élargissent ou rétrécissent les océans, et entraînent avec elles les continents.

1

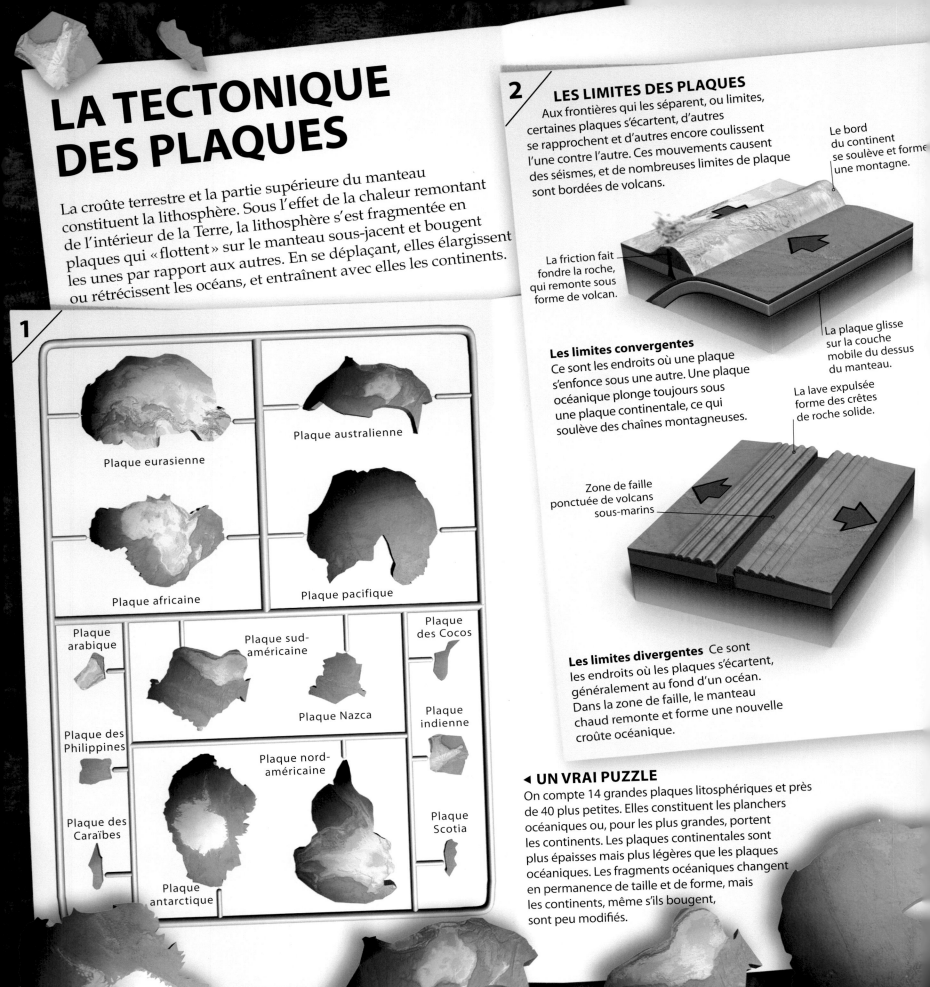

Plaque eurasienne

Plaque australienne

Plaque africaine

Plaque pacifique

Plaque arabique

Plaque sud-américaine

Plaque des Cocos

Plaque Nazca

Plaque indienne

Plaque des Philippines

Plaque nord-américaine

Plaque des Caraïbes

Plaque Scotia

Plaque antarctique

2 LES LIMITES DES PLAQUES

Aux frontières qui les séparent, ou limites, certaines plaques s'écartent, d'autres se rapprochent et d'autres encore coulissent l'une contre l'autre. Ces mouvements causent des séismes, et de nombreuses limites de plaque sont bordées de volcans.

Le bord du continent se soulève et forme une montagne.

La friction fait fondre la roche, qui remonte sous forme de volcan.

La plaque glisse sur la couche mobile du dessus du manteau.

Les limites convergentes
Ce sont les endroits où une plaque s'enfonce sous une autre. Une plaque océanique plonge toujours sous une plaque continentale, ce qui soulève des chaînes montagneuses.

La lave expulsée forme des crêtes de roche solide.

Zone de faille ponctuée de volcans sous-marins

Les limites divergentes Ce sont les endroits où les plaques s'écartent, généralement au fond d'un océan. Dans la zone de faille, le manteau chaud remonte et forme une nouvelle croûte océanique.

◄ **UN VRAI PUZZLE**

On compte 14 grandes plaques litosphériques et près de 40 plus petites. Elles constituent les planchers océaniques ou, pour les plus grandes, portent les continents. Les plaques continentales sont plus épaisses mais plus légères que les plaques océaniques. Les fragments océaniques changent en permanence de taille et de forme, mais les continents, même s'ils bougent, sont peu modifiés.

Les limites transformantes

Ce sont les endroits où deux plaques coulissent l'une contre l'autre. Cela provoque de fréquents séismes le long de la ligne de faille, mais peu de volcans.

Le paysage se déplace en même temps que les plaques.

Limite de plaques marquée par une ligne de faille

Le glissement et le cisaillement des plaques provoquent des séismes.

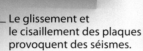

Tectonique

3

La plaque pacifique glisse le long de la limite transformante de la faille de San Andreas.

UN GLOBE FRACTURÉ ▶

Les plaques s'emboîtent pour former le globe. Elles s'écartent au niveau des limites divergentes, mais la Terre ne grossit pas, car les bords d'autres plaques sont détruits au niveau des limites convergentes. Le mouvement relatif des plaques pacifique, des Cocos et des Caraïbes montre bien ce qu'est une limite de plaque.

Plaque nord-américaine

Plaque des Caraïbes

Plaque pacifique

Plaque des Cocos

Les plaques s'écartent au niveau de la dorsale est-pacifique, une limite divergente.

Plaque Nazca

Plaque sud-américaine

La plaque des Cocos s'enfonce sous la plaque des Caraïbes au niveau de la limite convergente.

LES VOLCANS

Les volcans constituent le phénomène géologique le plus spectaculaire et le plus destructeur de la Terre. La plupart sont situés sur des limites de plaques, au point de contact entre les différentes plaques de la croûte terrestre. L'ouverture de fossés et la friction des plaques entre elles font fondre la roche chaude située sous la croûte, qui remonte par les fissures créées. D'autres volcans naissent au-dessus de points chauds provoqués par des panaches de matières chaudes qui remontent du manteau.

LE KILAUEA

Les îles Hawaii sont une chaîne de volcans jaillis du fond de l'océan Pacifique, là où celui-ci glisse au-dessus d'un point chaud. Les plus vieux volcans, au nord, sont maintenant éteints, mais le Kilauea, au sud, est le volcan le plus actif de la Terre.

Les éruptions produisent des nuages de gaz essentiellement composés de vapeur d'eau, de dioxyde de carbone et de dioxyde de soufre.

Une partie de la roche en fusion projetée dans les airs refroidit et retombe sur le sol sous forme de « bombes de lave ».

La lave, les scories et les cendres forment une bordure rocheuse fragile tout autour du cratère.

Une température d'environ 1 000 °C donne à la lave sa couleur orange vif.

Un petit cône de scories entoure le cratère le plus actif du Kilauea.

❶ L'ÉRUPTION

Quand le Kilauea entre en éruption, de la lave basaltique et des gaz remontent des profondeurs du volcan. Cette lave étant très fluide, une grande partie déborde du cratère. Les gaz peuvent provoquer des fontaines explosives de gaz et de lave incandescente, comme ici.

❷ LE CRATÈRE

La lave remonte par une fissure et forme un cône de débris rocheux. Au fil des éruptions, l'intérieur du cône peut s'effondrer ou exploser, et crée un cratère à peu près circulaire. Ses parois presque verticales sont faites de couches de scories, de cendres et de lave solidifiée.

❸ LE CÔNE

Ce petit cône volcanique n'est que le sommet d'un volcan bouclier en forme de dôme, qui s'élève du fond de la mer à 1 222 m d'altitude. Le dôme est constitué de lave fluide. Les volcans qui rejettent une lave plus visqueuse et moins fluide ont des flancs plus escarpés.

❹ LA COULÉE DE LAVE

La lave expulsée par le Kilauea est si chaude et si fluide qu'elle dévale les pentes du volcan comme une rivière de feu. Depuis 1983, les éruptions sont presque incessantes et répandent de la lave sur plus de 100 km².

❺ LES TYPES DE LAVES

La lave d'Hawaii est de la roche basaltique fondue qui remonte du plancher océanique. Elle est fluide, car elle contient très peu de silice (le minéral qui sert à fabriquer le verre). D'autres volcans émettent de la lave riche en silice, plus visqueuse et moins coulante.

❻ LES TUNNELS DE LAVE

À mesure que la lave s'éloigne du cratère actif du Kilauea, sa surface refroidit et durcit. En dessous, elle continue de s'écouler et crée des tunnels de lave qui s'étendent jusqu'à la côte, où la lave se déverse dans l'océan dans des nuages de vapeur.

La lave s'écoule à une vitesse pouvant atteindre 100 km/h.

En refroidissant, la surface de la lave forme une couche ridée et fissurée de roche noire solide.

À Hawaii, la lave jaillissante se solidifie en basalte noir, une roche lourde et riche en fer.

LES SÉISMES

Les vastes plaques rocheuses de la croûte terrestre se déplacent sans cesse. À leur point de contact, ce mouvement provoque des séismes. Les petits déplacements causent de légères secousses mais, souvent, les deux plaques se heurtent, et la roche bordant leurs limites se comprime et se déforme. Quand un côté cède, il peut reculer de plusieurs mètres, comme un ressort, et le choc est susceptible d'entraîner un séisme catastrophique.

CHILI 1960

Le plus violent séisme connu s'est produit au Chili en 1960. Il a atteint 9,5 sur l'échelle de Richter, conçue en 1935 par le scientifique américain Charles Richter pour mesurer la magnitude des séismes à l'aide d'instruments appelés sismographes.

ALASKA 1964

Le 27 mars 1964, le fond de l'océan Pacifique a glissé de 20 m sous l'Alaska en quelques minutes, causant un séisme colossal. Il y a peu d'habitants dans cette région, mais 125 personnes ont perdu la vie.

MEXICO 1985

La capitale du Mexique est construite sur le lit d'argile d'un lac asséché. Le séisme qui a frappé la ville en 1985 a secoué l'argile comme de la gelée, rendant l'onde de choc 6 fois plus destructrice. Plus de 400 immeubles de la ville se sont effondrés et au moins 9 000 personnes sont mortes dans la catastrophe.

SAN FRANCISCO 1906

En Californie, aux États-Unis, la faille de San Andreas marque l'endroit où la plaque pacifique glisse le long de l'Amérique du Nord. San Francisco est bâtie sur cette ligne de faille, qui s'est déplacée de 6 m en 1906, détruisant la ville et provoquant des incendies.

KOBÉ 1995

Situé en bordure de la plaque pacifique, cet archipel volcanique, le Japon, est le pays qui connaît le plus de séismes. En 1995, le tremblement de terre qui a ravagé la ville de Kobé a détruit cette autoroute suspendue et tué 6 433 personnes.

 @ ▸▸ Tremblement de terre

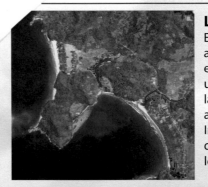

LE TSUNAMI DE 2004

En Asie, le tsunami qui a fait plus de 220 000 morts en 2004 a été causé par un séisme sous-marin, au large de Sumatra. Le choc a provoqué dans l'océan Indien d'immenses vagues qui ont dévasté toutes les habitations côtières.

Ci-dessus, à gauche : La ville indonésienne de Banda Aceh, à Sumatra, en avril 2004.

Ci-contre : La même zone photographiée en janvier 2006, après le passage du tsunami.

INDONÉSIE 2006

En 2006, un violent séisme a touché l'île indonésienne de Java, détruisant 135 000 maisons et tuant au moins 5 780 personnes. Il a par ailleurs endommagé le temple hindou de Prambanan, inscrit au Patrimoine mondial de l'humanité par l'Unesco, sans toutefois le détruire.

LES MONTAGNES

Les montagnes ont été soulevées par les forces titanesques qui font bouger les plaques de la croûte terrestre. Au point de collision entre les plaques, le bord des continents s'élève en hautes rides plissées, comme les Andes de l'Amérique du Sud. Les roches chaudes de l'intérieur de la Terre peuvent être expulsées par les fissures et former des volcans. Certains naissent aussi là où la croûte se «déchire» et au-dessus des points chauds. Le paysage fictif ci-dessous représente les plus hauts sommets de chaque continent, plus un dont la base est au fond de l'océan Pacifique.

❶ L'EVEREST

Sommet le plus élevé du monde, l'Everest culmine à 8 850 m au-dessus du niveau de la mer. Il fait partie de la chaîne plissée de l'Himalaya, créée par la collision de l'Inde et de l'Asie il y a 50 millions d'années. L'Inde continuant de se déplacer vers le nord, l'Himalaya ne cesse de grandir.

❷ L'ACONCAGUA

Le fond de l'océan Pacifique plongeant sous l'Amérique du Sud, sa bordure occidentale se soulève en montagnes, les Andes, une zone d'activité sismique. D'une altitude de 6 959 m, l'Aconcagua est le plus haut sommet des Andes.

❶ Plus de 3 500 alpinistes ont atteint le sommet de l'Everest.

❷ Le sommet enneigé de l'Aconcagua fait partie de la plus longue chaîne montagneuse du monde.

❸ Le sommet du mont McKinley, en Alaska, est couvert de neige toute l'année.

@ ▶▶ Montagne

❸ LE MONT MCKINLEY

S'élevant à 6 194 m au-dessus du niveau de la mer, le mont McKinley, en Alaska, est le plus haut sommet de la cordillère nord-américaine occidentale. Son isolement et sa masse en font une montagne des plus spectaculaires.

❹ LE KILIMANDJARO

Plus haut sommet d'Afrique, le Kilimandjaro est en fait un volcan doté de trois cônes. Le plus haut des trois, Kibo, s'élève à 5 895 m au-dessus du niveau de la mer. Les autres cônes se nomment Mawenzi et Shira.

❺ LE MAUNA KEA

Le point le plus élevé d'Hawaii est le sommet d'un volcan qui s'élève à 10 230 m au-dessus du fond de l'océan Pacifique. Bien qu'il ne culmine qu'à 4 205 m au-dessus du niveau de la mer, on peut le considérer comme la plus haute montagne de la planète.

❻ LE MONT VINSON

Sur le continent lointain et glacé de l'Antarctique, le mont Vinson surplombe la vaste barrière de Ronne. D'une altitude de 4 897 m, c'est le point culminant de la chaîne Ellsworth.

❼ LE MONT BLANC

La chaîne européenne des Alpes a été soulevée par le déplacement de l'Afrique vers le nord-ouest. D'une altitude de 4 808 m, le mont Blanc en est le plus haut sommet, mais sa hauteur varie d'une année sur l'autre, car il est surmonté d'un dôme de glace.

❽ L'AORAKI (MONT COOK)

Plus haut sommet de Nouvelle-Zélande, le mont Cook s'appelle également Aoraki, ce qui signifie « perce-nuage » en maori. D'une altitude de 3 754 m aujourd'hui, il mesurait 10 m de plus avant le glissement de terrain de 1991.

Le cône du Kilimandjaro appelé Kibo porte à son sommet un cratère de 2,4 km de largeur.

L'énorme masse du Mauna Kea s'affaisse lentement à mesure que le plancher océanique s'enfonce sous son poids.

Les pics glacés du mont Vinson percent à travers la neige et la glace recouvrant ses pentes.

Le sommet glacé du mont Blanc peut culminer à environ 16 m au-dessus de son pic rocheux le plus élevé.

Les lourdes chutes de neige alimentent deux glaciers qui descendent le long des pentes de l'Aoraki.

LES OCÉANS

D'une profondeur moyenne de 3,8 km, les océans couvrent plus des deux tiers de la surface du globe. Mais ce ne sont pas de simples bassins d'eau salée. Leurs planchers sont des plaques de croûte terrestre qui s'écartent ou se rencontrent, ce qui crée de longues dorsales et de profondes fosses volcaniques. C'est pourquoi la taille et la forme des océans changent sans cesse.

Hawaii est un des nombreux monts sous-marins et îles volcaniques.

Islande

Baie d'Hudson

Fosse des Aléoutiennes

Mer des Sargasses

Golfe du Mexique

Océan Atlantique

Mer des Antilles

Océan Pacifique

Dorsale est-pacifique

La dorsale médio-atlantique est née d'une faille en expansion du fond océanique.

La fosse du Pérou-Chili provient du glissement du plancher du Pacifique sous l'Amérique du Sud.

Océan Atlantique

L'OCÉAN PACIFIQUE

Aussi grand que tous les autres océans réunis, le Pacifique rétrécit à mesure que les bords de son plancher s'enfoncent dans des fosses comme celle des Mariannes. Plus active des dorsales médio-océaniques, la dorsale est-pacifique s'élargit de 22 cm par an.

L'OCÉAN ATLANTIQUE

L'Atlantique est né de la dérive de l'Amérique vers l'ouest après sa séparation de l'Europe et de l'Afrique. Il continue de s'étendre à mesure que la croûte se renouvelle au niveau de la dorsale médio-atlantique. Émergée au nord, celle-ci forme l'Islande avec ses volcans et ses geysers.

Océan Arctique

Mer Baltique

Mer Noire

Mer du Nord

Mer Caspienne

La Méditerranée, mer fermée aux marées très faibles, était autrefois un océan.

Le tsunami de 2004 a été causé par un séisme dans la fosse de Java, au large de Sumatra.

Mer Rouge

Maldives

Océan Pacifique

Océan Indien

La Grande Barrière de corail est le plus grand récif corallien du monde.

Océan Antarctique

La fosse océanique se trouve là où le fond du Pacifique plonge sous le Japon en causant des séismes.

La fosse des Mariannes, d'une profondeur de 11 km, est le point le plus bas du globe.

Océan

L'OCÉAN ARCTIQUE

L'hiver, l'océan Arctique est en majorité recouvert d'une épaisse glace flottante. Comme celle-ci fond en grande partie au printemps, la lumière du Soleil atteint les eaux froides et permet la vie dans l'océan. La mer proche du pôle Nord reste englacée l'été, mais la zone de glace diminue chaque année à cause du réchauffement climatique.

L'OCÉAN PACIFIQUE

Cet océan essentiellement tropical a été marqué par un violent tsunami en 2004, parti de Sumatra. Celui-ci a ravagé les côtes et les îles coralliennes comme les Maldives, situées au sommet d'une montagne sous-marine partant de la pointe sud de l'Inde.

L'OCÉAN ANTARCTIQUE, OU AUSTRAL

L'océan Antarctique, dont la limite nord est mal définie, encercle l'Antarctique. Largement englacé l'hiver, il est parsemé d'icebergs géants détachés des glaciers et des barrières de l'Antarctique, qui dérivent parfois loin vers le nord.

ROCHES ET MINÉRAUX

Une roche est une combinaison de composés chimiques naturels, les minéraux, qui constituent des cristaux de différentes formes. On compte trois principaux types de roches. Les roches ignées sont de la roche en fusion refroidie et durcie, les roches métamorphiques ont été modifiées par la chaleur ou la pression, et les roches sédimentaires sont généralement des fragments de roche compactés.

❶ L'ardoise Cette roche sombre est du schiste sédimentaire qui a subi une forte pression. Faite de fins feuillets superposés, elle est utilisée pour les toitures.

❷ La baryte « crête de coq » Ce minéral blanchâtre se présente souvent sous formes de veines dans d'autres roches. Ses cristaux forment des boules ressemblant à des crêtes de coq.

❸ Le schiste Comme l'ardoise, le schiste est formé par la chaleur et la pression, qui transforment une roche sédimentaire tendre en roche métamorphique beaucoup plus dure.

❹ La craie Type de calcaire, la craie provient des restes de minuscules organismes marins tombés au fond d'une mer tropicale à l'ère des dinosaures.

❺ Le marbre Roche dure, le marbre est une forme métamorphique de calcaire. On peut le sculpter ou, coupé en plaques, l'utiliser en décoration architecturale.

❻ La calcite Principal minéral du calcaire et du marbre, elle forme les stalactites et les stalagmites dans les grottes calcaires.

❼ Le calcaire Tous les calcaires sont faits de minéraux crayeux, essentiellement de la calcite. Leur dissolution par les eaux de pluie crée de vastes systèmes de grottes.

❽ L'halite Formée par l'évaporation des lacs salés, l'halite est un sel gemme, le condiment que nous utilisons en cuisine.

❾ La biotite Brun foncé, la biotite est un mica, minéral présent dans les granits et les schistes. Ses cristaux ressemblent à de fines lamelles de plastique dur.

❿ L'éclogite Roche métamorphique dense et lourde, formée dans les profondeurs de la Terre, l'éclogite contient du pyroxène vert vif et du grenat rouge scintillant.

⓫ La trémolite Les cristaux fins et transparents, à l'aspect fibreux, de la trémolite proviennent de calcaire qui a été soumis à une chaleur intense dans le sous-sol.

⓬ Le béryl Ce minéral très dur forme des cristaux transparents, souvent teintés. L'émeraude est une variété de béryl vert, l'aigue-marine de béryl bleu-vert, la morganite de béryl rose.

⓭ Le granit L'une des principales roches constituant les continents, le granit provient de roche fondue, qui a refroidi lentement à l'intérieur de la Terre et formé de gros cristaux de quartz, de feldspath et de mica.

⓮ La brèche Cette roche sédimentaire est faite de fragments de roches diverses liées par des particules plus fines.

⓯ L'obsidienne Encore appelée verre volcanique, cette roche luisante noire ou vert foncé se forme lorsque de la lave refroidit trop vite pour former des cristaux.

⓰ Le gabbro Cette roche cristalline grossière, sombre et riche en fer, constitue la majeure partie du plancher océanique.

⓱ La pierre ponce En refroidissant, la lave volcanique enferme souvent des bulles de gaz. Cela donne des pierres ponces, qui sont si poreuses qu'elles flottent sur l'eau.

⓲ Le corindon La variété de corindon de cette photographie est le minéral le plus dur après le diamant. Rubis et saphirs sont extraits de certaines variétés de ses cristaux.

⓳ L'albite Forme de feldspath de couleur claire et riche en sodium, l'albite est fréquente dans le granit, où elle forme de gros cristaux qui brillent au soleil.

⓴ Le graphite Carbone pur, comme le diamant, le graphite est un minéral tendre et métallique. C'est la matière des mines de crayon à papier.

㉑ Le basalte Le basalte est une sorte de brèche à grains fins. Il se forme quand la lave riche en fer des volcans océaniques refroidit rapidement, souvent sous l'eau.

㉒ Le grès Le grès est fait de sable lié par d'autres minéraux. Ce grès rouge faisait autrefois partie d'une dune de désert.

㉓ La pyrite Surnommé or du fou, ce minéral jaune métallique se compose en réalité de fer et de soufre. Il forme souvent de gros cristaux cubiques comme ceux de la photo.

㉔ Le conglomérat Comme la brèche, cette roche est une masse solide de galets arrondis cimentés entre eux. On en trouve dans les cours d'eau et sur les rives des lacs.

@►► Roche

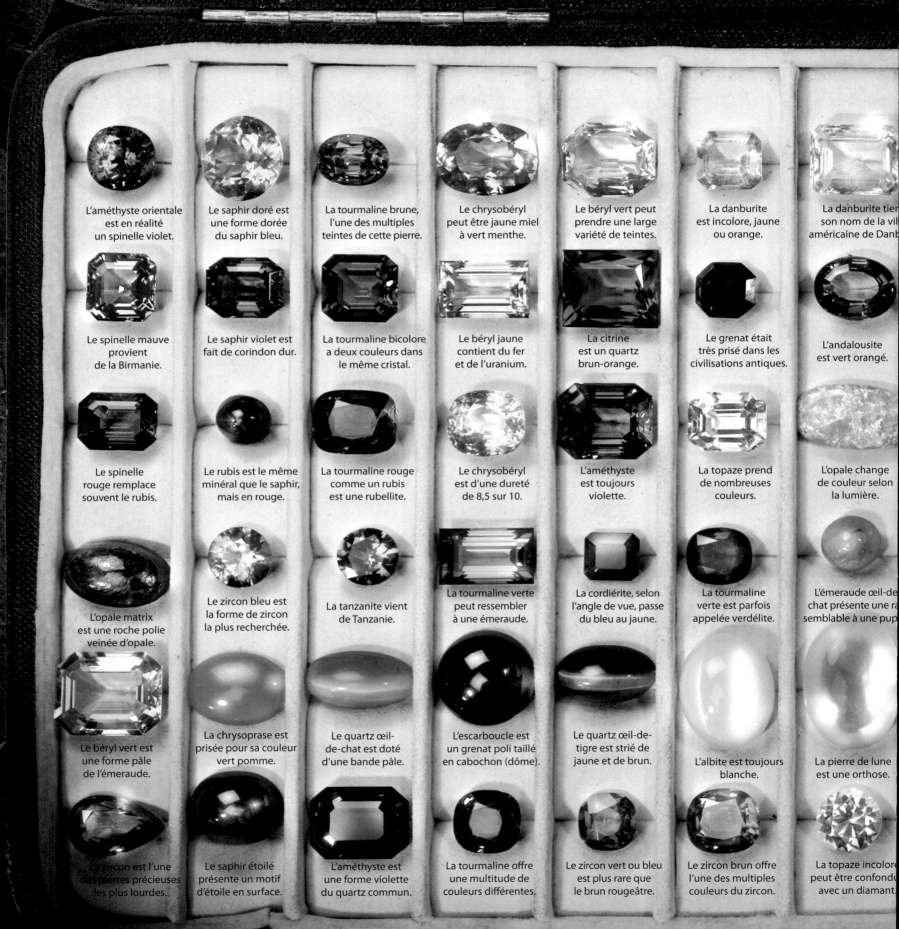

L'améthyste orientale est en réalité un spinelle violet.

Le saphir doré est une forme dorée du saphir bleu.

La tourmaline brune, l'une des multiples teintes de cette pierre.

Le chrysobéryl peut être jaune miel à vert menthe.

Le béryl vert peut prendre une large variété de teintes.

La danburite est incolore, jaune ou orange.

La danburite tien son nom de la vill américaine de Danb

Le spinelle mauve provient de la Birmanie.

Le saphir violet est fait de corindon dur.

La tourmaline bicolore a deux couleurs dans le même cristal.

Le béryl jaune contient du fer et de l'uranium.

La citrine est un quartz brun-orange.

Le grenat était très prisé dans les civilisations antiques.

L'andalousite est vert orangé.

Le spinelle rouge remplace souvent le rubis.

Le rubis est le même minéral que le saphir, mais en rouge.

La tourmaline rouge comme un rubis est une rubellite.

Le chrysobéryl est d'une dureté de 8,5 sur 10.

L'améthyste est toujours violette.

La topaze prend de nombreuses couleurs.

L'opale change de couleur selon la lumière.

L'opale matrix est une roche polie veinée d'opale.

Le zircon bleu est la forme de zircon la plus recherchée.

La tanzanite vient de Tanzanie.

La tourmaline verte peut ressembler à une émeraude.

La cordiérite, selon l'angle de vue, passe du bleu au jaune.

La tourmaline verte est parfois appelée verdélite.

L'émeraude œil-de chat présente une ra semblable à une pup

Le béryl vert est une forme pâle de l'émeraude.

La chrysoprase est prisée pour sa couleur vert pomme.

Le quartz œil-de-chat est doté d'une bande pâle.

L'escarboucle est un grenat poli taillé en cabochon (dôme).

Le quartz œil-de-tigre est strié de jaune et de brun.

L'albite est toujours blanche.

La pierre de lune est une orthose.

Le zircon est l'une des pierres précieuses les plus lourdes.

Le saphir étoilé présente un motif d'étoile en surface.

L'améthyste est une forme violette du quartz commun.

La tourmaline offre une multitude de couleurs différentes.

Le zircon vert ou bleu est plus rare que le brun rougeâtre.

Le zircon brun offre l'une des multiples couleurs du zircon.

La topaze incolore peut être confondu avec un diamant.

Le spinelle bleu, parfois appelé spinelle cobalt, est rare.

Le saphir rose est la même pierre que le rubis rouge clair.

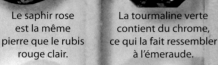

La tourmaline verte contient du chrome, ce qui la fait ressembler à l'émeraude.

Le chrysobéryl est souvent marron teinté de miel.

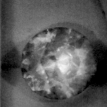

La morganite est un béryl rose contenant du manganèse.

La cordiérite peut être noire sous certains angles.

La sphalérite jaune est une pierre tendre.

Le saphir jaune est moins courant que le bleu.

L'indigolite est une variété bleue de tourmaline.

Le chrysobéryl est un oxyde du béryllium et de l'aluminium.

L'aigue-marine est une variété bleu clair de béryl.

La topaze tire son nom de l'île Topasos en mer Rouge.

Le péridot est fait de cristaux vert vif d'olivine.

Le grenat almandin est plus gros qu'un grenat typique.

Le zircon vert peut briller comme un diamant vert.

Le saphir jaune, plus rare, est pourtant moins cher que le bleu.

Le saphir présente souvent un motif en étoile.

La tourmaline jaune vient du Malawi.

La kunzite offre diverses teintes de violet.

L'opale de feu est d'un rouge transparent.

La topaze est généralement jaune, mais peut être incolore.

La tourmaline rose a des reflets chatoyants.

Le jade est connu depuis au moins sept mille ans.

Le jade, généralement vert, peut être mauve.

L'hématite est une forme polie de minerai de fer.

Le lapis-lazuli fut l'une des premières pierres portées en bijou.

Le grenat étoilé présente un motif en étoile.

L'opale est souvent montée en « doublet » sur de l'onyx.

LES PIERRES PRÉCIEUSES

Certains minéraux naturels constituant les roches forment des cristaux vitreux que l'on taille en pierres précieuses. Beaucoup sont dures et contiennent des impuretés qui donnent au saphir, à la tourmaline ou à la topaze leurs couleurs. Certaines coûtent très cher. L'ensemble des pierres présentées ici vaut près de 650 000 euros.

Le jade servait autrefois à fabriquer des outils.

Pierre précieuse

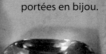

La sinhalite est une pierre rare du Sri Lanka.

La rhodolite est un grenat de couleur rouge velouté.

La kunzite était encore inconnue il y a un siècle.

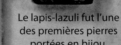

Le grenat est généralement d'un rouge-brun chaud.

La turquoise tient sa couleur bleu-vert du cuivre.

La pierre de lune est ainsi nommée pour son éclat.

Galène
(minerai
de plomb)

◄ LE PLOMB
Le plomb est un métal
très dense, lourd, sombre
et tendre. Son point de fusion bas
le rend facile à modeler. On l'utilise
aujourd'hui pour les batteries de voiture
acide-plomb, les haltères et les toitures.
Il a longtemps été utilisé en plomberie.
Son principal minerai est la galène, un composé
de plomb et de soufre à gros cristaux.

Ceinture à plombs de plongée sous-marine

LES MÉTAUX

D'une structure atomique dense, les métaux sont d'excellents
conducteurs d'électricité et de chaleur. Solides et faciles
à travailler, la plupart permettent de fabriquer une vaste
gamme d'objets. Les métaux purs n'ont qu'un type
d'atome dans leur structure chimique. Dans la
nature, beaucoup de métaux sont inclus dans des
roches ou, combinés à d'autres éléments, forment
des composés chimiques : on les traite pour
en extraire les métaux purs.

Le nickel de l'acier inoxydable
permet de fabriquer
des prothèses de hanche
anticorrosion.

Argent
natif

L'ARGENT ▲
Métal très prisé, l'argent est présent à l'état pur (natif) dans des roches volcaniques.
Très brillant une fois poli, il noircit toutefois
vite. Plutôt tendre, on le mélange
souvent à d'autres métaux pour
obtenir des alliages plus
durs comme l'argent fin.

Flûte en argent fin

Bague en platine

Garniérite (minerai de nickel)

Platine

◄ LE PLATINE
Ce beau métal très lourd s'utilise
beaucoup en joaillerie car, comme
l'or, il ne s'oxyde pas. Plus dur que
l'or, et plus rare, il est donc plus
précieux. On le trouve parfois
pur sous forme de pépites.

▼ LE CUIVRE
Le cuivre s'allie avec le zinc pour
obtenir du laiton, ou avec l'étain pour
faire du bronze, métaux plus durs.
Bon conducteur, il est employé dans
les câbles électriques. Son principal
minerai, la chalcopyrite, contient
du cuivre, du fer et du soufre.

▼ L'OR
Facile à travailler, toujours brillant
et seul métal existant à l'état pur,
l'or sert depuis des millénaires
à confectionner des objets
précieux. On l'utilise aussi pour
fabriquer des contacts
électriques qui ne
s'oxydent pas.

Chalcopyrite
(minerai de cuivre)

Connecteurs audio en or

Tuyau et
câbles
en cuivre

Pépite d'or

Capsule de plongée

nautile

Ifremer **nautile**

Ifremer

Aluminium ménager

LE TITANE ▶

Léger mais très robuste, le titane s'allie avec d'autres métaux pour produire des alliages légers destinés à la construction navale, à l'aérospatiale et aux cabines pressurisées des capsules de plongée. L'un de ses principaux minerais est un composé de titane et d'oxygène.

L'ALUMINIUM ▶

Abondant, léger et inoxydable, l'aluminium s'emploie beaucoup en conserverie et dans l'aviation. Son minerai, la bauxite, contient de nombreux composés d'aluminium.

Bauxite (minerai d'aluminium)

Rutile (minerai de titane)

Hématite (minerai de fer)

Thermomètre au mercure

LE MERCURE ▼

Seul métal liquide à température ambiante, le mercure est le métal argenté des thermomètres. Son minerai, le cinabre, est un composé coloré de mercure et de soufre que l'on trouve près des volcans.

Prothèse de hanche en acier inoxydable

◀ LE NICKEL

Rarement utilisé seul, le nickel s'allie souvent avec du fer pour obtenir de l'acier inoxydable. Il a de nombreuses applications, des couverts aux prothèses de hanche. Allié avec de l'argent, il sert aussi à fabriquer des pièces de monnaie.

Vis et boulons en acier

▲ LE FER

Plus utile de tous les métaux, le fer est abondant, robuste et facile à travailler, surtout s'il est raffiné en divers types d'acier. Son principal minerai est l'hématite qui, comme la rouille, est un oxyde de fer.

Cinabre (minerai de mercure)

Sphalérite (minerai de zinc)

Boîte de conserve étamée

Cassitérite (minerai d'étain)

LE ZINC ▶

Le zinc est un métal blanc qui, allié avec du cuivre, donne du laiton. Mais on l'utilise surtout pour galvaniser l'acier afin qu'il ne rouille pas. Son principal minerai, la sphalérite, est un composé de zinc, de fer et de soufre.

L'ÉTAIN ▲

Connu pour son emploi dans les boîtes de conserve, qui sont en réalité de l'acier étamé, l'étain est utilisé dans les composants électroniques, car il est bon conducteur d'électricité. Allié avec du plomb, il sert aussi à souder les circuits électroniques.

@▶▶

Métal

Chaîne galvanisée

LE PALÉOZOÏQUE (ÈRE PRIMAIRE)

Née au précambrien (-3,5 milliards d'années),
la vie s'est limitée pendant la majeure
partie de cette période à des organismes
unicellulaires, telles les bactéries. Apparus
au début du paléozoïque (-543 millions d'années),
les pluricellulaires ont été préservés sous forme
de fossiles de trilobites marins, d'insectes, de plantes
vertes et de reptiles primitifs.

Le lis de mer, parent des
étoiles de mer ressemblant
à une plante, était relié aux
fonds marins par une tige.

LES FOSSILES

Les restes, empreintes ou traces d'organismes (animaux
ou végétaux) qui ont été préservés dans les roches
sont des fossiles. Le processus de fossilisation nécessite
des millions d'années et des conditions particulières,
de sorte qu'une infime proportion d'organismes
ayant vécu sur la Terre ont pu se fossiliser. Comme
il est difficile de dater précisément un fossile, les
paléontologues qui les trouvent, les analysent et
les identifient, les classent par ères géologiques,
périodes qui correspondent aux grandes
phases de l'histoire de la Terre.

Semblables aux
cloportes, les trilobites
vivaient dans les fonds
marins au paléozoïque.

Les poissons à nageoire
charnues étaient les
ancêtres des premiers
amphibiens à vivre sur
la terre ferme.

Fossile montrant
le détail des plumes
d'*Archaeopteryx*,
le premier oiseau connu.

@▶▶
Fossile

Des animaux entiers, notamment
des insectes, ont été préservés dans
de la résine d'arbre fossilisée, l'ambre.

Les os de dinosaure comme
ce crâne de *Deinonychus* sont
les fossiles les plus spectaculaires.

Des ammonites fossiles
(créatures marines préhistoriques)
ont été répertoriées dans ce livre
il y a plus d'un siècle.

Certains animaux
comme cette libellule
existaient déjà il y a
150 millions d'années.

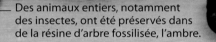

LE MÉZOSOÏQUE (ÈRE SECONDAIRE)

Commencé il y a 251 millions d'années, le mézosoïque
est l'ère des dinosaures : reptiles terrestres
géants, ptérosaures volants et reptiles marins
comme l'ichtyosaure nageant parmi les
ammonites. Les plantes à fleurs et les petits
mammifères remontent à la même période,
qui s'est achevée par une extinction de masse,
il y a 65 millions d'années.

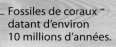
Fossiles de coraux datant d'environ 10 millions d'années.

Les nombreux spécimens à disposition permettent d'identifier et de dater les fossiles.

LE CÉNOZOÏQUE (ÈRE ACTUELLE)

L'absence de fossiles de dinosaure dans des roches remontant à moins de 65 millions d'années prouve que ce type d'animaux était éteint au cénozoïque. Mais on a retrouvé des fossiles de mammifères variés, dont les premiers parents des humains, datant d'il y a 4,5 millions d'années, les australopithèques. Les premiers véritables humains *(Homo)* sont apparus 2 millions d'années plus tard.

Cette dent de mammouth retrouvée au fond de la mer du Nord prouve que l'endroit était sec à l'époque.

Ce crâne d'*Homo habilis,* ancêtre des humains modernes, a été reconstitué à partir de fragments de fossiles.

Marteau et burin servant à ôter la roche entourant des fossiles.

Loupe

Marteau de géologue

Burins

LA PALÉONTOLOGIE

Le mot «paléontologie» signifie science étudiant la vie ancienne. Les paléontologues étudient les os fossilisés, mais également les formes de vie non osseuses comme les mollusques, les plantes et même les bactéries. Leur travail consiste à prélever et à nettoyer les fossiles, mais aussi à les identifier et à noter leurs caractéristiques. Pour cela, ils utilisent des instruments spéciaux allant du marteau au scanner.

Cette roche coupée révèle le fossile minéralisé d'une ammonite et un moule de sa coquille.

LA FOSSILISATION

Seules les parties dures d'êtres vivants, comme les coquilles et les os, peuvent se fossiliser. Au fil de millions d'années, elles se minéralisent et deviennent de la pierre. Souvent, la coquille ou l'os d'origine se dissolvent et laissent une empreinte qui sera remplie par la suite par un autre minéral. Rarement, des parties molles telles des plumes laissent des empreintes dans des roches à grains fins.

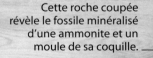
Escargot marin opalisé

Cette empreinte de dinosaure tridactyle («à trois doigts») est une trace fossile.

Ce coquillage de la fin du mésozoïque a laissé une empreinte qui s'est remplie d'opale.

LES DINOSAURES

Il y a longtemps, la vie sur Terre était dominée par les dinosaures, un groupe de reptiles comprenant d'énormes herbivores et des prédateurs agiles et carnivores. Ils se sont éteints voici 65 millions d'années (MA), mais leurs restes fossilisés sont retrouvés dans les roches anciennes. Les scientifiques peuvent ainsi reconstituer leur aspect et leur mode de vie.

Kritosaurus (de -78 à -68 MA)

Tsintaosaurus (de -70 à -65 MA)

Tarbosaurus (de -75 à -65 MA)

Prenocephale (de -84 à -65 MA)

Tyrannosaurus (de -70 à -65 MA)

Lambeosaurus (de -80 à -73 MA)

Bactrosaurus (de -97 à -85 MA)

Anchiceratops (de -74 à -70 MA)

Struthiomimus (de -76 à -73 MA)

Styracosaurus (de -80 à -73 MA)

Torosaurus (de -70 à -65 MA)

Saurolophus (de -75 à -65 MA)

Shantungosaurus (de -70 à -65 MA)

Microceratops (de -86 à -66 MA)

Triceratops (de -68 à -65 MA)

Protoceratops (de -85 à -70 MA)

Dilophosaurus (de -206 à -194 MA)

Saurornitholestes (de -83 à -71 MA)

Oviraptor (de -80 à -73 MA)

❶ TYRANNOSAURUS REX

Prédateur massif, le tyrannosaure est apparu à la fin de l'ère des dinosaures, entre -70 et -65 millions d'années (MA). Le plus gros, *Tyrannosaurus rex*, mesurait 14 m et possédait des dents aiguisées longues de 15 cm. On en a retrouvé des restes fossilisés en Amérique du Nord, surtout dans le Montana et le Dakota du Sud.

❷ SAUROLOPHUS

Contemporain du tyrannosaure, cet herbivore portait une crête osseuse au sommet de son crâne. La crête des fossiles retrouvés en Asie étant plus longue que ceux d'Amérique, on peut en déduire qu'il existait au moins deux espèces de *Saurolophus*.

❸ TRICERATOPS

Cet herbivore se défendait contre ses prédateurs grâce à la collerette osseuse entourant son cou et à ses trois cornes acérées. À en juger par les os fossilisés retrouvés en Amérique du Nord, il pouvait atteindre au moins 9 m de longueur.

❹ STRUTHIOMIMUS

Plus grand qu'un homme, ce dinosaure agile et rapide ressemblait davantage à une autruche qu'à un reptile. Ses longues mâchoires étaient dépourvues de dents, et il portait peut-être un long bec corné. Il chassait de petits animaux rapides.

174

Stamp captions and labels:

ROYAUME DU CAMBODGE POSTES 1999 — PRENOCEPHALE

Pachycephalosaurus (de -68 à -65 MA)

100 SH.SO — PACHYCEPHALOSAURUS — SOMALI REPUBLIC POST 1997

500 R

Stegoceras (de -76 à -74 MA)

ROYAUME DU CAMBODGE POSTES 2000

STEGOCERAS

Muttaburrasaurus (de -100 à -98 MA) — ROYAUME DU CAMBODGE — POSTES 1999 — MUTTABURRASAURUS — 2000 S — 1000 R

Iguanodon (de -140 à -97 MA) — ROYAUME DU CAMBODGE POSTES 2000

IGUANODON — ❼

Eustreptospondylus (de -164 à -159 MA)

Ceratosaurus (de -156 à -144 MA) — REPOBLIKAN'I MADAGASIKARA — Ceratosaurus — PAOSITRA 1994 — ANIMAUX PRÉHISTORIQUES — 40 FMG • ARIARY 8 — PHIL

Stegosaurus (de -155 à -144 MA) — 500 S — 4000 R — ROYAUME DU CAMBODGE — STEGOSAURUS — ❺ — 2000 S

SOMALI REPUBLIC POST 1999 — 700 Sh.So — EUSTREPTOSPONDYLUS

ROYAUME DU CAMBODGE — 900 R — 500 S

REPUBLICA SAHARAUI — 29 PTAS — ALLOSAURUS — CORREOS — ❽

Allosaurus (de -153 à -135 MA)

Diplodocus (de -156 à -144 MA) — ROYAUME DU CAMBODGE POSTES 2000 — DIPLODOCUS — ❾ — 1000 R — ROYAUME

Velociraptor (de -84 à -80 MA) — SOMALI REPUBLIC POST 1999 — ❿ — 500 Sh.So — LSO

REPUBLIQUE DU CONGO — Kentrosaurus — POSTES 1999 — WUERHOSAURUS — POSTES 1999

Wuerhosaurus (de -137 à -99 MA)

Camarasaurus (de -156 à -144 MA) — CAMARASAURUS — 28 PTAS — REPUBLICA SAHARAUI — CORREOS 1997 — 10-97

REPUBLIQUE DU BENIN — POSTES 1996 — COTON — 200 f — DEINONYCHUS

Deinonychus (de -119 à -97 MA)

POSTES 1999 — Kentrosaurus (de -156 à -150 MA)

@ Dinosaure

---

❻ **OVIRAPTOR**

Ce dinosaure ressemblant à un oiseau possédait des mâchoires courtes et puissantes, et peut-être un bec. Son nom signifie « voleur d'œufs », car son premier fossile a été retrouvé près d'un nid d'œufs. On a découvert ensuite qu'il s'agissait de son propre nid !

❺ **STEGOSAURUS**

Herbivore qui vivait il y a 155 à 144 millions d'années dans l'actuelle Amérique du Nord, le stégosaure pouvait atteindre la taille d'un autobus. Les scientifiques s'interrogent sur la fonction des énormes plaques osseuses de son dos, qui ne sont pas reliées à sa colonne vertébrale. Elles lui servaient peut-être de protection, ou alors à réguler sa température corporelle.

❼ **IGUANODON**

Les restes de ce gros herbivore sont parmi les premiers fossiles à avoir été identifiés comme ceux de dinosaure. En 1822, Mary Ann Mantell trouva des dents d'*Iguanodon* en Angleterre. Son mari, le Dr Gideon Mantell, nota leur similarité avec celles des iguanes et déduisit qu'il s'agissait d'un gigantesque reptile éteint.

❽ **ALLOSAURUS**

Ce gros carnivore ressemblait beaucoup au tyrannosaure, mais des fossiles ont été retrouvés dans des roches datant d'au moins 70 millions d'années avant lui. Cette période est plus longue que celle qui sépare les derniers dinosaures de notre époque.

❾ **DIPLODOCUS**

Ce dinosaure géant vivait dans l'actuelle Amérique du Nord. Grâce à son long cou, il broutait les feuilles du haut des arbres. D'une longueur de 27 m, il avait une petite tête et une queue semblable à un fouet.

❿ **VELOCIRAPTOR**

Trouvés en Mongolie, les os fossilisés de ce petit dinosaure sont très semblables à ceux des premiers oiseaux, et des recherches récentes montrent qu'il avait peut-être des plumes. Agile et rapide, ce carnivore chassait probablement en groupe, se jetait sur ses proies et les dépeçait avec ses griffes crochues.

175

◄LES ORAGES

Chauffée par le soleil, l'eau s'évapore, monte dans les airs, refroidit et forme des nuages. Certains nuages peuvent mesurer 15 km de hauteur, voire plus. Quand l'eau qu'ils contiennent devient très lourde, elle tombe en pluies d'orage torrentielles.

LES TORNADES ►

L'air chaud et humide qui monte forme un nuage d'orage. Parfois, une colonne d'air centrale appelée vortex se met à spiraler vers le haut : c'est une tornade. À l'intérieur du vortex, la vitesse du vent peut dépasser 500 km/h et arracher le toit des maisons.

◄LA FOUDRE

Les cristaux de glace ballottés à l'intérieur d'un nuage d'orage peuvent charger le nuage d'électricité, telle une batterie géante. La charge finit par être libérée sous forme de foudre qui, sur son passage, chauffe l'air à environ 30 000 °C en une fraction de seconde.

LES GRÊLONS ►

Les courants ascendants d'un gros nuage d'orage font monter les gouttes de pluie, qui gèlent en altitude. Les grains de glace retombent dans le nuage, puis remontent et grossissent encore. Quand les grêlons sont trop lourds, ils tombent au sol. Certains ont la taille d'une balle de golf.

LES INONDATIONS ►

Les fortes pluies peuvent faire gonfler les cours d'eau au point qu'ils débordent et inondent les terres environnantes. L'eau monte alors lentement ou dévale des montagnes en « crue éclair » qui balaie tout sur son passage. Dans les deux cas, ces crues peuvent détruire les habitations et même inonder des villes entières.

LA MÉTÉOROLOGIE

Entraînés par la chaleur du soleil, les courants d'air circulent en tourbillonnant dans la basse atmosphère. Ils forment ainsi les vents, qui transportent des océans vers les terres les nuages, la pluie et la neige. Sans ces systèmes météorologiques, les continents seraient des déserts nus, où la vie serait impossible. Mais, parfois, le temps est si violent qu'il cause de véritables cataclysmes.

Climat

▶LES CYCLONES

Les phénomènes climatiques les plus dévastateurs se produisent au-dessus des océans tropicaux : la chaleur intense crée des nuages d'orage qui tourbillonnent autour des zones de très basse pression. Au centre, les vents tournent à plus de 300 km/h et soulèvent l'eau des océans qui inonde les villes côtières. Les cyclones de l'océan Pacifique sont appelés typhons.

LA PLUIE VERGLAÇANTE ▶

Dans certaines régions, les hivers sont rigoureux, mais des conditions extrêmes peuvent causer des pluies verglaçantes. Quand de l'air humide balaie une région très froide, la pluie gèle au contact des objets qu'elle rencontre. Ce phénomène est susceptible de faire tomber les lignes électriques en les alourdissant, de paralyser les réseaux ferrés et de transformer les routes en patinoires.

PRÉVOIR LE TEMPS ▶

Les images satellites, comme cette vue d'un cyclone dans le golfe du Mexique, aident les météorologues à prévoir le temps. Ces experts collectent les données sur le vent, la température, la pression atmosphérique et d'autres variables, et les introduisent dans des ordinateurs dotés de modèles mathématiques de l'atmosphère. Avec ces données, les ordinateurs calculent le futur comportement de l'atmosphère et établissent des prévisions météorologiques.

◄L'ÉROSION PAR LE SABLE

Dans les déserts, le vent projette le sable contre les roches, ce qui en érode la surface et élargit les fissures existantes. Dénudées par le sable, comme ici en Amérique du Nord, les épaisses couches de grès révèlent des motifs en vagues spectaculaires et des couches de roches superposées au fil de millions d'années.

L'érosion éolienne a fait de Coyote Buttes, dans l'Arizona (États-Unis), un paysage très graphique.

Les parois de granit de El Capitán, en Californie (États-Unis), ont résisté à des millions d'années d'érosion.

L'ÉROSION DU GRANIT ►

Le granit est une roche cristalline extrêmement dure, formée dans les profondeurs du sous-sol, que l'érosion peut toutefois fragmenter. Une fois exposé à l'air, le changement de pression écaille ses couches externes selon un processus appelé exfoliation. Il peut aussi être attaqué par les acides des eaux de pluie et dégradé par le gel.

Horseshoe Bend, sur le fleuve américain Colorado, s'est formé à mesure que l'eau érodait ce promontoire rocheux.

◄LES FALAISES ET LES PILIERS

Les vagues qui déferlent sur les falaises peuvent les dégrader à une vitesse vertigineuse. La roche tendre cède la première, isolant ainsi de la côte des piliers de roche dure. Ces piliers au large de la côte sud de l'Australie, près de Melbourne, sont appelés les Douze Apôtres.

Sapée par les vagues, la roche tendre disparaît et laisse un pilier abrupt.

De la glace en mouvement incrustée de fragments de roche remplissait autrefois cette vallée alpine.

LES MESAS ET LES BUTTES

En terrain aride, des crues éclairs rongent les points faibles de la roche et forment des vallées. Celles-ci s'élargissent à mesure que l'eau emporte les roches tendres et que les roches dures s'écroulent. À terme, ces formations donnent des mesas plates et des buttes protégées par un «chapeau» de roche dure.

Des pierriers de fragments de roche se sont accumulés à la base des buttes de Monument Valley (États-Unis).

LES FORMATIONS KARSTIQUES ▶

Légèrement acide, l'eau de pluie a pour propriété de dissoudre le calcaire. Il peut en résulter un paysage appelé karst, dont la roche dénudée par l'eau est parcourue de grottes. Dans les régions tropicales, la roche érodée donne des pitons spectaculaires.

Cet ensemble de pitons calcaires près de Kunming, en Chine, porte le nom de Forêt de Pierre.

◀ L'ÉROSION FLUVIALE

Les cours d'eau modèlent des vallées en V et des gorges abruptes, surtout là où leur débit rapide charrie de vastes quantités de débris rocheux. Les gorges les plus profondes se forment là où la terre a été soulevée par des mouvements tectoniques, forçant le cours d'eau à creuser de plus en plus le paysage.

L'ÉROSION

Les paysages sont en permanence altérés par le vent, la pluie, la glace, la chaleur, les vagues océaniques et les cours d'eau. Ces forces rongent même les roches les plus dures, un processus nommé érosion. Au fil du temps, il aplatit les chaînes de montagnes les plus élevées et transporte les débris de roche sous forme de gravier, de sable et de limon. Ces débris se déposent ensuite dans les plaines ou dans la mer, où ils finissent par former de nouvelles roches.

LES CANYONS ▶

Dans le désert, les rares pluies sont torrentielles et déversent des eaux sableuses du haut des mesas. L'eau s'infiltre dans les fissures des roches et les érode en profonds et étroits canyons. À l'inverse des vallées, le fond de ces canyons est souvent plus large que leur sommet.

Un rayon de lumière s'infiltre dans Antelope Canyon, aux États-Unis.

▲ LE RETRAIT DES GLACIERS

Dans les montagnes et les hauts plateaux affectés par la dernière ère glaciaire, d'énormes glaciers, descendant dans les lits d'anciens cours d'eau, ont creusé de profondes vallées en U. Lorsqu'ils fondent, ils laissent des vallées souvent parcourues de petits cours d'eau.

@IN
Érosion

LES FLEUVES

La plupart des fleuves prennent leur source dans les reliefs et se jettent dans la mer. Rapide au départ, l'eau dévale les pentes et rejoint d'autres cours d'eau pour former une rivière. Celle-ci continue de descendre, creuse de profondes vallées, puis atteint une zone plus plate. À cet endroit, les crues saisonnières créent de larges et fertiles plaines d'inondation. Le fleuve continue de grossir mais perd de la vitesse jusqu'à atteindre un estuaire ou un delta, où il se jette dans la mer.

Fleuve

LA SOURCE ▼
La source d'un fleuve peut être un lac, un marécage ou de l'eau jaillissant du sol, qui forme à l'origine un petit cours d'eau. Dans les hautes montagnes, cette source peut être l'eau de fonte qui s'écoule de l'extrémité d'un glacier.

LES AFFLUENTS ▼
Le cours principal d'un fleuve est rejoint par d'autres cours d'eau, les affluents. Après de fortes pluies ou lors de la fonte des neiges, au printemps, ces affluents se transforment en torrents charriant des débris rocheux qui, en se déposant, tracent des motifs en tresse. Sur cette photographie, on distingue les tresses créées par les affluents de l'Hopkins, en Nouvelle-Zélande, qui descendent du mont Cook.

▼LE COURS SUPÉRIEUR
Le cours supérieur est la partie la plus élevée d'un fleuve. Le débit s'accélérant, il peut être entrecoupé de rapides et même de chutes d'eau. Ici, le Churun dégringole du rebord plat de la montagne Auyantepui, au Venezuela (Amérique du Sud) : se précipitant d'une hauteur de 979 m, Salto Angel est la plus haute chute d'eau du monde.

LE COURS INFÉRIEUR ▶

Lorsqu'il atteint une plaine basse, un fleuve coule plus lentement mais transporte plus d'eau. S'il n'est pas contrôlé, il tend à déborder chaque année et à inonder les terres alentour. Les eaux de crue laissent derrière elles des couches de fin limon qui, en s'accumulant, forment une plaine d'inondation au sol profond et fertile. Ici dans l'Oregon (États-Unis), le Willamette dans sa plaine d'inondation.

▼ LES ESTUAIRES ET LES DELTAS

À proximité de la côte, l'eau douce du fleuve rencontre l'eau salée de la mer à marée haute. Le fleuve dépose à cet endroit des particules de boue qui s'accumulent en un estuaire. Si le débit du fleuve est plus puissant que la marée, cette zone s'étend, et le fleuve forme un delta. Cette vue aérienne montre le delta du Niger, au Nigeria, là où il se jette dans la mer.

LES VALLÉES ET LES GORGES ▶

En descendant des hauteurs, un fleuve creuse généralement une vallée sinueuse en forme de V. Certains façonnent même des gorges aux parois abruptes, comme les gorges du Saut du Tigre du Yangzi Jiang, en Chine. Les gorges se forment souvent après effondrement de grottes calcaires parcourues de rivières souterraines.

LES MÉANDRES ▶

Aux endroits où il forme un coude, un fleuve érode la berge du côté externe du coude et dépose du sable et des boues du côté interne. Ce phénomène accentue le coude et, avec le temps, le cours du fleuve suit une succession de boucles prononcées, les méandres. Parfois, l'eau coupe un méandre et forme un bras mort, comme le fait ci-dessous (au centre, à gauche) l'Amazone en traversant la forêt pluviale du Pérou (Amérique du Sud).

LES GROTTES

Lorsque la roche est dégradée par l'érosion côtière ou l'eau de pluie, les zones fragiles tendent à s'écrouler. Ce phénomène crée des systèmes de grottes, qui peuvent s'étendre sur des kilomètres dans un environnement calcaire, et sont parcourues de rivières souterraines. L'eau coulant sous les glaciers creuse des grottes de glace. Enfin, à Hawaii, par exemple, les volcans créent des tubes de lave, tunnels dans lesquels coulait autrefois de la lave en fusion.

LES GROTTES CALCAIRES

L'eau de pluie dissout le dioxyde de carbone de l'air et le convertit en acide carbonique. En terrain calcaire, cette eau acidifiée s'infiltre dans la roche et creuse un réseau de galeries et des grottes. Là où l'eau contenant des roches dissoutes suinte de la voûte d'une grotte, elle forme des stalactites ou, si les gouttes tombent au sol, des stalagmites.

Cette grande stalagmite se compose de calcite déposée au fil des siècles par les gouttes d'eau tombant sur le sol.

LES EAUX SOUTERRAINES

L'eau qui sculpte les grottes s'écoule dans le sol en rivières souterraines. Lorsqu'il pleut fort, ces rivières peuvent envahir les grottes, les sculpter et leur donner des formes magnifiques visibles quand le niveau de l'eau redescend. Dans les régions calcaires comme le Yucatán, au Mexique, il n'y a pas d'eau en surface, car toutes les rivières ruissellent dans le sous-sol. Dans les lieux à ciel ouvert, elles forment de superbes puits naturels, les cénotes.

Grotte

Cette eau transparente comme le cristal révèle les stries sculptées par l'eau.

LES CRISTAUX

L'eau qui s'infiltre dans les grottes contient des minéraux dissous comme la calcite et le gypse. Si elle s'évapore ou change de composition chimique, les minéraux se solidifient à nouveau et forment des cristaux à facettes brillant comme des pierres précieuses.

De délicats cristaux de calcite se sont déposés à l'extrémité de cette stalactite.

LES GROTTES CÔTIÈRES

Le long des côtes rocheuses, l'eau des vagues s'infiltre dans les fissures à une pression telle que la roche finit par se fragmenter et s'évider. Souvent, un pan entier s'effondre, mais si l'eau réussit à se frayer un chemin dans la roche, elle peut y creuser des grottes et des arches.

LES GROTTES SOUS-GLACIAIRES

Près de la langue terminale d'un glacier, la fonte des glaces crée des cours d'eau qui, en s'infiltrant dans des crevasses, creusent des trous verticaux. Lorsque l'eau atteint le fond du glacier, elle s'écoule entre la glace et la roche, et creuse dans la glace des tunnels et des grottes. Lorsque la fonte est rapide, ces cavités peuvent se remplir d'eau qui coule en torrent avant d'émerger de la langue du glacier. En hiver, ces grottes sous-glaciaires sont moins dangereuses à explorer qu'en été.

Lorsque la fonte ralentit, de la glace recouvre le sol de cette grotte sous-glaciaire.

LES GROTTES GLACÉES

Dans certaines régions montagneuses, l'air des grottes calcaires peut être si froid que les eaux d'infiltration gèlent immédiatement, formant des stalactites de glace et des cascades gelées. Mais ce phénomène est rare : si la roche environnante est trop froide, l'eau gèle avant de pénétrer dans la grotte, et si la température est trop chaude dans la grotte, l'eau s'y écoule sans geler.

L'eau ruisselant dans la grotte Casteret, dans les Pyrénées espagnoles, forme une cascade de glace.

LES TUBES DE LAVE

Aujourd'hui froide et vide, cette grotte était autrefois occupée par un torrent de lave jaillissant d'un volcan hawaiien. La lave de ce type de volcan est si chaude et si fluide qu'elle coule comme de l'eau. Si, en descendant la pente, le dessus de la coulée refroidit et durcit, il forme la voûte d'un tunnel qui piège la chaleur, et dans lequel la lave continue de couler. Lorsque l'éruption du volcan se tarit, la lave peut sortir du tunnel et laisse une grotte tubulaire.

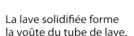

La lave solidifiée forme la voûte du tube de lave.

LES BARRAGES DE CALCITE

L'eau qui s'écoule dans la grotte calcaire d'Akiyoshi-do, au Japon, est saturée de carbonate de calcium, ou calcite, dissous. Là où le sol de la grotte est en pente, la calcite s'est cristallisée en formant une succession de barrages naturels, que l'eau franchit pour passer d'un bassin à un autre.

Malgré sa forte teneur en calcite, cette eau est limpide.

LES ZONES CLIMATIQUES

La variation d'intensité du rayonnement solaire selon les régions du globe provoque des mouvements d'air et des systèmes météorologiques. Leur influence crée diverses zones climatiques, des forêts pluviales tropicales brumeuses aux déserts glacés de l'Antarctique. Chacune de ces zones présente un type de végétation spécifique, base de l'ensemble des écosystèmes locaux, le biome.

LA FORÊT PLUVIALE ▶

Près de l'équateur, le fort ensoleillement fait évaporer l'humidité, qui s'élève dans l'air et forme d'énormes nuages d'orage. Les lourdes pluies chaudes qui tombent sur le sol assurent la croissance de denses forêts pluviales.

LA FORÊT TEMPÉRÉE ▶

Un climat tempéré n'est ni très chaud ni très froid. Près des océans, le temps doux et humide permet aux arbres de bien pousser l'été, mais beaucoup perdent leurs feuilles et interrompent leur croissance l'hiver.

LA MONTAGNE ▲

Seule une végétation basse peut pousser dans les hauts sommets très froids. Dans les montagnes moins élevées, il fait plus chaud et des arbres s'y épanouissent. La frontière supérieure de cette zone se nomme la limite des arbres.

LE DÉSERT ▶

Les régions où il pleut rarement sont des déserts. Beaucoup se trouvent dans une zone d'air chaud et sec près des tropiques, mais d'autres se situent simplement trop loin des océans. Quelques plantes sont adaptées au désert.

LES PÔLES ET LA TOUNDRA ▲

Les régions polaires sont peu ensoleillées l'été et dans l'obscurité tout l'hiver. Elles sont gelées toute l'année mais, au nord, cette région glacée entourée de toundra dégèle l'été, ce qui permet à quelques plantes de pousser.

LE CLIMAT MÉDITERRANÉEN ▲

Le climat des régions situées entre les zones tempérées et les principales zones désertiques est qualifié de méditerranéen, car il domine sur le pourtour de la Méditerranée. La végétation robuste qui y pousse résiste à la sécheresse des étés torrides.

LES ZONES CLIMATIQUES ▼

Les zones climatiques sont disposées en bandes : forêt pluviale tropicale près de l'équateur, désert dans les régions subtropicales et forêt boréale vers le Grand Nord. Les prairies se développent dans les zones trop sèches pour les arbres.

@ ▶▶
Zone climatique

PRAIRIES TEMPÉRÉES

PRAIRIES TROPICALES

FORÊT PLUVIALE

FORÊT TEMPÉRÉE

MÉDITERRANÉEN

DÉSERT

PÔLES ET TOUNDRA

FORÊT BORÉALE

MONTAGNE

LA PRAIRIE TROPICALE ▲

Les régions tropicales où il ne pleut pas suffisamment sont trop chaudes et trop sèches pour se couvrir d'une forêt dense. Ce sont des zones de prairies, ou savanes, parfois ponctuées d'arbres résistant aux longues sécheresses.

LA PRAIRIE TEMPÉRÉE ▲

Parce qu'elles se situent au centre de vastes continents, certaines zones tempérées reçoivent peu de pluie. Dépourvues d'arbres, elles sont couvertes de steppes et de prairies herbeuses, dont certaines peuvent être cultivées.

LA FORÊT BORÉALE ▲

Au sud de la toundra arctique, une bande de forêt dense colonise les terres. La plupart des arbres sont des conifères, des arbres à aiguilles qui résistent aux hivers longs et glaciaux.

185

Épis de maïs

Gousses
de soja

Haricots de
soja séchés

Farine de soja

Graines de riz

Galettes
de riz

LE SOJA ▲

Riche en protéines et en huile,
le soja n'était autrefois connu
qu'en Extrême-Orient. Apprécié
des végétariens, il est cultivé
dans les régions
de climat chaud.

LE RIZ ▼

L'un des trois aliments
de base du monde avec le
maïs et le blé, le riz est une herbe
poussant dans les climats chauds.
Il se cultive dans des rizières inondées,
un peu partout sous les tropiques.

LE MAÏS ▶

Le maïs est une plante
herbacée qui s'épanouit
dans les régions ensoleillées.
Une fois cuits, ses gros grains
se mangent nature. Moulus en farine,
ils servent à confectionner
des tortillas et des chips.

Sauce soja

Lait de soja

Riz cuit

Tortillas au maïs

Chips au maïs

Le tofu est à
base de soja.

Cabosse de
cacao séchée

Grains de riz

Fèves de cacao

Cabosse de
cacao fraîche

◄LE CACAO

Ingrédient principal du
chocolat, le cacao provient des cabosses
du cacaoyer, un arbre d'Afrique de l'Ouest
et d'Amérique tropicale. Après avoir
fermenté au soleil, les fèves sont séchées,
grillées, puis soit moulues, soit réduites
en beurre de cacao.

Plaque
de chocolat

LES CULTURES VIVRIÈRES

Des champs de blé et de maïs d'Amérique
du Nord aux bananeraies et aux cocoteraies
des tropiques, presque tous les végétaux que
nous mangeons sont cultivés. Les cultures
vivrières d'aujourd'hui proviennent
de plantes autrefois sauvages, qui ont
été domestiquées pour en
améliorer les rendements.

Pommes de terre (bonnottes)

LA POMME DE TERRE ▶

La pomme de terre
est la racine d'une plante
apparentée à la tomate.
Originaire d'Amérique du Sud,
elle a été introduite en Europe
au XVIᵉ siècle et, depuis,
elle est consommée dans
le monde entier.

LE BLÉ ▼

Principale céréale des climats
doux du Nord, le blé
est cultivé sur une vaste
échelle. Cette plante
herbacée a été hybridée
afin d'obtenir de gros
grains que l'on
peut moudre
en farine.

Pommes
de terre roses
(rosevals)

Feuilles
de thé fraîches

Sachets de thé

◄ LE THÉ

Le thé provient d'un
arbuste à feuilles persistantes
des climats tropicaux et
subtropicaux, essentiellement
cultivé en Chine et en Inde.
Ses feuilles sont cueillies
à la main et rapidement
séchées. Pour faire du thé,
on fait infuser les feuilles
soit en vrac, soit
en sachet.

Pain
à la farine
de blé

Grappe de
tomates rouges

Feuilles de thé
séchées

LA TOMATE ▲

Proche parente de la pomme de terre,
la tomate provient de la même région
d'Amérique du Sud, d'où elle a été
introduite en Europe à la fin
du XVIᵉ siècle.

Intérieur d'une
tomate jaune

Botte
d'épis de blé

Huile de tournesol

LE RAISIN ▲

Le raisin, l'une des cultures les plus anciennes, était déjà cultivé en Égypte il y a 6 000 ans. Ce fruit des climats chauds se mange frais ou séché et sert à élaborer du vin.

Raisin sur pied

Raisins secs

Raisin noir

Raisin blanc

LE TOURNESOL ▶

Les magnifiques fleurs du tournesol se composent de centaines de grosses graines. Elles sont utilisées pour l'alimentation humaine (huile, margarine, graines torréfiées) ou pour l'alimentation animale sous forme de tourteaux.

Graines de tournesol

Tige de canne à sucre

◀ LA CANNE À SUCRE

La canne à sucre est l'épaisse tige d'une herbe géante des régions tropicales et subtropicales. Elle fournit plus de la moitié du sucre produit dans le monde, mais sert aussi à fabriquer des biocarburants (carburants issus de matière organique renouvelable, comme les végétaux).

Sucre roux

Fleur de tournesol séchée

Agriculture

Tournesol en fleurs

La mélasse est le jus épais obtenu en faisant bouillir la canne à sucre.

La noix de coco pousse dans une épaisse coque fibreuse.

Banane mûre

◀ LA BANANE

Les feuilles du bananier poussent directement des racines, et donnent des régimes pouvant compter 200 bananes. Cultivés sous les tropiques, ces fruits sont cueillis encore verts, de façon à être bien mûrs et jaunes en arrivant sur les marchés.

Bananes vertes

Noix de coco séchée

Noix de coco fraîche

Crème de coco

LE CAFÉ ▼

Les grains de café proviennent du caféier, un arbuste poussant sous les tropiques. Chaque baie rouge contient deux graines, que l'on fait sécher au soleil avant de les griller (torréfier) et de les moudre.

Baies rouges de café

Grains de café torréfiés

LA NOIX DE COCO ▶

Les grosses noix du cocotier sont une culture primordiale pour de nombreuses îles du Pacifique. La coque fibreuse sert à fabriquer des textiles et de la corde. La chair blanche des noix se consomme fraîche, séchée, en crème ou en huile.

Chair blanche à l'intérieur de la noix

Tasse de café

L'ENVIRONNEMENT

Pollution

La population mondiale augmentant, nous exploitons de plus en plus les ressources de la planète et abîmons notre environnement. Ces dégâts sont la destruction d'habitats naturels comme les forêts, mais aussi la pollution des terres, des océans et de l'atmosphère. Un grand nombre de plantes et d'animaux sont aujourd'hui menacés, et des écosystèmes entiers comme les récifs coralliens se retrouvent menacés.

▼ LA POLLUTION DES TERRES ET DES MERS

Une bonne partie de ce que nous jetons finit dans la nature. Le plastique est dangereux pour l'environnement, car il ne se dégrade pas, et les eaux usées non traitées et autres déchets polluent les mers fermées comme la Méditerranée.

▼ LE RÉCHAUFFEMENT CLIMATIQUE

La menace la plus sérieuse est le réchauffement climatique. Il est dû à la pollution de l'air par les gaz qui absorbent la chaleur et réchauffent l'atmosphère. À terme, il peut provoquer la fonte des calottes glaciaires et une hausse du niveau de la mer.

Smog au-dessus de la ville de Los Angeles, aux États-Unis

Ordures dans la baie de Guanabara, au Brésil

▲ LA POLLUTION ATMOSPHÉRIQUE

Les fumées et les gaz rejetés par l'industrie, les centrales électriques, les habitations et les véhicules provoquent une pollution atmosphérique visible appelée « smog » dans de nombreuses villes. L'air très pollué est dangereux à respirer, mais le principal danger de ce type de pollution est le réchauffement climatique.

Le plastique rejeté dans la mer tue des animaux marins et pollue les plages.

Le réchauffement des océans détruit les récifs coralliens. De nombreuses espèces de coraux sont menacées d'extinction.

▼ LES PLUIES ACIDES

En se liant à l'humidité de l'air, les fumées et les gaz industriels forment des acides sulfurique et nitrique. En tombant, cette pluie acide peut tuer les arbres et rendre les lacs trop acides pour que la vie s'y maintienne. C'est un grave problème au Canada, en Russie et en Chine.

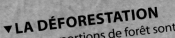

Les zones proches des régions industrielles sont fortement touchées par les pluies acides.

▼ LA DÉFORESTATION

De vastes portions de forêt sont détruites chaque année, surtout les forêts tropicales, pour le bois de chauffage, l'agriculture et l'exploitation des essences rares. Cette pratique dévastatrice pour les habitats naturels les plus riches de la Terre est aussi l'une des causes majeures du réchauffement climatique.

Récif corallien, îles Fidji

Forêt détruite par les pluies acides près des Appalaches, aux États-Unis

Défrichage de la forêt pluviale dans le Chiapas, au Mexique

Panda géant dans la réserve naturelle Wolong, à Chengdu, en Chine

◄ LA PERTE DE BIODIVERSITÉ

Quand des habitats naturels sont détruits, la faune et la flore ont moins d'espace vital, de sorte que de nombreuses espèces peinent à survivre. La disparition d'espèces diminue la biodiversité, vitale pour la santé de la planète.

PROTÉGER LA TERRE ►

La protection de l'environnement n'incombe pas seulement aux gouvernements. Nous pouvons y contribuer en changeant notre mode de vie. En se rendant à leur travail à vélo plutôt qu'en voiture, ces citadins n'aggravent pas la pollution.

Cyclistes se rendant à leur travail à San Francisco, aux États-Unis

LE MAQUILLAGE NUPTIAL
Dans le village de Donje Ljubinje (Kosovo), le visage de la mariée est peint pour éloigner le mauvais sort. Cette coutume est unique, tout comme le dialecte des habitants, les Gorani, un mélange de serbe, de macédonien et de turc.

Des pays et des peuples

L'AFRIQUE

Les nombreux fossiles découverts en Afrique prouvent que c'est sur ce continent que sont apparus les premiers hominidés, voilà des millions d'années. Il compte aujourd'hui 813 millions d'habitants, répartis entre 53 pays, qui vivent surtout dans les zones rurales.

Les mille et une facettes de l'Afrique se révèlent dans la diversité de ses cultures, de ses coutumes ancestrales, de sa faune et de ses paysages, au fort pouvoir d'attraction touristique.

Le Cap et la montagne de la Table, en Afrique du Sud

Le Kilimandjaro culmine à 5 895 m d'altitude dans le nord de la Tanzanie.

Désert du Sahara

Mer Méditerranée

Golfe de Syrte

Mer Ro[...]

TUNISIE

MAROC

ALGÉRIE

LIBYE

LA MUSIQUE

En Afrique, les cérémonies se déroulent traditionnellement au son des percussions. Des tambours accompagnés de cornes d'animaux ou de coquillages dans lesquels on souffle marquent le rythme. On utilise aussi des instruments à cordes (kora) et des cloches.

Tambour

Cloches

Kora

L'ÉCONOMIE

L'Algérie et la Libye sont les principaux producteurs d'Afrique. Le Nigeria : le pétrole du Sud est ici garni de pétrole et de gaz naturel grâce à l'or et au cobalt, à l'or et de l'étain. L'Afrique exporte du cuivre et des diamants, à prospère grâce au cuivre et à l'argent.

La Namibie

Un cinquième de l'or mondial provient des environs de Johannesburg.

L'injera, une sorte de grande crêpe typique de l'Éthiopie, est ici garni de bœuf et de légumes.

Épices marocaines

Le Nigeria est le[...] principa[...] l'Afriqu[...] naturel

Ce danseur masai saute le plus haut possible pour montrer sa dextérité.

L'ALIMENTATION

Le maïs, l'igname, le manioc et la banane plantain constituent l'alimentation de base. Rarement consommées en plat principal, le poisson et la viande sont ajoutés à d'autres ingrédients (haricots, lentilles...). Dans les villes d'Afrique, les paysans vendent sur les marchés les produits de leur lopin de terre.

LES PAYSAGES

Au nord s'étend le Sahara, le plus grand désert du monde où le thermomètre peut grimper jusqu'à 50 °C. Forêt vierge et cours d'eau occupent le cœur du continent, contrastant avec les plaines herbeuses du Sud. Parmi les curiosités naturelles : le Kilimandjaro (le plus haut sommet d'Afrique), le Nil (le plus long fleuve) et le lac Victoria (le plus grand lac).

LA FAUNE

Les réserves kenyanes et tanzaniennes ont été créées afin de protéger la faune locale. Les zèbres, girafes, éléphants et fauves y circulent librement. Les trois quarts des espèces animales du continent, sans Aujourd'hui chasseurs de Madagascar, n'existent nulle redouter les part ailleurs.

Le lémur catta est originaire de Madagascar.

Les gorilles des montagnes, une espèce menacée, vivent dans le parc national des Volcans, au Rwanda.

Cabosse de cacao

Dattes

LE TOURISME

Les visiteurs privilégient les safaris pour observer la faune au plus près. L'économie africaine bénéficie également des touristes venus profiter des plages ensoleillées de Tunisie, du Maroc, d'Afrique du Sud et des Seychelles. Le site le plus fréquenté du continent est celui des pyramides de Gizeh, en Égypte. Elles ont été construites il y a environ 4 500 ans.

Le sphinx et les pyramides attirent les visiteurs en Égypte toute l'année.

L'AGRICULTURE

Dans les villages, beaucoup d'Africains font pousser des tubercules et du maïs pour leur propre consommation et pour vendre sur les marchés. Le climat du Nord se prête à la culture des dattes, des olives et des agrumes. Les pluies du Kenya favorisent la croissance du thé, tandis que la Côte d'Ivoire produit la moitié du cacao mondial. On cultive aussi du coton pour l'exportation.

Épi de maïs

193

Crocodile de Johnston

Tigre

LA FAUNE

L'Asie compte des espèces très menacées : léopard des neiges, petit panda, ours noir d'Asie... Les éléphants, les tigres et les orangs-outans s'abritent de la chaleur dans les forêts de Malaisie, d'Indonésie et de Bornéo, tandis que les récifs du littoral sud-est sont le domaine des requins, des tortues et des raies mantas.

Sasakia charonda, ou empereur du Japon, est un papillon emblématique du pays du soleil levant.

La Corée du Sud est le 5e producteur mondial d'automobiles.

La Bourse de Tokyo, deuxième place financière du monde

L'ÉCONOMIE

Quelques nations – l'Arabie saoudite, l'Irak et le Koweït – ont prospéré en exportant leur pétrole et leur gaz naturel. Le Japon a connu une croissance économique rapide grâce aux technologies de pointe. L'Inde, la Chine et d'autres pays d'Asie ont tiré profit de la production de masse destinée à l'exportation dans l'automobile, le textile et l'électronique.

LE SPORT

La pratique des arts martiaux est une tradition ancienne en Asie : judo, karaté et sumo au Japon, kung-fu en Chine. Mongols et Tibétains, excellents cavaliers, sont très férus de courses de chevaux. Le cricket est très populaire en Inde, au Pakistan et au Sri Lanka, de même que le tennis de table.

Judo

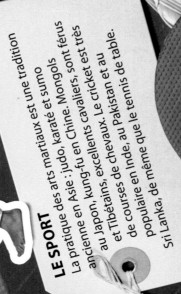

Avec le football, le tennis de table est le sport le plus populaire de Chine.

Le riz est, l'aliment de base en Asie où il est cultivé depuis plus de 9 000 ans.

INDONÉSIE
MALAYSIE
SINGAPOUR
BRUNEI
PHILIPPINES
NOUV.-GUINÉE
JAPON
CORÉE DU NORD
CORÉE DU SUD
VIÊT NAM
CAMBODGE
LAOS
THAÏLANDE
BIRMANIE
CHINE
MONGOLIE
FÉDÉRATION DE RUSSIE
INDE
BHOUTAN
BANGLADESH
NÉPAL
SRI LANKA
KAZAKHSTAN
OUZBÉKISTAN
KIRGHIZISTAN
TADJIKISTAN
TURKMÉNISTAN
AFGHANISTAN
PAKISTAN
IRAN
IRAQ
ARABIE SAOUDITE
OMAN
É.A.U.
QATAR
KOWEÏT
YÉMEN
TURQUIE
GÉORGIE
ARMÉNIE
AZERB.
SYRIE
LIBAN
ISRAËL
JORDANIE
CHYPRE

L'ASIE

Le plus grand continent du monde est une terre de contrastes. De la banquise arctique à la chaleur des îles de l'océan Indien, l'Asie compte des montagnes escarpées, des dunes arides, des steppes à la végétation rare, des plaines fertiles et des forêts tropicales. Ses 47 pays sont très différents : le développement économique des villes tranche avec les régions où prédomine l'agriculture traditionnelle. Aujourd'hui, plus de 60 % de la population mondiale vit en Asie.

LA CULTURE

L'industrie cinématographique indienne basée à Bombay « Bollywood » produit plus de mille films par an. L'art, la musique et la danse sont aussi profondément ancrés dans la culture asiatique : danse masquée des temples du Bouthan, danse traditionnelle du Cambodge, théâtre d'ombres d'Indonésie...

Les masques colorent magnifiquement les fêtes des bateaux-dragons et les célébrations du Nouvel An chinois.

Tours Petronas à Kuala Lumpur, en Malaisie

LES VILLES

La croissance économique de l'Asie a provoqué l'apparition de mégapoles. Kuala Lumpur et Hongkong et Dubaï, des pôles financiers, culturels jouxtent les bidonvilles. L'exode rural est massif où les temples anciens, les gratte-ciel touristiques résidentiels et les villes sont surpeuplées : les riches quartiers y côtoient de personnes.

Les lumières de Hongkong, où vivent près de 7 millions de personnes

Embouteillage à Delhi, la deuxième plus grande ville de l'Inde

Se baigner sur les rives du Gange à Bénarès est un acte sacré pour les hindous.

L'ALIMENTATION

La gastronomie asiatique est issue d'un métissage particulièrement riche. Les spécialités indiennes (curry aux multiples épices), chinoises (riz sauté, viande, légumes), thaïlandaises (curry au lait de coco, riz ou nouilles) et japonaises (sushi, poissons crus et cuits) sont appréciées de la population locale et dans le monde entier.

L'Inde est le premier pays producteur de thé ; les théiers poussent sur les collines du Nord, où le climat est plus frais.

Pho bac, soupe de nouilles au bœuf

Sushi

Les juifs se rassemblent pour prier devant le mur des Lamentations à Jérusalem.

Statue de Bouddha

LA RELIGION

Les trois religions les plus pratiquées sur le continent — bouddhisme, hindouisme et islam — sont originaires d'Asie et se nourrissent de différences propres à chaque pays. Cantiques et prières se récitent à la maison, dans les temples ou les mosquées. Bouddhisme et hindouisme réservent une grande place à la vie spirituelle.

L'ALIMENTATION

Les États-Unis sont célèbres pour leurs hamburgers, hot dogs et autres sodas, préparés et servis très rapidement, d'où le nom de *fast food* (restauration rapide). Les fruits et les légumes, cultivés en Californie et en Floride, sont plus diététiques. Au Mexique, la nourriture est très épicée.

La production américaine de cacahuètes est surtout transformée en beurre de cacahuètes.

LA CULTURE

Les émissions et les films américains sont diffusés dans le monde entier. Nombre de styles de musique – rock'n'roll, jazz, blues, country et soul – sont originaires des États-Unis. Tous les ans, le Stampede de Calgary (Canada) fait revivre la tradition du rodéo, tandis qu'au Mexique fêtes et processions religieuses célèbrent les saints.

Figurine d'Elvis Presley, icône du rock'n'roll

Le sirop d'érable est un régal sur les crêpes. Sa production est assurée à 75 % par des érables canadiens.

Un quart de la production mondiale d'oranges vient des États-Unis.

Gant et balle de base-ball

LE SPORT

Le Super Bowl marque l'apogée de la saison de football américain : c'est l'événement le plus regardé à la télévision aux États-Unis. Les matchs de base-ball et de basket-ball sont également très populaires. Le climat canadien, plus froid, se prête plutôt au ski, au patin à glace et au hockey sur glace.

La statue de la Liberté

LES MONUMENTS

Parmi les plus célèbres : la statue de la Liberté à New York, qui accueillait les immigrants venus en bateau ; l'Empire State Building, le plus haut gratte-ciel de la ville ; le mont Rushmore (effigie de quatre présidents des États-Unis sculptées dans la roche). Les vestiges des civilisations aztèque et maya d'Amérique centrale sont beaucoup plus anciens.

Le mont Rushmore

La lame sous la chaussure permet au hockeyeur de glisser sur la glace.

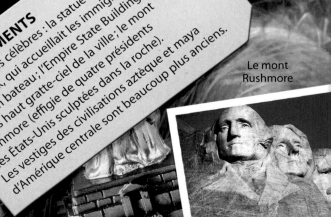

Un groupe de *mariachis*, formation musicale traditionnelle du Mexique

Les montagnes Rocheuses s'étirent de l'Alaska (au nord) à la frontière des États-Unis avec le Mexique (au sud).

LES PAYSAGES

Un tiers du Canada se situe dans le cercle polaire arctique, où il gèle presque toute l'année. Plus au sud, les montagnes Rocheuses enneigées et les Appalaches boisées laissent la place aux prairies (plaines herbeuses). Aux États-Unis cohabitent des plaines, des déserts et des parcs nationaux comme Yellowstone et Yosemite. Au sud s'étirent les plages du Mexique et des Antilles.

Les oscars, les plus prestigieuses récompenses de l'industrie cinématographique, sont décernés lors d'une cérémonie à Hollywood.

L'AMÉRIQUE DU NORD

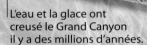

Amérique du Nord

L'eau et la glace ont creusé le Grand Canyon il y a des millions d'années.

Avant l'arrivée des Européens au XVIᵉ siècle, le nord de l'Amérique était peuplé de tribus indigènes. Depuis, les États-Unis et le Canada ont connu d'importantes vagues d'immigration et sont devenus les symboles de la prospérité économique et de la modernité. Les pays d'Amérique centrale, hispanophones, sont les héritiers d'une culture et de traditions très riches ; les paysages y sont magnifiques.

Bison

Serpent *Lampropeltis alterna*, ou « serpent roi »

Au Canada, les bébés phoques naissent avec une épaisse fourrure qui les protège du froid.

Casque de football américain

LA FAUNE

Le nord du Canada abrite plus d'animaux que d'êtres humains (ours, élans et originaux). Bisons, antilopes et cervidés trouvent refuge dans les parcs nationaux des États-Unis. Les Everglades, en Floride, zone humide exceptionnelle, sont riches d'une faune rare (panthères de Floride, lamantins). Serpents et scorpions peuplent le désert brûlant de Sonora, au Mexique.

L'ÉCONOMIE

Les États-Unis ont prospéré grâce à la production de masse : blé, fer, acier, produits électroniques, voitures, avions… La pêche domine sur la côte pacifique (exportation de saumon). Le Canada est le premier producteur de produits dérivés du bois (matériau de construction). Le Mexique possède des gisements de gaz naturel et de pétrole.

Puce informatique fabriquée en Californie, berceau de la microélectronique

Moissonneuse-batteuse récoltant le blé dans les plaines américaines

Cadillac des années 1950

DRM CARS

OCÉAN ARCTIQUE

Mer de Baffin

Groenland (dépend du Danemark)

Détroit de Davis

Baie d'Hudson

Détroit d'Hudson

Mer du Labrador

OCÉAN ATLANTIQUE

HAÏTI

RÉPUBLIQUE DOMINICAINE

Antilles

L'AGRICULTURE

Le Brésil produit un quart du café mondial. Le climat équatorien se prête à la culture des tomates et des bananes. Au Chili et au Pérou, les collines sont aménagées en terrasses cultivées ; les pommes de terre poussent sur les hauts versants des Andes, le maïs est semé à plus basse altitude.

Grains de café

Avec la sève de l'hévéa de la forêt amazonienne, on fabrique du caoutchouc.

Noix du Brésil

Banane

LA CULTURE

La musique et la danse sont au cœur de la culture sud-américaine. Cinq jours durant, de Rio de Janeiro à la samba enflamme le rythme traditionnel carnaval et de défilés spectaculaires. Les matchs de football disputés dans les rues et sur les plages sont également très populaires.

Le tango est né en Argentine, dans les quartiers pauvres de Buenos Aires, au XIXᵉ siècle.

En 2002, le Brésil a remporté pour la cinquième fois la coupe du monde de football : un record.

À la saison des pluies, l'Amazone en crue inonde une grande partie de la forêt tropicale.

LA FAUNE

La forêt amazonienne, la plus grande du monde, abrite des dizaines de milliers d'espèces animales. Jaguars, paresseux et tapirs vivent à l'ombre de la canopée ; au sol grouillent les serpents, les lézards et les insectes. Des toucans multicolores et des martins-pêcheurs où nagent des aras au-dessus de l'Amazone plannent et tortues. dauphins et tortues.

Les chutes Salto Angel, au Venezuela, sont les plus hautes chutes d'eau du monde (979 m).

La nuit, la rainette aux yeux rouges part à la chasse aux insectes.

Avec son gros bec, le toucan arrache les fruits des arbres.

La Patagonie, au sud du continent, est célèbre pour ses glaciers spectaculaires.

Le piranha, poisson carnivore aux dents acérées, peuple les rivières sud-américaines.

LES PAYSAGES

L'Amérique du Sud groupe trois milieux naturels contrastés. À l'ouest, les sommets vertigineux des Andes surplombent le littoral pacifique ; au nord-est, la forêt tropicale amazonienne couvre la moitié du Brésil ; au sud enfin s'étire l'immense étendue herbeuse de la pampa (« plaine » en quechua).

Amérique du Sud

OCÉAN ATLANTIQUE

Mer des Antilles

TRINITÉ-ET-TOBAGO

VENEZUELA

GUYANA

SURINAME

Guyane (France)

BRÉSIL

COLOMBIE

ÉQUATEUR

PÉROU

Équateur

Golfe de Darién

PANAMA

Golfe de Panamá

L'AMÉRIQUE DU SUD

La richesse de son histoire, de sa langue et de sa culture font de l'Amérique du Sud un ensemble fascinant. La nature règne en maître dans la forêt tropicale amazonienne. Les civilisations anciennes ont profondément marqué les Andes, avec le site du Machu-Picchu. L'influence coloniale de l'Espagne et du Portugal reste palpable dans la langue. Les fêtes résonnent du rythme de la samba et du tango.

LES INCAS

Les architectes de la dernière grande civilisation de l'Amérique précolombienne bâtirent Cuzco au XIIᵉ siècle. Trois siècles plus tard, leur empire s'étendait jusqu'en Équateur, englobant le Pérou et le Chili. Attirés par les richesses de la région, les Espagnols y implantèrent des colonies dès 1532 et mirent fin au règne inca.

Boucle d'oreille chimú, un peuple amérindien conquis par les Incas

Poupée péruvienne artisanale en laine de lama ou d'alpaga

On extrait des feuilles de maté une boisson très appréciée, qui se déguste à l'aide d'une pipette.

La viande de bœuf argentine est réputée bien au-delà de ses frontières.

L'ALIMENTATION

Ingrédient de base, le maïs sert à fabriquer du pain et des gâteaux garnis de viande ou de fromage. La population consomme aussi pommes de terre, courges, riz et diverses variétés de haricots. Les Péruviens apprécient les épices et les piments.

L'amaryllis pousse au Pérou et au Chili et donne de grosses fleurs très colorées.

LA FLORE

La pampa – l'un des plus riches pâturages de la planète – occupe 60 % de la superficie du continent, quand la forêt amazonienne abrite quelque 6000 espèces végétales. Sur les reliefs gréseux du Venezuela et dans le désert d'Atacama, au Chili, s'épanouissent des plantes qui se sont adaptées au manque d'eau.

Cactus cardon

Tropique du Capricorne

OCÉAN ATLANTIQUE

OCÉAN PACIFIQUE

BOLIVIE

PARAGUAY

URUGUAY

CHILI

ARGENTINE

Rio de la Plata

Golfe San Jorge

Golfe de Peñas

Bahía Grande

Îles Falkland (Îles Malouines) (GB)

Le tennisman suisse Roger Federer remporte le célèbre tournoi de Wimbledon, à Londres.

LE SPORT

Les équipes de football d'Allemagne, de France et d'Italie se classent parmi les meilleures du monde. On joue au football et au rugby tout au long de l'année. Le tennis et la pétanque se pratiquent plutôt l'été. Les stations de ski des Alpes sont très fréquentées en hiver.

Le Tour de France, la course cycliste la plus importante du monde, s'est tenu pour la première fois en 1903.

Cette célèbre cloche est située dans la tour de l'Horloge du Parlement britannique.

Le Portugal est l'un des spécialistes européens de la pêche hauturière (en haute mer).

L'Allemagne est l'un des premiers producteurs d'automobiles du monde.

Les compétitions de formule 1 sont très populaires en Europe.

La sidérurgie est florissante en Europe de l'Est.

La culture des fleurs, les tulipes surtout, est un secteur important de l'économie néerlandaise.

En Grèce, l'essentiel des terres cultivables est consacré aux oliviers.

L'ÉCONOMIE

Production automobile et technologies de pointe : l'Allemagne est la première nation industrielle du continent. La sylviculture est le point fort de la Finlande et de la Suède, la pêche (morue) celui de l'industrie norvégienne et islandaise.

ISLANDE

Europe

NORVÈGE

SUÈDE

FINLANDE

Shetland

Orcades

Îles Hébrides

ÉCOSSE

Gotland

Mer du Nord

ESTONIE

IRLANDE DU NORD

Île de Man (G.-B.)

IRLANDE

GRANDE-BRETAGNE

DANEMARK

Mer Baltique

LETTONIE

LITUANIE

RUSSIE (Kaliningrad)

PAYS DE GALLES

ANGLETERRE

PAYS-BAS

BIÉLORUS

Îles Anglo-Normandes

Manche

BELGIQUE

ALLEMAGNE

POLOGNE

LUXEMBOURG

RÉPUBLIQUE TCHÈQUE

Golfe de Gascogne

FRANCE

SLOVAQUIE

SUISSE

AUTRICHE

HONGRIE

MOLDA

LIECHTENSTEIN

SLOVÉNIE

ROUMANIE

PORTUGAL

ESPAGNE

ANDORRE

MONACO

Corse

CROATIE

SAINT-MARIN

ITALIE

BOSNIE-HERZÉGOVINE

MONTÉNÉGRO

SERBIE

BULGARIE

ALBANIE

MACÉDOINE

Majorque

Minorque

Ibiza

Gibraltar (G.-B.)

Ceuta (Espagne)

Sardaigne

Îles Baléares

Mer Tyrrhénienne

Mer Égée

GRÈCE

Melilla (Espagne)

Mer Méditerranée

Sicile

Mer Ionienne

Malte

LES VILLES

On trouve souvent des châteaux et des cathédrales dans les villes. Le centre de Prague, capitale tchèque, est inscrit sur la liste du Patrimoine mondial de l'Unesco. Paris et Milan sont les capitales de la mode, tandis que Londres et Genève, centres financiers, figurent parmi les villes les plus riches du monde.

Les fjords de Norvège, l'un des paysages les plus photographiés d'Europe

LES PAYSAGES

L'Europe offre de nombreux contrastes. Aux glaciers islandais et aux fjords de Norvège s'opposent les chaînes montagneuses des Alpes et des Pyrénées. Le bassin méditerranéen, bordé de plages de sable, est riche en terres fertiles.

Volcan toujours en activité, le Vésuve se dresse à 1 280 m d'altitude (Italie).

L'EUROPE

Petite par sa taille, l'Europe a été grande par son pouvoir. Ses habitants ont parcouru la planète pour y bâtir des empires. La domination sans partage de l'Europe est révolue, mais son influence demeure palpable dans le monde entier à travers les pratiques linguistiques, l'architecture et la culture. La croissance industrielle et la puissance des groupes financiers contribuent à la prospérité des 45 pays du continent, où le niveau de vie demeure élevé.

Mer de Barents

La Russie compte de prestigieuses compagnies de ballet, comme celles du Bolchoï (Moscou) et du Mariinski (Saint-Pétersbourg).

Sculpture en bronze du sculpteur britannique Henry Moore

FÉDÉRATION DE RUSSIE

KAZAKHSTAN

Entre 1888 et 1889, le Néerlandais Vincent Van Gogh a peint une série de sept tableaux, les *Tournesols*, des toiles parmi les plus célèbres du monde.

LA CULTURE

L'héritage culturel européen est prodigieux : littérature, art, musique, opéra, danse… Le continent a vu naître les plus grands écrivains, peintres, compositeurs, danseurs dont les œuvres ont enchanté le monde. Musées, théâtres, opéras et galeries des grandes villes sont très fréquentés.

UKRAINE

Mer d'Azov

Mer Caspienne

La paella est une spécialité espagnole à base de riz, de viande et de fruits de mer.

GÉORGIE

Mer Noire

AZERBAÏDJAN

TURQUIE

Spécialités de Bretagne, les crêpes se dégustent salées ou sucrées.

L'ALIMENTATION

Pizzas et pâtes sont incontournables en Italie. France rime avec fromages de caractère, viandes en sauce et bons vins. Les Allemands apprécient les saucisses fumées, les Espagnols la paella, leur spécialité. La Belgique est réputée pour ses chocolats, ses moules et ses frites.

Les moules sont très appréciées en France et en Belgique.

201

LA CULTURE

L'héritage culturel des premiers habitants de cette région du monde est considérable. En Australie, les Aborigènes ont un profond respect pour la nature. Les Maoris de Nouvelle-Zélande pratiquent encore le haka, une danse guerrière traditionnelle. Les Polynésiens des îles du Pacifique respectent profondément les valeurs familiales.

Les motifs aborigènes s'inspirent des formes présentes dans la nature.

Les statuettes en bois de Polynésie sont ornées de symboles religieux et mythiques.

Les Maoris bénissent leurs outils pour s'assurer de leur bon fonctionnement.

LE SPORT

Le climat permet aux Océaniens de pratiquer un grand nombre de sports de plein air. Le cricket, le rugby et le golf sont très prisés, tout comme la voile et le surf en bord de mer. Les matchs de tennis, de cricket et de rugby sont très suivis. La réputation des équipes nationales de cricket en Australie et de rugby en Nouvelle-Zélande n'est plus à faire.

La veuve noire, araignée au venin mortel, est répandue dans l'ouest de l'Australie.

LA FAUNE

Les plus connus des animaux d'Australie sont les marsupiaux (mammifères qui gardent leurs petits dans une poche abdominale) : kangourous, koalas, wombats. Le continent abrite aussi de nombreuses espèces d'oiseaux locaux, comme le kookaburra et l'émeu, mais aussi les plus dangereux serpents et araignées de la planète.

Koalas

MICRONÉSIE

PALAU

Nouvelle-Guinée

Kangourous

Petit lézard au corps couvert d'écailles épineuses, le moloch vit dans le désert et change de couleur selon son environnement.

AUSTRALI

Grâce aux réserves d'eau de leur tronc, les baobabs peuvent survivre en période de sécheresse.

LA FLORE

L'Océanie abrite une grande variété d'arbres et de plantes que l'on ne trouve pas ailleurs. C'est le cas de près de 80 % de la végétation de la Nouvelle-Zélande. La quasi-totalité des eucalyptus est originaire d'Australie. L'intérieur de ce pays est désertique, mais des arbres, des plantes et des champignons poussent dans les forêts pluviales.

Prune du Kakadu

Les feuilles d'eucalyptus constituent la nourriture de base des koalas.

L'ÉCONOMIE

Du fait de ses pâturages, la Nouvelle-Zélande est un grand éleveur d'ovins. Elle exporte laine, viande et lait. Dotée de nombreuses ressources naturelles (minerai de fer, étain, argent, diamants), l'Australie exporte de grandes quantités de charbon. Le cuivre et l'or sont les principales richesses de la Papouasie-Nouvelle-Guinée.

Les Wallabies, équipe de rugby d'Australie

Uluru, immense monolithe de grès, est un site sacré des Aborigènes.

DES CURIOSITÉS NATURELLES

Des geysers et des glaciers de Nouvelle-Zélande aux barrières de corail et aux littoraux d'Australie, en passant par les innombrables îles volcaniques du Pacifique, la région offre une grande variété de curiosités naturelles. Parmi les plus impressionnantes : la montagne d'Uluru et les geysers de Nouvelle-Zélande.

ÎLES MARSHALL

KIRIBATI

KIRIBATI

NAURU

TUVALU

Tokelau (N.-Z.)

Îles Cook (N.-Z.)

SAMOA

Polynésie française (France)

ÎLES SALOMON

TONGA

Niue (N.-Z.)

VANUATU

FIDJI

L'île du Nord, en Nouvelle-Zélande, abrite de nombreux geysers (sources d'eau chaude jaillissantes).

Dans la région de Brisbane, la Sunshine Coast déroule 60 km de plages.

Îles de la mer de Corail (Australie)

Nouvelle-Calédonie (France)

L'OCÉANIE

L'Australie, la Nouvelle-Zélande, la Papouasie-Nouvelle-Guinée et les îles du Pacifique se trouvent dans l'hémisphère Sud. Les 14 pays de la zone sont des États insulaires ; ils ont de ce fait une faune unique et une nature largement préservée. Les premiers habitants de l'Australie sont venus d'Asie du Sud-Est il y a des milliers d'années. Les colons européens sont arrivés à partir du XVIIIe siècle. La région compte aujourd'hui 31 millions d'habitants.

Diamants

NOUVELLE-ZÉLANDE

Île Kangaroo

Tasmanie

@ ▶▶
Australasie

Pépite d'or

Les «Trois Sœurs», dans les Blue Mountains (Australie) : une étonnante formation rocheuse

LE TOURISME

L'Australie et la Nouvelle-Zélande attirent toute l'année les touristes grâce à leur climat chaud et à leurs paysages magnifiques. Des villes animées comme Sydney et Auckland offrent des activités balnéaires et culturelles. L'Opéra de Sydney est l'une des constructions les plus connues de la cité.

On dénombre 45 millions de moutons en Nouvelle-Zélande, plus de 10 par habitant !

L'Opéra de Sydney

LA RECHERCHE

Il y a environ 40 bases scientifiques permanentes et 100 bases scientifiques temporaires en Antarctique. Les scientifiques étudient le climat, la faune et la géologie de la région. Parmi leurs travaux : l'observation des manchots et celle d'échantillons de glace pour analyser les changements climatiques.

La base scientifique Amundsen-Scott doit son nom à deux célèbres explorateurs qui rivalisèrent pour atteindre le pôle Sud en 1911.

Grâce aux télescopes de la base scientifique de Concordia, les astronomes peuvent observer le ciel particulièrement dégagé de la région.

LE TOURISME

Depuis les années 1950, des touristes se rendent en Antarctique à bord de bateaux de croisière. Aujourd'hui, près de 10 000 personnes visitent la région chaque été. Elles arrivent par la mer ou font un tour en avion au-dessus du pôle Sud, le point le plus méridional de la Terre. Ce tourisme pour personnes aisées perturbe la faune et pollue la région.

Les touristes dorment sur les bateaux de croisière, car il n'y a pas d'hôtels…

L'ANTARCTIQUE

Découvert en 1820, l'Antarctique occupe une superficie de 14 millions de kilomètres carrés, dont 97 % sont couverts de glace. Sur le continent le plus froid de la Terre, la température peut descendre jusqu'à -89 °C, et la peau d'un homme geler en quelques secondes. Cependant, grâce au travail de scientifiques bien équipés pour faire face à ces conditions extrêmes, la connaissance de la région progresse.

Les manchots empereurs sont les plus grands des sphéniscidés ; ils vivent en vastes colonies, ce qui leur permet de supporter les rigueurs du climat.

Malgré son nom, le phoque mangeur de crabe se nourrit de krill (petits crustacés marins).

LA FAUNE

Survivre en Antarctique est un défi pour les animaux. On trouve des poissons, des phoques et des baleines dans les eaux de la région. La péninsule antarctique, dont le climat est le plus clément de la région, compte le plus d'animaux. En été, des millions d'oiseaux, phoques et d'oiseaux viennent s'y reproduire.

Les baleines à bosse, mammifères très sociables, vivent et voyagent généralement en groupes.

Situé sur l'île de Ross, le mont Erebus est le volcan en activité le plus au sud de la Terre.

LES PAYSAGES
Des eaux aux couleurs extraordinaires, des glaciers aux pentes abruptes, des icebergs pouvant mesurer jusqu'à 200 km de long : voici les principales caractéristiques de cette géographie unique. Le continent est divisé en deux par les monts Transantarctiques qui s'étirent sur 3 500 km.

Les barrières de glace se forment là où un glacier rejoint la surface océanique. La barrière de Ross est la plus grande de l'Antarctique.

Banquise de Fimbul

Mer Riiser-Larsen

Mer de Scotia

Terre de la Reine-Maud

Terre Enderby

Banquise de Brunt

Mer de Weddell

Terre de Coats

Terre Kemp

Péninsule Antarctique

Banquise de Larsen

Banquise de Filchner

Terre Mac Robertson

Banquise d'Amery

Banquise de Wilkins

Banquise de Ronne

Terre de la Princesse-Élisabeth

Banquise Ouest

Mer de Bellinghausen

Océan Indien

ANTARCTIQUE

Pôle Sud

Banquise de Shackleton

Terre de Wilkes

Baie de Vincennes

Banquise de Ross

Terre Adélie

Baie Porpoise

Terre George-V

Mer Dumont d'Urville

Les scientifiques prélèvent des carottes de glace pour étudier le réchauffement climatique.

LE CLIMAT
L'hiver, l'océan Antarctique est pris par les glaces et la calotte glaciaire double presque de superficie. Avec moins de 5 cm de neige chaque année, la région est plus sèche que le désert du Sahara ! Les vents qui peuvent souffler à plus de 300 km/h en font aussi la région la plus venteuse.

LES DRAPEAUX

À l'origine, les drapeaux, portés par les chefs militaires, servaient de signes de reconnaissance et de ralliement aux soldats. Aujourd'hui, ils symbolisent un pays et sont arborés sur les édifices officiels lors de grands événements. Pour les citoyens et les organisations d'un État, ils sont un signe d'identité, de fierté et d'unité. Il existe aussi des drapeaux qui servent à marquer le départ des courses, à honorer les morts ou encore à envoyer des messages d'un bateau à l'autre.

@▶▶
Drapeau

Arabie saoudite

Canada

Norvège

Bhoutan

Australie ❶

Danemark

Corée du Sud ❷

Inde ❸

Chili

États-Unis ❹

Japon

Philippines

Islande

KAZAKHSTAN

Kazakhstan

Kenya ❺

Somalie

Mexique ❻

Allemagne

❼

PERU

PERU

Pérou

PHILIPPINES PHILIP

❽ Irlande

Espagne ⑨

Portugal

Nouvelle-Zélande

Jamaïque ⑩

NEW ZEALAND

Afrique du Sud

Guyana

Sainte-Lucie

Colombie

BELIZE

Belize

Chine

Fédération de Russie

Uruguay

Suède

⑧ **IRLANDE**
L'Irlande s'est dotée de ce drapeau en 1919. L'orange représente les protestants, le vert, les catholiques, le blanc, la paix entre les deux communautés religieuses.

③ **INDE**
Le chakra d'Ashoka («roue de la loi») figure au centre du drapeau tricolore de l'Inde. Il symbolise l'espoir que le pays saura continuer à aller de l'avant tout en demeurant pacifique.

⑥ **MEXIQUE**
Ces couleurs, qui ont traditionnellement des connotations religieuse et militaire, incarnent ici l'espoir (vert), l'unité (blanc) et le sang des héros (rouge). Au centre : un aigle dévorant un serpent, symbole de l'héritage aztèque.

⑨ **ESPAGNE**
Créé en 1981, ce «jeune» drapeau est orné, sur la gauche, des armoiries de l'Espagne qui comprennent le sceau royal.

① **AUSTRALIE**
On reconnaît ici le drapeau britannique, l'étoile du Commonwealth (dont les pointes symbolisent les États de l'Australie) et la constellation de la Croix du Sud (uniquement visible dans l'hémisphère Sud).

④ **ÉTATS-UNIS**
La bannière compte 50 étoiles qui représentent les États de l'Union. Les rayures rouges et blanches symbolisent les 13 colonies qui se révoltèrent contre la domination britannique en 1775.

⑦ **ALLEMAGNE**
Au XIXᵉ siècle, pendant la lutte contre l'occupation napoléonienne, les soldats prussiens des corps francs du baron von Lützow portaient des uniformes noirs ornés de galons rouges et de boutons dorés. Ces couleurs sont devenues les couleurs officielles du pays.

⑩ **JAMAÏQUE**
Le drapeau de cet État des Antilles figure une croix jaune en diagonale représentant le soleil, le vert incarne la terre fertile, le noir, la force et la créativité.

② **CORÉE DU SUD**
Le symbole rouge et bleu du yin et du yang illustre le principe chinois selon lequel tout, dans l'Univers, a un contraire. Les quatre trigrammes représentent les idéaux d'équilibre, de circulation, d'harmonie et de symétrie.

⑤ **KENYA**
Depuis 1963, le drapeau du Kenya est décoré d'un bouclier et de lances semblables à ceux des Masai. Le symbole traduit la volonté du pays de défendre sa liberté.

Pays-Bas

Brésil

France

Royaume-Uni

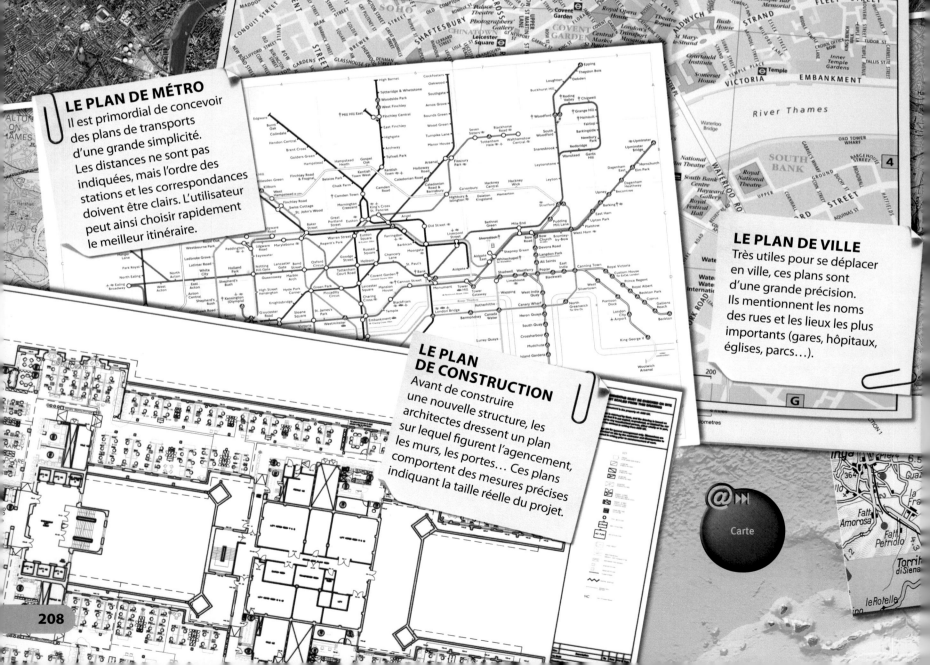

LES CARTES

Les cartes sont des représentations pratiques et en deux dimensions du monde qui nous entoure. Certaines décrivent les aspects physiques de la Terre et les frontières entre les pays. D'autres présentent en détail les routes et les rues, ou encore les réseaux de transports urbains. L'échelle permet de connaître les distances réelles, et la légende donne l'interprétation des symboles.

L'IMAGE SATELLITE

Les satellites envoyés dans l'espace permettent de photographier notre planète avec de nombreux détails. Placés en orbite à des milliers de kilomètres au-dessus de la Terre, ils détectent les changements au sol, dans les océans et dans l'atmosphère.

LE PLAN DE MÉTRO

Il est primordial de concevoir des plans de transports d'une grande simplicité. Les distances ne sont pas indiquées, mais l'ordre des stations et les correspondances doivent être clairs. L'utilisateur peut ainsi choisir rapidement le meilleur itinéraire.

LE PLAN DE VILLE

Très utiles pour se déplacer en ville, ces plans sont d'une grande précision. Ils mentionnent les noms des rues et les lieux les plus importants (gares, hôpitaux, églises, parcs…).

LE PLAN DE CONSTRUCTION

Avant de construire une nouvelle structure, les architectes dressent un plan sur lequel figurent l'agencement, les murs, les portes… Ces plans comportent des mesures précises indiquant la taille réelle du projet.

Carte

LA CARTE GÉOLOGIQUE

Les types de roche y sont représentés par différentes couleurs. Les géologues se servent de ces cartes pour repérer certaines matières premières ; les ingénieurs s'assurent grâce à elles de la nature des sols avant de construire les fondations de leurs ouvrages.

LA CARTE MARINE

Les cartes nautiques des zones côtières ou océaniques s'appellent des cartes marines. Elles renseignent sur les marées, les courants, les profondeurs, les phares, les balises, les dangers et les fonds marins.

LA CARTE POLITIQUE

Elle montre les frontières entre les États. Les différents pays sont figurés par des couleurs distinctes, de manière à marquer les séparations. Les grandes villes, les rivières, les mers et les océans sont également indiqués.

LA CARTE ROUTIÈRE

Précieuse pour les automobilistes, ce type de carte est le plus utilisé. Couvrant une zone bien plus vaste que le plan de ville, elle combine des couleurs et des traits différents pour représenter le réseau routier et ses divers types de routes.

LA CARTE PHYSIQUE

Elle indique les éléments naturels permanents, comme les déserts, les montagnes, les lacs, les rivières, les océans et les reliefs. Certaines cartes, plus détaillées, représentent aussi les types de sols et leur usage.

LES ALLIANCES

À travers le monde, des groupes de personnes ou des pays se rassemblent autour de causes communes, formant ainsi des alliances. Dotées d'une assise financière et d'une influence internationale, ces alliances œuvrent selon les buts qu'elles se sont fixés.

L'ONU ▲

L'Organisation des Nations unies a été créée en 1945, après la Seconde Guerre mondiale, pour promouvoir la paix dans le monde. Aujourd'hui, elle joue aussi un rôle en matière de droits de l'homme, de développement économique et de lutte contre les maladies.

INTERPOL ▶

Créé en 1923, Interpol met en œuvre la coopération entre les forces de police des différents pays dans les affaires criminelles internationales.

LA BANQUE MONDIALE ▲

Fondée en 1945 pour aider à reconstruire l'Europe dévastée par la guerre, elle fournit aujourd'hui une assistance financière et technique aux pays les plus pauvres.

L'OTAN ▶

L'Organisation du traité de l'Atlantique Nord a été créée en 1949 dans le but de protéger la sécurité de ses membres américains et européens.

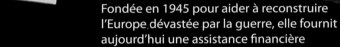

▲ L'OMC

Fondée en 1995, l'Organisation mondiale du commerce est la seule organisation à réglementer le commerce international.

L'OCI ▶

L'Organisation de la conférence islamique a été créée en 1969 afin de défendre les intérêts des pays musulmans. Elle compte aujourd'hui 57 membres.

L'OPEP ▶

L'Organisation des pays exportateurs de pétrole, créée en 1960, groupe 13 des plus grands producteurs de pétrole. Elle a pour objet de coordonner leurs politiques pétrolières.

@ ▶▶
Union
européenne

L'UE ▲

L'Union européenne
compte 27 États membres.
Elle a été fondée en 1992 pour assurer
la libre circulation des hommes, des services,
des flux financiers et des marchandises entre
les pays membres. Elle a succédé à la communauté
économique européenne (CEE) créée en 1957.

LA FRANCOPHONIE ▲

Près de 200 millions de
personnes dans le monde
parlent français. En 1970,
un groupe de pays
francophones a créé cette
alliance pour promouvoir
la langue et la culture
françaises.

LA CEI ▶

La Communauté des États
indépendants est née
en 1991. Elle coordonne
la politique économique
et étrangère des 12 pays
nés après la dissolution
de l'URSS.

L'UNION LATINE ▼

Des langues telles que l'italien,
l'espagnol et le français sont issues
du latin. Cette alliance a été créée
en 1954 pour préserver et mettre
en valeur l'héritage commun
des pays de langue latine.

◀ L'UNION AFRICAINE

Établie en 2000 dans la
volonté de lutter contre
les conflits et la pauvreté
sur le continent africain,
elle compte aujourd'hui
53 membres. Son siège est
en Éthiopie.

UNIÓ LLATINA
UNIÓN LATINA
UNION LATINE
UNIONE LATINA
UNIÁO LATINA
UNIUNEA LATINÁ

L'ANASE ▶

Fondée en 1967 par la Thaïlande,
l'Indonésie, la Malaisie, Singapour
et les Philippines, l'Association
des nations de l'Asie du Sud-Est
comprend 10 membres. Elle
promeut le développement
économique et la paix
entre ses membres.

L'ÉCONOMIE

Depuis l'apparition de l'agriculture, au néolithique, les fermiers vendent leurs produits sur les marchés où les clients viennent les acheter après avoir discuté le prix. Aujourd'hui, l'offre en matière de biens est immense mais les principes de base restent les mêmes. Des individus travaillent pour fabriquer ou distribuer des produits destinés à des consommateurs. La vie économique s'organise autour de ce système de production, de distribution et de consommation.

Ces parapluies à orteils peuvent sembler inutiles. Cependant, si on observe une demande portant sur ce type d'article, on en fabriquera.

L'OFFRE ET LA DEMANDE
Une économie fonctionne parce que des personnes fournissent des biens et des services à d'autres personnes disposées à payer en échange. Lorsque la demande est importante, le prix de ces biens et de ces services augmente, mais si l'offre s'accroît, les prix baissent afin de stimuler la demande.

LA PRODUCTION
Dans tous les pays, on utilise des matières premières et on fabrique des biens destinés à être vendus. La maximisation du profit passe par la réduction des coûts de fabrication, la maîtrise des salaires et l'utilisation de moyens de production performants. L'économie se développe lorsque la production augmente.

L'ÉCONOMIE TRADITIONNELLE
Dans les pays les moins riches, l'économie traditionnelle domine. Les gens produisent quelques biens pour leur consommation personnelle et vendent le surplus. Les agriculteurs cultivent des fruits et des légumes pour nourrir leur famille et écoulent le reste sur des marchés locaux.

LE TRAVAIL DOMESTIQUE
Le travail non rémunéré effectué à la maison n'est pas comptabilisé en économie. Il le serait uniquement si une femme de ménage était rétribuée pour le faire.

ÉCONOMIE PLANIFIÉE ET ÉCONOMIE MIXTE

Dans une économie planifiée, l'État contrôle l'activité économique du pays. Dans une économie mixte, certains secteurs, comme la santé ou les transports, peuvent être publics et gérés par l'État, mais le reste relève de l'initiative privée.

LES MATIÈRES PREMIÈRES

Certains produits servent à en fabriquer d'autres. C'est le cas des matières premières ou des produits semi-finis comme l'acier, le charbon, le bois, le papier. Il est souvent difficile de les distinguer dans le produit fini.

LES BIENS DE CONSOMMATION

Les fabricants de biens de consommation doivent connaître les attentes du public afin de proposer des produits qui auront du succès et dont la vente leur permettra de réaliser des profits. Il existe de vastes gammes de produits – voitures, vêtements, jouets, aliments… – pour satisfaire les besoins de tous les consommateurs ou en susciter d'inutiles.

@ ▷▷
Économie

Drapeau allemand

En temps de guerre, les gouvernements peuvent appeler les citoyens à se battre.

LES MANIFESTATIONS ▼

Lorsqu'ils ne sont pas d'accord avec les actions ou les choix de leur gouvernement, les citoyens se rassemblent pour organiser une manifestation publique en signe de protestation. Ils font entendre leurs revendications en espérant faire changer les choses.

LA CITOYENNETÉ ▲

Elle s'obtient souvent par le fait d'être né dans un pays. Être citoyen donne le droit de vote et garantit une protection de l'État. Mais la citoyenneté implique aussi des devoirs. Les citoyens sont tenus de respecter les lois de leur pays. Les immigrés et les réfugiés peuvent aussi obtenir la nationalité du pays où ils sont venus pour diverses raisons.

L'ÉTAT

Au cours de l'histoire, les pays ont connu différents types de gouvernement. Autrefois, la plupart avaient à leur tête des rois dotés d'un pouvoir absolu. Avec l'avènement de la démocratie, le pouvoir est, de manière indirecte, exercé par le peuple qui élit ses dirigeants.

Des manifestants devant le palais présidentiel aux Philippines, en 2007.

Le passeport, document officiel émis par l'État, permet à chaque citoyen de voyager à l'étranger.

Les manifestants utilisent souvent des mégaphones pour se faire entendre.

LE CORPS LÉGISLATIF ▶

Dans les États, des représentants élus sont chargés de voter les lois. Celles-ci sont élaborées en concertation avec le gouvernement, dont elles traduisent les orientations. Une fois promulguées, les lois s'appliquent à tous les citoyens.

Aux États-Unis, le Congrès vote les lois.

La masse de cérémonie, conservée dans la Chambre des communes du Royaume-Uni, symbolise l'autorité de l'assemblée.

À la Chambre des communes, les députés britanniques discutent les lois et la politique du gouvernement.

@ ▶▶
État

Les urnes sont des boîtes fermées dans lesquelles les citoyens déposent leur bulletin de vote par une fente.

Dans certains pays, comme la Grande-Bretagne, les juges portent des perruques.

◄ **LA LOI ET L'ORDRE**
Les juges sont chargés d'arbitrer les conflits et de prononcer, au nom de la société, des peines qui s'appliquent aux personnes ayant enfreint les lois. Les forces de police sont responsables du maintien de l'ordre.

LES DÉMOCRATIES ▲
Dans les sociétés démocratiques, les citoyens votent en faveur des représentants des partis dont ils soutiennent le programme. Le parti qui remporte la majorité aux élections forme le nouveau gouvernement.

Dans certains pays, les membres des partis politiques peuvent porter des rosettes pour indiquer leur appartenance lors des campagnes électorales.

Képi de la police italienne

Les juges américains ou anglais utilisent un marteau pour réclamer le silence dans la salle d'audience.

Sceau présidentiel des États-Unis

En Amérique du Sud, les présidents portent des écharpes en symbole de leur pouvoir (ici, Michelle Bachelet, au Chili).

◄ **LES MONARCHIES**
Autrefois, la plupart des pays étaient gouvernés par un roi ou une reine, dont les décisions avaient force de loi. Aujourd'hui, certains États sont toujours des monarchies, mais leurs souverains ont surtout un rôle de représentation. Un gouvernement issu de la majorité parlementaire est généralement en charge des affaires du pays.

Cette couronne ornée de pierres précieuses fut portée par la reine de Grande-Bretagne et d'Irlande Victoria lors de son couronnement en 1838.

Ce sceau impérial chinois figure un dragon gardant une perle, représentation de la sagesse.

LES RÉPUBLIQUES ▲
Les pays dirigés par des présidents et non des rois ou des reines sont des républiques. Selon les cas, le président peut être élu directement par les citoyens ou désigné par le corps législatif.

ABRAHAM LINCOLN ▶
Fervent opposant à l'esclavage, il conduisit les États de l'Union à la victoire durant la guerre de Sécession (1860-1865). Son discours à Gettysburg sur l'égalité entre les hommes est l'un des plus importants de l'histoire américaine.

JAMES GARFIELD ▼
Ancien général, le vingtième président des États-Unis fut assassiné en 1881, moins de quatre mois après son accession au pouvoir.

BENJAMIN HARRISON ▼
C'est pendant son mandat (1889-1893) que l'électricité fut installée à la Maison-Blanche. Sa femme ne touchait pas les interrupteurs de peur de s'électrocuter !

LES PRÉSIDENTS DES ÉTATS-UNIS

Superpuissance mondiale, les États-Unis sont dirigés par un président qui est de fait considéré comme l'un des hommes les plus puissants du monde. Partout, les élections américaines sont suivies avec attention. Le président est élu pour quatre ans et peut exercer deux mandats depuis 1951.

▲GROVER CLEVELAND
Au pouvoir de 1885 à 1889 et de 1893 à 1897, il est le seul président à avoir effectué deux mandats non consécutifs. Sa seconde présidence fut marquée par des grèves dans l'industrie.

◀ HERBERT HOOVER
La présidence de Hoover fut marquée par la crise de 1929 et l'opposition à la prohibition (interdiction de l'alcool). Il ne fut pas réélu.

▲ FRANKLIN D. ROOSEVELT
Fait unique dans l'histoire américaine, « FDR » exerça quatre mandats entre 1933 et 1945. Sa politique de New Deal permit aux États-Unis de sortir de la crise de 1929. Il fit aussi entrer le pays dans la Seconde Guerre mondiale.

HARRY TRUMAN ▲
À la tête du pays dans le contexte difficile de l'après-guerre, il dut faire face au début de la guerre froide (période de tensions avec l'URSS) et à la guerre de Corée (1950-1953).

Président américain

▲GERALD FORD
Seul président à n'avoir pas été élu, il avait remplacé le vice-président en 1973, puis le président Nixon qui démissionna en 1974 à la suite de l'affaire du Watergate.

▲JIMMY CARTER
Son mandat (1977-1981) se déroula dans un contexte de crise : récession sur le plan intérieur, enlèvement de citoyens américains en Iran.

◀ RONALD REAGAN
Il survécut à une tentative d'assassinat peu de temps après son arrivée au pouvoir en 1981. Parmi les mesures de son mandat : la réduction des impôts, le renforcement de la défense nationale, l'amélioration des relations avec l'Union soviétique.

OUR COUNTRY'S CHOICE

DEMOCRATIC NOMINEES

GROVER CLEVELAND

THOMAS A. HENDRICKS

THEODORE ROOSEVELT ▶
À l'origine du «Square Deal» pour tous, ce président (1901-1909) réformateur et diplomate prit aussi de courageuses positions en matière de lutte pour l'environnement.

◀ **CALVIN COOLIDGE**
Selon lui, le gouvernement ne devait pas s'immiscer dans la vie des citoyens. Président (1923-1929) peu loquace, il fut surnommé «Cal le Silencieux».

WILLIAM McKINLEY ▶
Premier à avoir utilisé des méthodes publicitaires pour sa campagne, il fut élu en 1896 en promettant de taxer les produits étrangers.

OUR PRESIDENT
DEEDS - NOT WORDS

FOR '56

THINK
Don't let this happen to YOU!
VOTE FOR IKE

DWIGHT EISENHOWER ▲
Appelé «Ike Eisenhower», il fut pendant son mandat (1953-1961) le soutien du maccartisme, une chasse aux présumés communistes.

KENNEDY FOR PRESIDENT

LEADERSHIP FOR THE 60's

JOHN F. KENNEDY ▲
Élu en 1961 à l'âge de 44 ans, «JFK», le plus jeune président américain, suscita beaucoup d'espoirs. Son assassinat en 1963 laissa le pays en état de choc.

NIXON   AGNEW

RICHARD NIXON ▲
En 1974, il dut renoncer à ses fonctions après le scandale du Watergate (espionnage du parti d'opposition). C'est le seul président à avoir démissionné.

BUSH QUAYLE 1988

GEORGE BUSH ▲
Élu en 1989, il prit la tête de la coalition dans la guerre du Golfe (1990-1991), réponse à l'invasion du Koweït par l'Iraq.

CLINTON
A CURE FOR THE BLUES

BILL CLINTON ▲
Président (1993-2001) dans un contexte de croissance économique, il est resté populaire malgré son échec pour instaurer une assurance maladie pour tous.

PROSPERITY
PROTECTION
GEORGE W. BUSH
INTEGRITY

GEORGE W. BUSH ▲
Il a envoyé des troupes en Afghanistan et envahi l'Iraq sans mandat international dans le cadre de sa «guerre contre la terreur» lancée après les attentats du 11 septembre.

George Washington	1789-1797
John Adams	1797-1801
Thomas Jefferson	1801-1809
James Madison	1809-1817
James Monroe	1817-1825
John Quincy Adams	1825-1829
Andrew Jackson	1829-1837
Martin Van Buren	1837-1841
William Harrison	1841
John Tyler	1841-1845
James Knox Polk	1845-1849
Zachary Taylor	1849-1850
Millard Fillmore	1850-1853
Franklin Pierce	1853-1857
James Buchanan	1857-1861
Abraham Lincoln	1861-1865
Andrew Johnson	1865-1869
Ulysses S. Grant	1869-1877
Rutherford Hayes	1877-1881
James Garfield	1881
Chester Arthur	1881-1885
Grover Cleveland	1885-1889
Benjamin Harrison	1889-1893
Grover Cleveland	1893-1897
William McKinley	1897-1901
Theodore Roosevelt	1901-1909
William Taft	1909-1913
Woodrow Wilson	1913-1921
Warren Harding	1921-1923
Calvin Coolidge	1923-1929
Herbert Hoover	1929-1933
Franklin D. Roosevelt	1933-1945
Harry Truman	1945-1953
Dwight Eisenhower	1953-1961
John F. Kennedy	1961-1963
Lyndon B. Johnson	1963-1969
Richard Nixon	1969-1974
Gerald Ford	1974-1977
James Carter	1977-1981
Ronald Reagan	1981-1989
George Bush	1989-1993
William Clinton	1993-2001
George W. Bush	2001-2009

La mitre épiscopale Dans l'église catholique romaine, les évêques portent traditionnellement la mitre.

Saint Antoine Certaines personnes ayant mené une vie édifiante sont canonisées par l'Église.

La croix Jésus est mort sur la croix et cette figure est un symbole très fort de la foi chrétienne.

LE CHRISTIANISME
Selon le christianisme, Jésus est le fils de Dieu. La Bible, livre saint des chrétiens, évoque les prophètes, puis la vie et la mort de Jésus. Pour les fidèles, le sacrifice de Jésus est garant d'une vie éternelle près de Dieu.

Le calice Lors de la communion, le pain et le vin symbolisent le corps et le sang du Christ. Le vin est généralement présenté dans un calice.

L'icône du Christ Des images rappellent aux chrétiens que Dieu a eu une vie humaine à travers Jésus.

Bouddha Siddharta Gautama, fondateur du bouddhisme, a vécu dans l'actuel Népal au VIe siècle av. J.-C.

Les statues de Bouddha sont souvent en or, témoignage de son importance.

Le partage des mérites
Les bouddhistes croient qu'en menant une vie vertueuse, ils acquerront des mérites et auront une prochaine vie meilleure. Ils peuvent transmettre leurs mérites à d'autres personnes.

Dans le temple, pour transmettre les mérites, on verse de l'eau d'un récipient.

LE BOUDDHISME
Contrairement à la plupart des religions, le bouddhisme n'est pas fondé sur la vénération d'un ou plusieurs dieux mais sur les enseignements de Bouddha, qui a appris à ses adeptes comment mener une vie juste et contrôler leurs désirs pour éviter de souffrir. Les bouddhistes espèrent accéder à la vraie sagesse, l'Éveil.

Menora Ce chandelier à 9 branches est utilisé lors de Hanoukka, fête des Lumières chez les juifs. La bougie placée au centre sert à allumer toutes les autres.

Moulin à prières et prière Lorsque ce moulin à prières est actionné, le mantra (bénédiction ou prière) écrit sur un rouleau placé à l'intérieur « se répète » indéfiniment.

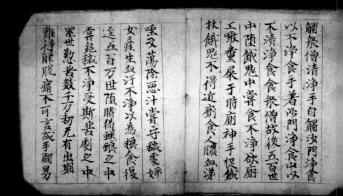

LE JUDAÏSME
Première à mettre en avant l'idée d'un dieu unique (monothéisme), cette religion a donné leurs fondements au christianisme et à l'islam. Les juifs pensent que Dieu a fait d'eux le peuple élu et leur a prescrit un certain nombre de règles à suivre. L'histoire des premiers juifs est racontée dans la Bible hébraïque qui correspond à l'Ancien Testament des chrétiens.

Les kippas Lorsqu'ils prient, les juifs doivent porter ces calottes sur la tête en signe de respect envers Dieu.

@ ▶▶
Religion

Le goupillon Parmi les rituels de l'hindouisme : l'aspersion des fidèles avec de l'eau par les prêtres.

L'HINDOUISME

L'hindouisme, l'une des religions les plus anciennes du monde, est né il y a 5 000 ans, en Inde. Les hindous croient en l'existence d'un esprit suprême, Brahman, qui se révèle sous la forme de centaines de dieux différents. Ils croient aussi en la réincarnation, idée selon laquelle l'âme d'une personne défunte vivra encore après sa mort, sous une autre forme.

Ganesha Le dieu à tête d'éléphant est invoqué par les hindous pour s'assurer le succès de toute nouvelle entreprise.

Om Symbole le plus sacré de l'hindouisme, Om est prononcé au début et à la fin des prières.

Krishna Très populaire, ce dieu hindou apporte bonheur et joie aux croyants.

Krishna est souvent représenté sous les traits d'un jeune berger à la peau bleue

La calligraphie islamique Le Coran contient la parole exacte de Dieu pour les musulmans. C'est pourquoi les calligraphes s'appliquent particulièrement dans leur travail.

La faïence islamique
Les mots sacrés du Coran figurent sur de nombreux objets décoratifs, comme ce carreau de faïence.

Le chapelet Allah (Dieu) aurait 99 noms différents. Ce chapelet qui comprend 99 perles permet aux musulmans de se souvenir des nombreux noms de leur dieu.

L'ISLAM
Pour les musulmans, c'est par l'intermédiaire d'un ange que Dieu a révélé sa parole au prophète Mahomet, qui l'a ensuite consignée dans le Coran. Les fidèles essaient de vivre conformément aux règles contenues dans ce livre saint. Les cinq piliers de l'islam sont : prier, faire l'aumône, jeûner pendant le mois du ramadan, aller en pèlerinage à La Mecque une fois dans sa vie, énoncer sa foi en Dieu.

Quiblah Les musulmans prient cinq fois par jour en se tournant face à La Mecque. Cette sorte de boussole les aide à trouver la bonne direction.

Le rouleau de la Torah
La Torah, le texte le plus important du judaïsme, contient des principes à mettre en application dans la vie quotidienne.

LA RELIGION

La religion est un ensemble de croyances qui aident à expliquer les mystères de la vie. Les adeptes y recherchent des conseils sur la manière de gérer leur vie. Ils croient en un ou plusieurs dieux ; ils expriment leur foi à travers des rituels, comme la prière collective et l'étude de textes sacrés. Il existe de nombreuses religions. Nous présentons ici celles qui comptent le plus grand nombre de fidèles à travers le monde.

LES FÊTES

On célèbre toutes sortes de fêtes dans le monde entier. Les unes ont une signification religieuse, d'autres marquent des changements de saison, des traditions culturelles ou des dates importantes de l'histoire. Certaines se déroulent tous les ans à date fixe, d'autres sont ponctuelles car basées sur des calendriers anciens ou sur les cycles de la Lune. Toutes sont presque systématiquement l'occasion de préparer des plats spécifiques.

❶ NOËL

Cette fête chrétienne qui commémore la naissance de Jésus est célébrée le 25 décembre. Pour l'occasion, on décore le sapin, on attend le père Noël, on échange des cadeaux et on se rend à l'église.

❷ JOUR DES MORTS

Le 1er novembre, au Mexique, les gens pensent que leurs proches défunts peuvent revenir dans le monde des vivants pour la nuit. Chez eux et dans les cimetières, ils dressent des autels ornés de bougies et de fleurs.

❸ THANKSGIVING

Cette fête nord-américaine se déroule le 4e jeudi de novembre aux États-Unis et le 2e lundi d'octobre au Canada. Les familles se réunissent en mémoire de la première récolte fructueuse que réalisèrent les colons européens, il y a plus de quatre siècles.

❹ FÊTE DES BATEAUX DRAGONS

Cette fête est célébrée en Asie orientale. Selon la légende, Qu Yuan, un ministre chinois, se noya dans une rivière. Venus à bord de bateaux à la proue ornée de dragons, les villageois empêchèrent les poissons de le dévorer en leur lançant des boulettes de riz dans des feuilles de bambou.

La citrouille, légume d'automne, sert à confectionner une tarte pour Thanksgiving.

Famille et amis se réunissent pour le repas de Noël, au cours duquel on déguste de bonnes choses comme le *stollen,* en Allemagne, brioche aux fruits et aux épices.

Le nom des morts peut figurer sur des crânes en sucre.

Fourré avec une farce sucrée ou salée, le riz gluant est présenté en paquets triangulaires.

Coupés en morceaux, les gâteaux de lune sont servis avec du thé.

❺ FÊTE DE LA MI-AUTOMNE

Cette fête est célébrée depuis plus de 3 000 ans en Asie orientale, à l'occasion des récoltes, lorsque la pleine lune est la plus ronde et la plus brillante de l'année. Familles et amis se réunissent le soir pour déguster des gâteaux de lune, fourrés aux graines de lotus.

Tradition

❻ SAINTE-LUCIE

Tous les 13 décembre, Suédois et Norvégiens honorent cette jeune martyre chrétienne. Le matin, une jeune fille vêtue de blanc (souvent la plus jeune de la famille) sert aux siens des brioches au safran.

❼ AÏD AL-FITR

Cette fête musulmane marque la fin du mois de jeûne du ramadan. Les fidèles attendent de voir la nouvelle lune, revêtent leurs plus beaux vêtements et se rendent à la mosquée.

À la fin du ramadan, les enfants se régalent de pâtisseries à base de noix et de miel.

❽ DIWALI

Aussi appelée fête des Lumières, Diwali marque le triomphe du Bien sur le Mal. Les hindous allument des lampes à huile qu'ils suspendent aux fenêtres et aux balcons. Ils envoient aussi des cartes de vœux.

❾ PESSAH

Pour les juifs, cette fête célébrée en mars ou en avril commémore la fin de l'esclavage en Égypte sous la conduite de Moïse. Elle dure 7 ou 8 jours et comprend un repas spécial, le *seder*, dans lequel chaque aliment a une signification particulière.

❿ PÂQUES

Cette fête chrétienne, qui a lieu entre fin mars et début avril, célèbre la résurrection du Christ trois jours après sa mort. Les fidèles vont à l'église. Les enfants échangent des œufs, symboles de renouveau.

L'eau salée symbolise les larmes du temps de l'esclavage.

À l'occasion de Pessah, les juifs mangent des matsot, un pain azyme, en souvenir du temps où leurs ancêtres s'enfuirent d'Égypte sans attendre que leur pain ait levé.

Le raifort représente le goût amer de l'esclavage.

Un os avec un peu de viande évoque le sacrifice de l'agneau pascal.

L'œuf évoque les sacrifices faits au Temple de Jérusalem à l'époque biblique.

Le persil sera trempé dans l'eau salée.

Le mélange de pomme et de noix figure le mortier qui servait à construire les pyramides.

Pendant Diwali, on rend visite à ses amis en leur apportant cadeaux et douceurs.

Les légumes verts, comme la laitue, symbolisent le renouveau.

À Pâques, on offre des œufs peints ou en chocolat.

221

LES VILLES

Les villes existent depuis l'Antiquité, époque où elles étaient des carrefours commerciaux, souvent au cœur d'immenses empires. Au début du XXe siècle, une personne sur dix habitait dans une ville. L'industrialisation a entraîné une urbanisation massive. Aujourd'hui, plus de la moitié de la population mondiale vit en milieu urbain. Les villes actuelles sont des centres commerciaux, culturels et politiques.

▼ LES CITÉS-ÉTATS

Dans la Grèce ancienne, les villes formaient souvent des États indépendants dotés d'un système politique propre. Au Ve siècle av. J.-C., on dénombrait des centaines de cités-États, parmi lesquelles Athènes, l'une des plus importantes. Elle est aujourd'hui la capitale de la Grèce.

EN HAUTEUR ▶

C'est dans les années 1880 qu'on a commencé à ériger les premiers gratte-ciel, un type de constructions particulièrement adapté à l'espace restreint des centres-villes. Aujourd'hui, plus de 7 000 gratte-ciel dominent Hongkong.

L'Athènes moderne a été construite à partir du cœur de l'antique cité-État (l'Acropole).

AUTOUR DE L'EAU ▶

Les villes ont souvent été construites à proximité de cours d'eau, voies de communication favorables aux échanges. Fondée par les Romains, Londres s'étend largement en amont et en aval de la Tamise, sur les deux rives du fleuve.

▲ LES CENTRES RELIGIEUX

Certaines villes sont d'importants centres religieux. Lieu de naissance du prophète Mahomet, La Mecque, en Arabie saoudite, est sacrée pour les musulmans. Les fidèles doivent s'y rendre en pèlerinage au moins une fois dans leur vie.

LES CONURBATIONS ▶

Une ville s'étendant au point de rejoindre les communes avoisinantes forme une zone urbaine appelée conurbation. Avec 34 millions d'habitants, Tokyo est la plus grande conurbation du monde.

Le palais de Westminster abrite le Parlement britannique.

◄ LA CROISSANCE DE LA POPULATION

Jusqu'à une époque récente, la majorité de la population mondiale vivait en zone rurale. Aujourd'hui, elle se concentre en milieu urbain où les gens sont venus chercher du travail. De nombreuses villes, comme Bombay, en Inde, connaissent la surpopulation et le développement de bidonvilles.

Ville

LE PATRIMOINE MONDIAL ►

L'Organisation des Nations unies pour l'éducation, la science et la culture (Unesco) a établi une liste de sites internationaux culturels et naturels exceptionnels à préserver. Avec sa mosquée en pisé, Djenné (Mali) est inscrit au Patrimoine mondial de l'Unesco.

◄ UNE VILLE DANS LE DÉSERT

Les lumières de Las Vegas brillent dans la nuit du désert du Nevada, aux États-Unis. *Las Vegas* signifie « prairie souvent inondée »; autrefois, les voyageurs traversant l'Amérique s'y arrêtaient pour faire le plein d'eau.

▲ CONSTRUIRE SUR MESURE

Jusqu'en 1960, la capitale du Brésil était Rio de Janeiro, sur la côte est. Soucieux d'encourager le développement de l'intérieur du pays, le gouvernement lança les travaux de construction de Brasília, au centre du pays, qui a désormais le statut de capitale.

UNE VILLE DANS LA VILLE ►

La cité du Vatican, à Rome, en Italie, est l'une des rares cités-États qui demeurent aujourd'hui. Résidence du pape et centre du catholicisme romain, le Vatican possède son drapeau, son hymne national et ses timbres.

DES CONDITIONS DE VIE EXTRÊMES

L'homme a prouvé son aptitude à s'adapter aux milieux inhospitaliers : déserts de feu ou de glace et forêts pluviales très humides. Les habitants du désert sont confrontés au problème du ravitaillement en eau ; ceux de l'Arctique doivent se protéger du froid et trouver de quoi manger. La forêt pluviale, elle, grouille de vie, mais elle abrite des animaux dangereux et des plantes venimeuses.

Une coiffe touareg Enroulé autour de la tête et du cou, ce foulard protège les Touaregs des morsures du soleil et des tempêtes de sable.

Un chapeau Ce chapeau permet aux Futani de l'ouest de l'Afrique de protéger leur visage du soleil.

Un boomerang Ce projectile, qui une fois lancé revient à son point de départ, servait aux Aborigènes à chasser.

L'ARCTIQUE

Cette région glaciale est sans doute l'un des endroits où il est le plus difficile de survivre. Comme rien n'y pousse, ses habitants doivent se contenter de pêcher et de chasser des phoques, des morses, des baleines, des oiseaux. Ne disposant pas de bois, ils utilisent des peaux et des os pour construire leurs abris, leurs traîneaux, leurs bateaux. Des engins comme la motoneige contribuent à leur faciliter la vie.

Une motoneige Ce traîneau motorisé est équipé de skis pour glisser sur la neige.

Un brise-glace Ce piolet pointu est utilisé pour briser les épaisses couches de glace.

Un bâton Ce bâton pourvu d'une lame est utilisé par les Lapons en Arctique pour creuser la glace.

Une canne à pêche Les habitants de l'Arctique percent des trous dans la glace pour pêcher.

Vie extrême

LA FORÊT PLUVIALE

Contrairement à l'Arctique et au désert, la forêt pluviale d'Amérique du Sud abrite une faune et une flore variées. Mais une grande partie des animaux comestibles, dont les oiseaux, vit dans la canopée, en hauteur. Les chasseurs scrutent la partie supérieure des arbres à la recherche de gibier, comme les singes, qu'ils tuent grâce à des sarbacanes et des flèches empoisonnées.

Une moustiquaire Il est primordial de se protéger des insectes lorsqu'on dort, car leurs piqûres peuvent transmettre des maladies comme le paludisme.

Une flèche empoisonnée Cette grenouille produit un poison mortel dont on enduit les flèches.

Un hamac Ce filet suspendu au-dessus du sol permet aux habitants de la forêt pluviale de dormir à l'abri des serpents et de certains insectes.

LE DÉSERT

L'un des grands problèmes auxquels sont confrontés les habitants du désert est l'écart important entre les températures de la journée, très chaudes, et celles de la nuit, très froides. Ils se déplacent constamment à la recherche d'eau potable, guidés parfois par les oiseaux ou les insectes. Lorsqu'ils ont trouvé de l'eau, ils ne doivent pas en perdre une goutte !

Une outre en peau de chèvre Les Bédouins puisent l'eau dans des puits et la transportent dans des outres.

Un œuf d'autruche Les San, dans le désert du Kalahari, au sud de l'Afrique, remplissent d'eau des œufs d'autruche qu'ils enterrent pour s'en servir plus tard.

Des dromadaires Ces animaux qui peuvent rester de longues périodes sans boire grâce à la graisse accumulée dans leur bosse sont les « véhicules » des Bédouins pour leurs voyages.

Des chaussures en peau Les Sami, en Scandinavie, portent des chaussures en peau de renne.

Une parka traditionnelle Les Inuits de l'Arctique canadien portent des vêtements chauds et épais en peau de caribou.

Des vêtements d'aujourd'hui Tout aussi chauds que les tenues traditionnelles, ces vêtements sont plus légers et plus souples.

Une maison sur pilotis Dans la forêt pluviale, ces maisons protègent leurs habitants des inondations et de certains animaux.

Une sarbacane Les sarbacanes, réalisées en bois, sont utilisées pour chasser les oiseaux et les singes.

L'histoire

227

LA PRÉHISTOIRE

Notre passé le plus lointain, antérieur à l'invention de l'écriture, s'appelle la préhistoire. Faute d'écrits, nous ne connaissons la vie des hommes préhistoriques qu'à travers les outils et autres objets que l'on peut retrouver. Les premiers outils, fabriqués en pierre, en os et en bois, remontent à 2,5 millions d'années. Les hommes apprirent ensuite à travailler les métaux : d'abord le cuivre, puis le bronze et enfin le fer.

Une hache polie Cette hache en silex poli servait à défricher pour créer des surfaces cultivables.

Une faucille Cette faucille, longue lame en silex montée sur un manche en bois, était utilisée pour moissonner les céréales.

Un chopper Cet outil est un galet taillé il y a 2,5 millions d'années pour lui donner un bord tranchant. Il servait à casser des os pour en extraire la moelle.

Silex   Pyrite de fer

Un biface Inventé il y a 1,5 million d'années, le biface fut le premier outil de pierre fabriqué sur un même modèle. Sa pointe acérée permettait de découper la viande ou de déterrer des racines comestibles.

Lame en silex

Un grattoir Les meilleurs outils de pierre étaient en silex, au tranchant très effilé. Cet outil servait à nettoyer les peaux.

Une herminette Avec sa lame en silex insérée dans un manchon en bois, cette herminette servait à travailler le bois.

Un percuteur Avec ce percuteur en bois de cervidé, on frappait violemment un silex pour en détacher des lamelles.

Faire du feu Pour faire du feu, les hommes préhistoriques frottaient des silex contre des morceaux de pyrite de fer.

Ce crochet sculpté au long manche propulsait la sagaie en amplifiant la puissance et la vitesse du lancer.

Un propulseur Vers 30000 av. J.-C., les hommes commencèrent à sculpter des représentations de leur gibier. Ici, un propulseur en forme de mammouth.

LE NÉOLITHIQUE ▲

Entre 10000 et 9000 av. J.-C., les peuples du Moyen-Orient découvrirent l'agriculture. Ils apprirent à conserver des graines pour les ressemer et à élever des moutons et des chèvres. Maîtrisant désormais leurs ressources alimentaires, les tribus se fixèrent dans des villages permanents. Les progrès de l'agriculture favorisèrent l'augmentation de la population et la généralisation de ce nouveau mode de vie.

LES CHASSEURS-CUEILLEURS ▲

Jusqu'aux derniers temps de la préhistoire, l'homme ne vécut que de chasse et de cueillette. Les chasseurs-cueilleurs formaient des petits clans qui se déplaçaient fréquemment pour suivre le gibier et changer de lieux de cueillette. Les premiers hommes vivaient en Afrique ; leurs descendants gagnèrent ensuite l'Asie et l'Europe (entre 1,9 et 1,5 million d'années). L'Australie fut colonisée vers 50000 av. J.-C. et l'Amérique entre 30000 et 14000 av. J.-C.

Un pic en bois de cerf Les peuples agricoles d'Europe utilisaient le pic pour creuser le sol ou détacher des blocs de silex.

Des pointes de flèche Les tribus agricoles chassaient aussi à l'arc, avec des pointes de flèche en silex taillé.

LE CUIVRE ET LE BRONZE ▼

Le prochain pas franchi par l'humanité fut la fabrication d'outils en métal. Vers 5000 av. J.-C., les peuples d'Europe et d'Asie découvrirent comment extraire du cuivre de certaines roches en les chauffant. Avec ce métal brillant, ils apprirent à faire des outils et des bijoux. Vers 3500 av. J.-C., ils s'aperçurent qu'en y ajoutant un peu d'étain ils obtenaient un métal plus dur et brillant comme de l'or : le bronze.

Une faucille Comme la plupart des outils usuels, cette lame de faucille emmanchée dans un morceau de bois de cerf était en fer. La faucille servait à moissonner.

Un torque
Ce collier en bronze paré de pouvoirs protecteurs appartenait à un guerrier de l'âge du fer.

Une épée en bronze
La découverte du bronze plus dur que le cuivre donna naissance à une arme nouvelle : l'épée. Bien nettoyée, celle-ci a retrouvé sa teinte dorée.

Un poignard royal
Ce poignard en bronze incrusté de créatures marines en or et en argent appartenait à un roi de Mycènes (Grèce).

Une dague en fer Cette dague en fer trouvée dans la Tamise, en Angleterre, date d'environ 550-450 av. J.-C. Son fourreau est orné de bandes de cuivre.

Une plaque de ceinture
Cette parure, sans doute attachée à une ceinture, est une pièce en bronze aplanie ornée de motifs martelés.

Des épingles en bronze
Grâce à son aspect doré et luisant, le bronze était très recherché en orfèvrerie. Ces épingles, ou fibules, servaient à attacher les vêtements.

Une pointe de lance Celle-ci appartenait à une lance de forte dimension, trop lourde pour servir d'arme de jet. Avec sa hampe en bois, elle mesurait plus de 2 m.

Une épée de l'âge du fer Les meilleures épées étaient en fer, plus dur que le bronze. Celle-ci mesure 70 cm et a été découverte en 1987 dans une tombe de l'âge du fer. Il s'agit d'une pièce très rare, car les objets en fer ont souvent été détruits par la rouille.

Un miroir
L'envers de ce miroir en bronze est richement décoré. Le pouvoir réfléchissant de l'autre face était obtenu par polissage.

Préhistoire

Une lame de hache
Les outils en bronze, comme cette lame de hache, étaient fabriqués en coulant le métal fondu dans un moule.

Une épée courte
Le manche poli de cette arme de l'Égypte ancienne offre une prise très ferme. Sa lame est striée pour plus de solidité.

L'ÂGE DU FER ▲

Le fer est le métal le plus répandu sur terre, mais aussi celui dont l'utilisation a débuté le plus tard, vers 1100 av J.-C. Il fond à une température beaucoup plus élevée que le cuivre. Aussi l'homme a-t-il dû apprendre à le travailler en le chauffant et en le martelant. Le bronze demeura un métal de prestige, alors que le fer se diffusa du fait de sa grande solidité.

LES PREMIÈRES CIVILISATIONS

Mésopotamie

Il y a plus de 5 000 ans, les peuples agricoles des vallées de Mésopotamie, d'Égypte et d'Inde créaient les premières civilisations du monde. C'est à Sumer que les premières villes virent le jour. Chaque cité sumérienne était gouvernée par un roi, représentant d'un dieu tutélaire. On voit ici le roi de la cité d'Our recevant des offrandes de son peuple.

❶ **Le roi** Les Sumériens croyaient que leurs rois étaient désignés par les dieux. Le roi représenté ici n'a pas de couronne, mais il est plus grand que les autres personnages et porte une jupe d'apparat.

❷ **Les serviteurs** Deux hommes servent à boire et à manger au roi et à ses hôtes. Leur petite taille indique leur rang inférieur. Les serviteurs logeaient au palais ou dans des maisons en brique d'argile crue.

❸ **Les nobles** Ces personnages sont des prêtres, des parents du roi ou des propriétaires terriens. Le luxe du palais se remarque à la forme savamment sculptée de certains pieds de chaise.

❹ **Les musiciens** La lyre de ce musicien possède une caisse de résonance en bois et est ornée d'une tête de taureau. On utilisait aussi à cette époque la harpe, le luth, la flûte et le tambour.

5 La chanteuse La seule femme présente chante pour les invités, accompagnée par le joueur de lyre. La musique et la danse tenaient un rôle essentiel dans les rituels religieux.

6 Les paysans Malgré la chaleur et la sécheresse, le limon fluvial rendait les sols fertiles. Les paysans creusaient des canaux pour irriguer leurs cultures d'orge, de navets, d'oignons et de dattes.

7 Les pêcheurs Les fleuves offraient aux habitants des cités du poisson à profusion. Les pêcheurs de l'Indus (Inde), du Nil (Égypte), de l'Euphrate et du Tigre (Sumer) utilisaient le filet ou la lance.

8 Le bétail Moutons, chèvres, vaches et porcs fournissaient des denrées indispensables : la viande, le lait, le cuir et la laine. Les bœufs servaient aux labours et les ânes aux transports.

9 Les ouvriers Cet homme porte sur le dos un lourd fardeau attaché par un lien autour de sa tête. C'est au prix d'un dur labeur que l'on pouvait élever aux dieux des temples monumentaux.

10 Les vêtements Les hommes comme les femmes étaient vêtus de volumineuses jupes de laine ou de lin imitant des peaux de mouton. Les plus riches portaient des bijoux d'or finement ouvragés.

▲ L'ÉTENDARD D'OUR

Cette mosaïque faite de lapis-lazuli, de fragments de calcaire rouge et de nacre exécutée dans la cité d'Our vers 2700 av. J.-C. recouvre les deux faces d'un coffret de bois, d'usage inconnu, retrouvé dans une tombe royale. Sur la face représentée ci-dessus, un banquet symbolise la paix ; sur l'autre figurent des scènes guerrières.

LE MONDE CLASSIQUE

On désigne par l'expression «monde classique» les civilisations de la Grèce et de la Rome antiques. Grands précurseurs dans le domaine des sciences et des arts, les Grecs ont beaucoup inspiré les Romains. Ceux-ci ont, à leur tour, propagé dans tout leur empire le style classique en art, en architecture et en littérature. Les citoyens de la Grèce et de la Rome antiques étaient avides de gloire, et surtout de gloire militaire.

On sait peu de chose de la vie d'Homère ; on raconte qu'il était aveugle.

Socrate nous est connu grâce aux dialogues écrits par son disciple Platon.

Héros mythologique coiffé d'une tête de lion, Héraclès était réputé pour sa force surhumaine.

HOMÈRE

Poète du VIIIe siècle avant notre ère, Homère est l'auteur de deux grands poèmes épiques sur la guerre légendaire des Grecs contre la cité de Troie : *L'Illiade,* qui célèbre le guerrier grec Achille, et *L'Odyssée,* récit des aventures d'Ulysse, roi d'Ithaque, tout au long de son retour de guerre. La force et la beauté des vers d'Homère ont inspiré toute l'histoire de la littérature. Il jouissait dans le monde grec d'une réputation si prestigieuse qu'on l'appelait tout simplement «le Poète». Ses poèmes étaient à l'origine chantés ou scandés au son de la lyre.

PYTHAGORE

Philosophe, astronome et mathématicien, Pythagore vivait au VIe siècle avant notre ère. Il est resté célèbre pour sa contribution à la géométrie – et notamment son théorème sur les triangles –, mais il était aussi un maître philosophique et spirituel. Pythagore voulait percer les secrets de l'Univers et considérait les mathématiques comme la source de toute connaissance. «Tout est nombre», avait-il coutume de dire.

SOCRATE

Socrate (470-399 av. J.-C.) était un philosophe athénien qui a si profondément marqué l'histoire de la pensée que tous les philosophes antérieurs sont regroupés sous l'appellation de «présocratiques». Contrairement à certains de ses prédécesseurs, tel Pythagore, Socrate ne cherchait pas à comprendre l'Univers. L'essentiel, pour lui, était d'apprendre à vivre le mieux possible. Accusé par ses adversaires d'exercer une influence néfaste sur la société, il fut condamné à boire un poison mortel, la ciguë.

ALEXANDRE LE GRAND

Roi de Macédoine, un petit royaume du nord de la Grèce, Alexandre (356-323 av. J.-C.) fut l'un des plus grands généraux que le monde ait connus. Après avoir contraint les Grecs à s'unir derrière lui, il conquit un vaste empire s'étendant de l'Égypte au nord-ouest de l'Inde. Mort à seulement 32 ans, ce soldat d'une bravoure légendaire est entré dans l'histoire sous le nom d'Alexandre le Grand.

PÉRICLÈS

Homme d'État et stratège, Périclès (vers 495-429 av. J.-C.) exerça longtemps le pouvoir à Athènes au temps où la cité était une démocratie («démocratie» signifie : «l'exercice du pouvoir par le peuple»). Il fit construire de nombreux temples, dont le Parthénon, dédié à Athéna, déesse de la cité, encouragea les arts et fit d'Athènes le centre culturel de la Grèce.

Antiquité

César assassiné, c'est son petit-neveu Octave qui devient le premier empereur romain sous le nom d'Auguste.

Comme Auguste, Trajan portait la couronne de feuilles de chêne, ou couronne civique.

Auguste obtint la couronne de chêne pour avoir sauvé la vie à des Romains.

La peau de chèvre ornée de la Méduse à tête de serpents portée par Trajan était censée lui assurer la protection des dieux.

Auguste vécut jusqu'à 76 ans, mais les sculpteurs le représentaient toujours dans la beauté de sa jeunesse.

JULES CÉSAR

Homme d'État, général et historien, Jules César (vers 100-44 av. J.-C.) est surtout connu pour sa conquête de la Gaule qu'il a relatée dans la *Guerre des Gaules*. Il mena aussi une guerre civile victorieuse contre son rival le général romain Pompée, marcha sur Rome et se fit nommer dictateur à vie. Il paya de sa vie ses ambitions monarchiques, contraires aux principes de la République romaine.

AUGUSTE

Octave (63 av. J.-C.-14 apr. J.-C.), fils adoptif de César, prit le nom d'Auguste (« le vénérable ») lorsqu'il devint le premier empereur romain, en 27 av. J.-C., après avoir vaincu son rival Marc Antoine à la bataille d'Actium (Grèce). Auguste régna sur le monde romain pendant plus de quarante ans, restaurant la paix et la stabilité après des années de guerre civile.

TRAJAN

Originaire d'Hispanie (l'Espagne actuelle), l'empereur Trajan régna de 98 à 117 et fut le premier maître de Rome né hors d'Italie. Général avant tout, il conquit notamment la Dacie (dans la Roumanie actuelle) et la Mésopotamie (l'Iraq), donnant à l'Empire romain son extension maximale. La célèbre colonne Trajane, érigée à Rome en son honneur, est décorée de scènes de ses batailles.

AGRIPPINE

L'épouse de l'empereur Claude Ier, Agrippine (15-59 apr. J.-C.) était une femme avide de pouvoir. Elle persuada son mari d'adopter Néron, le fils qu'elle avait eu d'un premier mariage. C'est elle, dit-on, qui empoisonna Claude afin de donner le trône à Néron, alors âgé de 16 ans. D'abord soumis aux volontés de sa mère, celui-ci finit par rejeter la tutelle qu'elle exerçait sur lui et la fit assassiner.

SYLLA

Le général romain Sylla (138-78 av. J.-C.) était ambitieux et sans pitié. Ses démêlés avec son rival Marius provoquèrent la première d'une série de guerres meurtrières entre Romains. Sylla fut le premier général à s'emparer du pouvoir en marchant sur Rome à la tête de ses troupes. Jules César allait suivre son exemple quelques années plus tard.

LA CHASSE

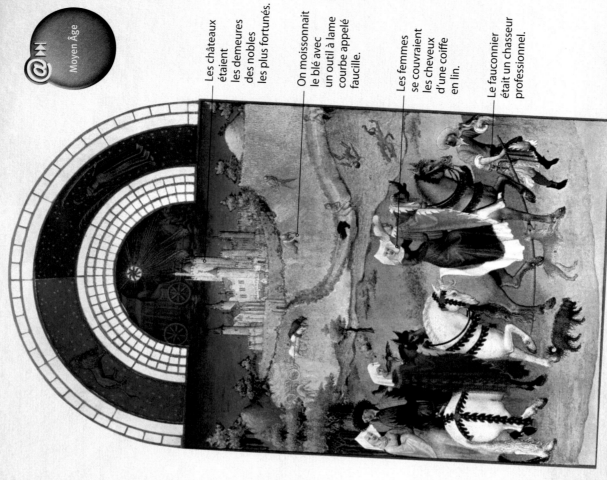

Les châteaux étaient les demeures des nobles les plus fortunés.

On moissonnait le blé avec un outil à lame courbe appelé faucille.

Les femmes se couvraient les cheveux d'une coiffe en lin.

Le fauconnier était un chasseur professionnel.

Le très puissant duc de Berry possédait beaucoup de châteaux et de terres. On voit ci-dessus un groupe de nobles richement vêtus chasser au faucon la perdrix, le cygne, le canard, le pigeon et autres oiseaux près de son château d'Étampes. Pendant tout le Moyen Âge, la chasse fut le loisir préféré des riches.

LA SOCIÉTÉ FÉODALE

Le château était fortifié et abritait une garnison.

Un vignoble entouré de murs.

Un paysan en train de semer. Cette tâche était effectuée à la main, comme la plupart des travaux des champs.

Les paysans avaient peu de droits ; ils ne pouvaient ni se marier ni quitter le village sans la permission du seigneur.

La société féodale reposait sur un système d'échange de terres. Le roi donnait contre un engagement de fidélité et d'assistance. En contrepartie, ceux-ci lui fournissaient des terres aux seigneurs féodaux, les paysans des terres aux seigneurs féodaux. Au bas de l'échelle sociale, les paysans cultivaient les terres du seigneur en échange d'un lopin de terre qui assurait leur subsistance.

LA VIE MÉDIÉVALE

On qualifie de « médiévale » la période de l'histoire de l'Europe, dite aussi Moyen Âge, qui s'étend de la chute de l'Empire romain, au vᵉ siècle, au début des Temps modernes, vers 1500. Au Moyen Âge, 90 % de la population vivait dans les campagnes, dont une grande majorité de paysans pauvres qui travaillaient au service des nobles.

LA FERME

Les fermes se composaient souvent de simples bâtisses d'une ou deux pièces où toute la famille s'entassait pour vivre, manger et dormir. Les fenêtres étaient petites et dépourvues de vitrage, car le verre coûtait très cher à cette époque.

L'église était le centre de la vie villageoise.

Cette tour-pigeonnier appartenait au seigneur.

Une meule de foin

Les ruches fournissaient du miel pour sucrer les aliments et préparer des remèdes.

Le paysan devait reverser au prêtre de sa paroisse le dixième (la dîme) de tout ce qu'il produisait.

LES LIVRES D'HEURES

Ces miniatures proviennent d'un livre de prière, ou « livre d'heures ». Celui-ci, réalisé pour le duc de Berry entre 1412 et 1416, contient les prières à réciter à différents moments de la journée et des prières particulières selon les jours, les mois et les saisons. Au Moyen Âge, les livres, souvent religieux, étaient des objets rares et précieux copiés à la main et enluminés par les moines.

LA CONSTRUCTION DES CHÂTEAUX

Septembre : le temps des vendanges sur les terres du château de Saumur. Les très nombreux et très beaux châteaux et cathédrales du Moyen Âge furent construits à l'aide d'outils tout simples par des artisans qui taillaient et sculptaient la pierre avec une grande habileté.

Le château permettait au seigneur d'afficher sa puissance et sa richesse tout en dissuadant les assauts des troupes ennemies grâce à ses fortifications.

Le pont-levis

Au centre de l'aire de joute se dressait la lice, barrière de séparation peu élevée que longeaient les cavaliers en s'élançant l'un contre l'autre armés d'une lance.

La vie des paysans était très rude. Beaucoup d'enfants mouraient avant l'âge de 10 ans.

LES CIVILISATIONS AMÉRINDIENNES

Jusqu'à l'arrivée des Européens au XVIe siècle, il existait de grandes civilisations sur tout le continent américain. Du IIIe au Xe siècle, les Mayas d'Amérique centrale avaient bâti des cités, élevé des temples en pierres géantes et élaboré des systèmes mathématiques et astronomiques perfectionnés. À partir du XIVe siècle, le puissant Empire aztèque édifia des temples pyramides où étaient pratiqués des sacrifices au dieu-soleil. Au XVe siècle, les Incas régnaient sur presque toute la façade pacifique de l'Amérique du Sud ; ils avaient construit dans les Andes un réseau de routes et de villes fortifiées jusqu'à haute altitude.

Le dieu de la Pluie
Chac, le dieu maya de la Pluie, doté d'un nez allongé et de crocs recourbés

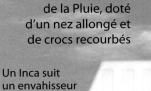

Un Inca suit un envahisseur espagnol.

❶ LA VIE QUOTIDIENNE

Les civilisations aztèque, inca et maya étaient toutes des sociétés agricoles. Elles cultivaient principalement le maïs, qui servait à la fabrication de galettes *(tortillas)* et de bière. Leurs populations vivaient de leurs récoltes mais devaient aussi servir leurs maîtres comme soldats, ouvriers et paysans.

❷ LA POTERIE

Les peuples d'Amérique fabriquaient des poteries en formant à la main des boudins de terre (colombins) qu'ils enroulaient pour monter les bords. Utilisés pour transporter les liquides ou pour cuire les aliments, ces ustensiles avaient également une fonction décorative.

Chaque tuyau de la flûte produit une note différente.

Une lame de silex à tranchant denté

❶

Un couteau Il n'y avait pas d'outils en métal ; les couteaux étaient en pierre.

La musique Les Incas jouaient de la musique en soufflant dans des flûtes en roseau.

La boisson Les Incas buvaient la *chicha* (bière de maïs) dans des coupes de bois peint.

Sa base conique permet de poser la poterie en équilibre dans un creux du sol.

Les motifs décoratifs incas étaient inspirés de la vannerie.

@ ▶▶
Amérique précolombienne

Déguisés en cerfs, les chasseurs progressent à quatre pattes.

Une peau de jaguar ornée de plumes

❷

Des poteries incas Les Incas utilisaient ces poteries pour transporter et conserver la bière de maïs. Ils se les attachaient sur le dos en passant une corde dans les poignées.

Une coupe mixtèque
Cette coupe est l'œuvre des Mixtèques, voisins des Aztèques au sud.

Perché sur le bord de la coupe, ce colibri bleu semble prêt à boire.

Un plat Les peintures sur poterie illustrent souvent des scènes de la vie quotidienne. Sur ce plat maya, les hommes chassent le cerf à la sarbacane.

Pour les Incas, l'or était la « sueur du Soleil ».

❸ LES DIEUX

Les Aztèques et les Mayas adoraient quantité de dieux et de déesses dont ils conservaient les statues dans leurs temples pyramides. Ils croyaient que les dieux faisaient lever le soleil, tomber la pluie et pousser les récoltes. Pour les Incas, le Soleil, la Lune et la Terre étaient eux-mêmes des dieux, et Inti, le dieu-Soleil, le premier d'entre eux.

❹ ÉCRITURE ET ARCHIVAGE

Ces civilisations avaient différents moyens de conserver des informations. Les Aztèques représentaient les mots et les idées par des images. L'écriture maya, plus complexe, transcrivait les sons par des signes. Les Incas archivaient des données chiffrées en faisant des nœuds sur des cordelettes (les *quipus*).

❺ LES RITUELS

Les Amérindiens pensaient que les dieux avaient besoin d'offrandes pour dispenser leurs bienfaits aux hommes. L'offrande la plus précieuse était le sacrifice humain, pratiqué par les Aztèques, les Mayas et les Incas. Les Aztèques et les Mayas faisaient la guerre pour capturer des prisonniers et offrir leurs cœurs aux dieux.

Les offrandes Les Incas fabriquaient des figurines d'or en offrande au Soleil et à la Terre.

Les signes aztèques représentant les jours

Chac porte une boule d'encens que l'on faisait brûler lors des cérémonies religieuses.

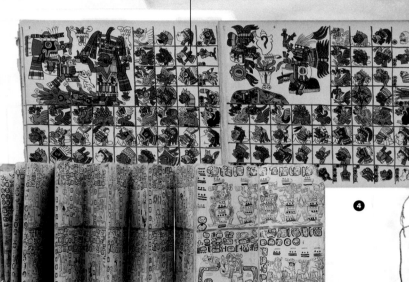

Un calendrier Ce livre est un calendrier utilisé par les prêtres aztèques pour prédire le futur.

Le *quipu* La couleur, la taille, le nombre et la position des nœuds avaient une signification précise pour les Incas.

Les codex mayas Les caractères étaient peints sur un papier d'écorce de figuier qui se pliait en accordéon.

Les nœuds servaient à compter.

Un bouclier Les guerriers aztèques portaient des tenues colorées et des boucliers ornés de plumes.

Tezcatlipoca, divinité aztèque de la Guerre

Masque de la civilisation Teotihuacán, bien antérieure à celle des Aztèques

La décoration des couteaux comportait souvent des motifs en forme d'œil.

Une urne funéraire Les os calcinés des guerriers aztèques morts au combat étaient conservés dans des urnes.

Un masque en pierre Des masques de pierre sculptés étaient déposés comme offrandes dans les temples mexicains.

Un couteau sacrificiel Les prêtres aztèques utilisaient des couteaux de pierre pour arracher le cœur des prisonniers.

LES MARINS

Les origines de la navigation maritime remontent à 10 000 ans, quand, au néolithique, l'homme en eut besoin pour pêcher et chasser. Les premières embarcations n'étaient sans doute que des radeaux de rondins ou des troncs d'arbres évidés. Puis vint l'idée de capter la force du vent avec un morceau de toile : la voile était née. Les progrès de la construction navale permirent aux marins de voyager de plus en plus loin, d'explorer des terres inconnues et de se livrer au commerce ou au pillage.

Une corde tendue entre l'avant et l'arrière du bateau l'empêchait de s'affaisser.

LE BATEAU ÉGYPTIEN ▲

Ce bateau de mer égyptien date d'environ 2450 av. J.-C. Il est construit en planches assemblées par des liens et possède un mât repliable équipé d'une unique voile carrée. Pour remonter face au vent, l'équipage abaissa le mât et utilisait les rames.

Navigation

Les rames permettaient de propulser le bateau quand le vent tombait.

L'équipage ajustait la taille de la voile à l'aide de cordages.

◄ LE DRAKKAR VIKING

Entre les VIIIe et XIe siècles, les Vikings construisirent des bateaux à fond plat aussi légers que robustes, capables d'affronter les tempêtes de l'Atlantique comme de remonter des rivières peu profondes.

LA CARAVELLE ►

Navire conçu pour les explorations lointaines, la caravelle fut inventée par les Portugais au XVe siècle. Elle était gréée de voiles latines (triangulaires), bien plus efficaces que les voiles carrées pour la navigation au près. C'est à son bord que fut découverte la route maritime de l'Inde.

Les voiles arborent la croix chrétienne.

L'homme de vigie se tenait dans le nid-de-pie placé en hauteur sur un mât.

◄ LE GALION

Ce galion militaire anglais du XVIe siècle était aussi un navire de commerce et d'exploration. Il possédait plusieurs ponts et de nombreux sabords – ouvertures de part et d'autre de la coque pour tirer au canon. Les marines européennes utilisèrent le galion jusqu'au XVIIIe siècle.

LE BATEAU MARCHAND ROMAIN ▶

Les Romains construisaient des bateaux marchands à large coque capables de transporter d'importantes cargaisons. Leur forme massive les rendait stables mais lents. Ils ne redoutaient pas les attaques de pirates, car les Romains les avaient chassés de la Méditerranée.

La figure de poupe sculptée était relevée en col de cygne pour attirer la chance.

◀ LA BOUTRE ARABE

Dès le VIIIe siècle, marchands et pêcheurs arabes traversaient l'océan Indien sur leurs boutres, profitant du vent des moussons pour commercer entre l'Inde et l'Afrique du Nord.

Les deux voiles latines (triangulaires) prenaient les vents de travers.

Le propre de la jonque est d'avoir des voiles entièrement lattées, généralement en bambou.

LA JONQUE CHINOISE ▶

Plus facile à manœuvrer que l'aviron latéral, le gouvernail d'étambot fut inventé par les Chinois il y a 2 000 ans. Les jonques chinoises, dont certaines portaient jusqu'à neuf mâts, furent les plus grands navires de bois jamais construits.

Grâce à ses dizaines de voiles, le clipper était extrêmement rapide.

LE CLIPPER ▶

Ce navire marchand du XIXe siècle se distinguait par sa longue coque effilée et ses multiples voiles. Le mot anglais *clipper* désignait à l'origine un cheval rapide. Les routes commerciales des clippers anglais et américains sillonnaient toutes les mers du globe.

LA GUERRE

Tout au long de l'histoire, les tribus et les nations se sont disputé par les armes la possession de territoires et de richesses. Les techniques de combat ont évolué au fil du temps, à mesure qu'apparaissaient des armes de plus en plus meurtrières et de nouveaux équipements de protection.

@ ▶▶
Guerre

❶ L'ARC

Inventé il y a plus de 10 000 ans, l'arc est l'une des plus anciennes armes. Il en existe de différentes sortes. Le petit arc mongol aux branches très courbées (ci-dessous) s'utilisait à cheval, tandis que le fantassin, tel l'archer anglais de la guerre de Cent Ans, utilisait un arc long.

❷ L'ARMURE

Les premiers soldats de l'histoire portaient des armures en bois, en cuir et en os. La maîtrise des techniques de forge permit ensuite de créer des armures en cotte de mailles ou en plaques de métal.

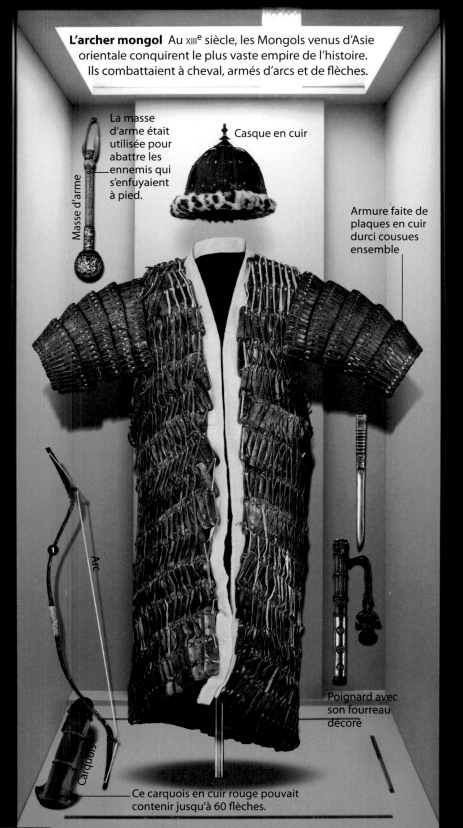

L'archer mongol Au XIIIᵉ siècle, les Mongols venus d'Asie orientale conquirent le plus vaste empire de l'histoire. Ils combattaient à cheval, armés d'arcs et de flèches.

La masse d'arme était utilisée pour abattre les ennemis qui s'enfuyaient à pied.

Masse d'arme

Casque en cuir

Armure faite de plaques en cuir durci cousues ensemble

Arc

❶

Poignard avec son fourreau décoré

Carquois

Ce carquois en cuir rouge pouvait contenir jusqu'à 60 flèches.

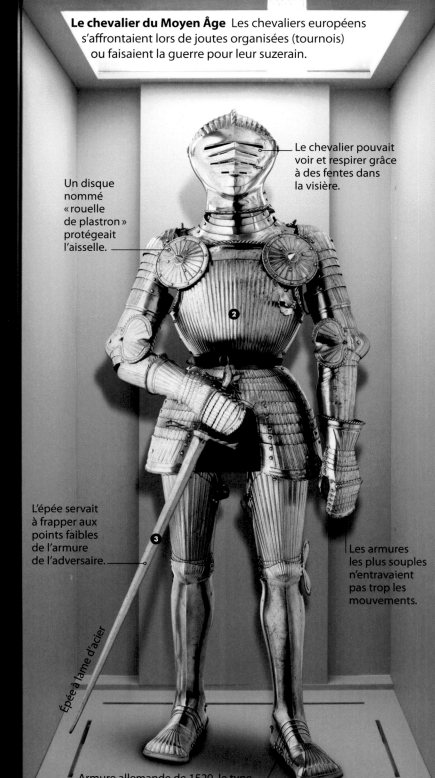

Le chevalier du Moyen Âge Les chevaliers européens s'affrontaient lors de joutes organisées (tournois) ou faisaient la guerre pour leur suzerain.

Le chevalier pouvait voir et respirer grâce à des fentes dans la visière.

Un disque nommé « rouelle de plastron » protégeait l'aisselle.

❷

L'épée servait à frapper aux points faibles de l'armure de l'adversaire.

❸

Épée à lame d'acier

Les armures les plus souples n'entravaient pas trop les mouvements.

Armure allemande de 1520, le type le plus abouti à la fin du Moyen Âge

❸ LE SABRE ET L'ÉPÉE

Le sabre et l'épée sont des armes de combat rapproché. Leur lame est pointue pour transpercer, et tranchante sur un bord au moins pour entailler. Placée entre la poignée et la lame, la garde empêche la main de glisser sur la lame tout en la protégeant des coups de l'adversaire.

❹ L'UNIFORME

Dans la confusion de la bataille, il faut que les soldats puissent distinguer les ennemis des leurs. Les uniformes montrent à quel camp chacun appartient et favorisent la discipline militaire et la cohésion de la troupe.

❺ LES ARMES À FEU

Avec les armes à feu portatives, qui ne se diffusent en Europe qu'au XVIe siècle, il devint beaucoup plus facile d'abattre un ennemi à distance. Ces armes mirent fin à la période des chevaliers, mal protégés des balles par leurs armures.

❻ LE CAMOUFLAGE

Au XXe siècle, les uniformes aux couleurs trop voyantes furent remplacés par des tenues permettant aux soldats de se fondre dans leur environnement. Les motifs aux tons vert et noir de cet uniforme sont caractéristiques d'une tenue de camouflage.

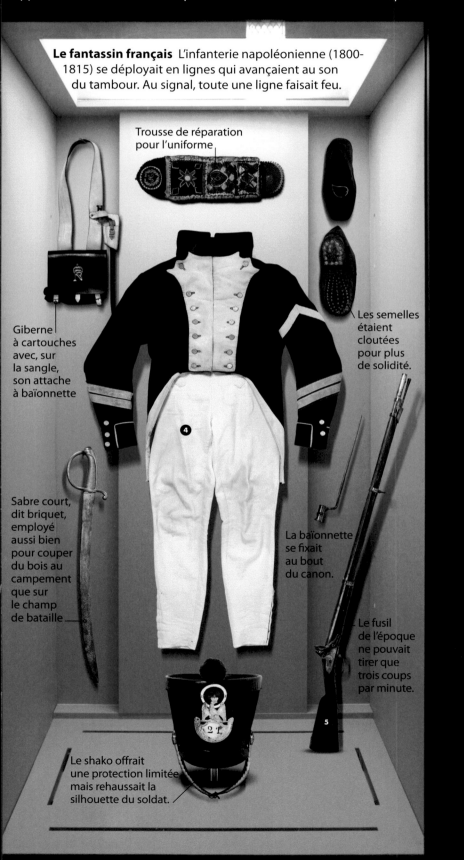

Le fantassin français L'infanterie napoléonienne (1800-1815) se déployait en lignes qui avançaient au son du tambour. Au signal, toute une ligne faisait feu.

Trousse de réparation pour l'uniforme

Giberne à cartouches avec, sur la sangle, son attache à baïonnette

Les semelles étaient cloutées pour plus de solidité.

Sabre court, dit briquet, employé aussi bien pour couper du bois au campement que sur le champ de bataille

La baïonnette se fixait au bout du canon.

Le fusil de l'époque ne pouvait tirer que trois coups par minute.

Le shako offrait une protection limitée mais rehaussait la silhouette du soldat.

Le parachutiste américain Pendant la Seconde Guerre mondiale, ces soldats étaient largués par avion derrière les lignes ennemies.

Grenade

Cartouchière contenant des chargeurs de rechange

Gilet de sauvetage, qui se gonflait quand le parachutiste atterrissait dans l'eau

Baïonnette

Gants de protection

Casque

Cette carabine tirait huit coups sans être rechargée.

Chargeurs

LES RÉVOLUTIONS

Une révolution est un changement radical de l'ordre social qui survient dans un court laps de temps. Le renversement de gouvernements impopulaires par une insurrection générale ou des groupes organisés entraîne souvent des violences. Le but des révolutionnaires est de créer une société meilleure, d'apporter plus d'égalité ou de liberté. Cependant, il est souvent plus facile de renverser un régime néfaste que d'en instaurer un meilleur.

▼ LA RÉVOLUTION AMÉRICAINE

Entre 1775 et 1781, les treize colonies britanniques d'Amérique du Nord livrèrent une guerre d'indépendance victorieuse contre le pouvoir du roi George III. La Déclaration d'indépendance de 1776 (ci-dessous) affirme que « tous les hommes sont créés égaux » et ont droit « à la vie, à la liberté et à la recherche du bonheur ».

▲ LA RÉVOLUTION FRANÇAISE

En 1789, l'Ancien Régime était en crise. Incapable d'évoluer, l'aristocratie perdit son pouvoir au profit du tiers état (le peuple), qui proclama sa souveraineté et les droits de l'homme. En 1793, les chefs de la Révolution déclenchèrent une vague de terreur et firent guillotiner beaucoup d'opposants, dont le roi Louis XVI.

◄ LA RÉVOLUTION RUSSE

En octobre 1917, le parti bolchevique de Lénine s'empara du pouvoir en Russie et y créa le premier État communiste. Les communistes tentèrent de construire un « État ouvrier » fondé sur la propriété collective de la terre et des usines, sur les ruines de la vieille monarchie russe dépassée.

◄ LA RÉVOLUTION CUBAINE

Entre 1956 et 1959, les rebelles cubains, conduits par Fidel Castro et Che Guevara (ci-contre), renversèrent le régime corrompu du dictateur Fulgencio Batista. Bien que Castro ait instauré à son tour une nouvelle dictature, il a permis aux plus pauvres de bénéficier pour la première fois d'hôpitaux et d'écoles.

▼ LA RÉVOLUTION CULTURELLE

En 1949, les communistes chinois prirent le pouvoir sous la direction de Mao Zedong. En 1966, Mao, craignant que la Chine ne s'écarte du communisme, lança une « révolution culturelle » pour en finir avec les anciennes façons de penser. Opposants et intellectuels furent victimes de persécutions, et le pays sombra dans le chaos.

▲ LA RÉVOLUTION DE VELOURS

Très impopulaire, le régime communiste tchécoslovaque ne survécut pas aux manifestations et à la grève générale de 1989, qui s'inscrivaient dans le mouvement de contestation des régimes communistes d'Europe centrale jusqu'en URSS. Leur caractère pacifique valut à ces événements tchécoslovaques le nom de « révolution de velours ».

LA RÉVOLUTION INDUSTRIELLE

À partir de la fin du XVIIIe siècle, l'invention de machines capables de produire à une cadence jusqu'alors inimaginable transforma radicalement les façons de vivre et de travailler. Née dans les filatures anglaises avec l'arrivée du métier à tisser hydraulique, puis à vapeur, cette « révolution industrielle » gagna bientôt l'Europe et les États-Unis. Il fallut de plus en plus de charbon pour produire la vapeur et de métaux pour fabriquer les machines. De grandes cités ouvrières poussèrent auprès des usines pour loger la main-d'œuvre qui affluait des campagnes.

◄ LES USINES
Pour pouvoir installer en quantité ces nouvelles machines, on construisit d'immenses bâtiments : les usines. Les machines (ici, des métiers à tisser le coton) étaient actionnées au moyen de dangereuses sangles par un moteur à vapeur extrêmement bruyant.

Les ouvrières subissaient la chaleur humide des ateliers et respiraient un air saturé de poussière de coton.

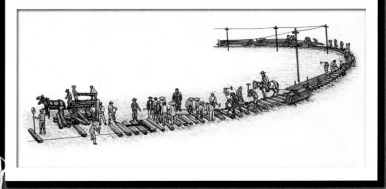

Chemise en coton

Châle en coton

LE CHEMIN DE FER ▶
La première locomotive à vapeur, destinée au transport du charbon, fut construite en 1804 par l'Anglais Richard Trevithick. Les trains de voyageurs firent leur apparition en 1825, et la création du réseau ferré mobilisa bientôt des milliers d'ouvriers.

LA TENUE D'ATELIER ▶
Les patrons d'usine trouvaient auprès des femmes et des enfants une main-d'œuvre plus docile et moins chère que les hommes. Les ouvrières d'usine portaient d'inusables vêtements de grosse toile, qui étaient eux-mêmes de purs produits du « miracle » industriel.

La Puffing Billy (1813) est la plus ancienne locomotive à vapeur encore existante.

un épais tissu en coton appelé calicot

Révolution industrielle

Brodequins en cuir à semelle cloutée pour plus de solidité

▲ LES VILLES INDUSTRIELLES

Les villages proches des usines firent bientôt place à de grandes cités où s'entassaient des logements ouvriers construits au plus juste prix. Les cheminées d'usine rejetaient leur fumée dans le ciel de ces villes sales et tristes.

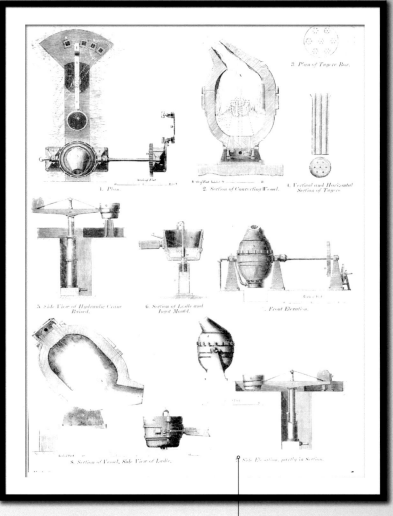

▲ LES INVENTIONS

La révolution industrielle fut le résultat d'une suite de progrès scientifiques et techniques. L'invention du moteur à vapeur permit à son tour la conception de nouvelles machines qui transformèrent radicalement les industries minière, textile et métallurgique.

Illustration du nouveau procédé de transformation du fer en acier découvert par Henry Bessemer en 1355

▼ LES MALADIES

Les habitants des nouvelles cités industrielles vivaient dans des quartiers surpeuplés et insalubres. Les ordures et les eaux usées contaminaient l'eau de boisson, provoquant des épidémies de choléra, de typhus et de typhoïde qui tuaient des milliers de gens.

Matériel médical utilisé pour traiter le choléra

LES MALADIES

Toutes les grandes concentrations de population ont toujours favorisé la propagation des maladies. La peste, la grippe et le choléra ont suivi, de pays en pays, les grandes routes maritimes et terrestres. Autrefois, on ne pouvait rien contre ces maladies, car leurs véritables causes restaient mystérieuses. On sait maintenant qu'elles sont dues à des bactéries ou à des virus microscopiques.

Maladie

Certains médecins portaient des masques à bec d'oiseau contenant des plantes censées empêcher la contamination.

◀ LA PESTE
À partir de 1348, la peste tua près de la moitié des habitants d'Europe et des millions d'autres en Asie et en Afrique. Les gens croyaient qu'elle s'attrapait en respirant un air contaminé. Elle venait en réalité d'une bactérie propagée par les puces des rats qui arrivaient d'Extrême-Orient dans les cales des navires marchands.

LE CHOLÉRA ▲
Ces ossements des catacombes de Paris appartiennent à des victimes du choléra, une maladie originaire d'Inde introduite en Europe par des navires marchands en 1829. Elle s'attrape en buvant de l'eau souillée par des eaux usées porteuses du bacille. La mort survient dans de grandes souffrances, après des heures de diarrhée et de vomissements.

La variole provoquait des pustules douloureuses laissant des cicatrices après la guérison.

L'ÉPIDÉMIE DE GRIPPE ▶
La diffusion rapide et très large d'une maladie s'appelle une épidémie. Entre 1918 et 1920, une souche mortelle de grippe a fait de 50 à 100 millions de morts dans le monde entier, beaucoup plus que la Première Guerre mondiale qui venait de s'achever. Beaucoup de gens portaient des masques, car on savait déjà que la grippe se transmet par la toux et les éternuements.

LA VARIOLE ▲
La variole laissait des cicatrices indélébiles, rendait parfois aveugle et tuait même certains malades. Comme la grippe ou le rhume, cette maladie était causée par un virus, minuscule entité qui se développe et se reproduit à l'intérieur des cellules de la personne infectée. Elle a été éradiquée par la médecine moderne.

JEYES' DISINFECTANTS

"Fluid"
Powder
ehold
oap

Toilet Soap
Soft Soap
40 Prize Meda
Awarded

IN CASE OF SICKNESS, ALWAYS USE
JEYES' DISINFECTANTS

◄ L'HYGIÈNE

Jusqu'aux années 1850, personne n'avait compris le rôle de l'hygiène dans la prévention des maladies. Les chirurgiens ne se lavaient même pas les mains avant d'opérer. En 1865, le chirurgien anglais Joseph Lister décida de nettoyer les plaies de ses patients au phénol, tuant ainsi les bactéries responsables des infections.

Sur cette publicité du XIXᵉ siècle, une infirmière se lave les mains avec un désinfectant.

LES BACTÉRIES ►

Les bactéries sont des organismes unicellulaires microscopiques qui infectent les plaies et provoquent des maladies. En 1928, le savant écossais Alexander Fleming s'aperçut qu'une certaine moisissure tuait des bactéries pathogènes. À partir de cette découverte, il créa un nouveau traitement antibactérien : les antibiotiques.

Fleming cultivait des bactéries dans une boîte de Petri.

La construction d'un égout à Londres en 1845

L'ASSAINISSEMENT ▲

L'Europe a subi plusieurs épidémies de choléra au XIXᵉ siècle et n'a mis fin à ce fléau qu'avec la construction d'égouts empêchant toute contamination de l'eau potable. La dernière épidémie de choléra d'Europe a frappé la Russie en 1923. Toujours présent en Asie et plus particulièrement en Afrique, le choléra a aussi touché l'Iraq en 2007.

◄ LA VACCINATION

Un vaccin est une maladie inoculée sous une forme atténuée qui aide l'organisme à s'en défendre. Le médecin anglais Edward Jenner avait compris que les gens qui trayaient les vaches et attrapaient la variole de cet animal, bénigne, étaient immunisés contre la variole. En 1796, il injecta au petit James Phipps, âgé de huit ans, le pus d'une pustule de variole des vaches. Quelque temps après, il lui inocula la variole, et l'enfant ne tomba pas malade. La vaccination était née. Son principe fut expliqué et développé par Louis Pasteur.

LA MONNAIE

Avant l'invention de la monnaie, les hommes pratiquaient le troc et l'échange. L'inconvénient de ce système était que chacun n'avait pas forcément besoin de ce que l'autre pouvait lui donner en contrepartie. La monnaie a été inventée comme moyen d'échange : une chose ayant une valeur déterminée qui sert à acheter d'autres biens. Elle était souvent fabriquée à partir de matériaux rares : métaux précieux, plumes colorées, etc. La première comptabilité écrite remonte aux Mésopotamiens, qui commerçaient en poids d'argent il y a 4 500 ans.

Les feuilles de tabac étaient la monnaie des colons britanniques d'Amérique du Nord aux XVIIe et XVIIIe siècles.

Les cauris (coquillages) furent utilisés comme monnaie à différentes époques en Chine, en Inde et en Afrique.

Doublons en or fabriqués par les colons espagnols d'Amérique centrale

❶ LES TRÉSORS ÉGYPTIENS
Dans l'Égypte ancienne, les paiements s'effectuaient avec des objets en métal : lingots, anneaux et pièces d'or, d'argent et de cuivre. Leur valeur dépendait de leur poids et non de leur forme.

❷ LES POIDS BIRMANS
Au XVIIIe siècle, en Birmanie, on utilisait des poids d'argent comme monnaie. L'argent fondu était coulé dans un moule puis marqué d'un motif floral.

❸ LE MANUEL DE CHANGE
Au XVIe siècle, des monnaies du monde entier circulaient à bord des navires. Les négociants hollandais utilisaient des livres répertoriant toutes les pièces avec leur valeur.

❹ LES MONNAIES DE PLUMES
Les habitants des îles Santa Cruz, dans le Pacifique, achetaient leurs pirogues avec des plumes de couleur vive assemblées en longs rouleaux.

❺ LES PIÈCES CHINOISES
En 500 av. J.-C., les monnaies chinoises de bronze imitaient des outils ou des cauris (coquillages servant autrefois de monnaie). Elles furent remplacées par des pièces rondes percées d'un carré.

❻ LE BILLET DE BANQUE
Le papier-monnaie est né en Chine au Xe siècle. L'habitude s'étant répandue d'utiliser des reçus comme moyens de paiement, on imprima des reçus correspondant à un montant déterminé.

❼ LES *WAMPUMS*
Pour conclure un marché, les Indiens d'Amérique s'échangeaient des *wampums,* sortes de colliers de coquillages marins blancs et violets.

❽ LA MONNAIE DE PIERRE
L'île de Yap, dans le Pacifique, s'était dotée d'une monnaie forte : d'énormes roues de pierre, souvent intransportables, qui mesuraient jusqu'à 4 m de diamètre.

❾ LE CHÈQUE
Le chèque est un formulaire indiquant la somme d'argent qui doit être virée d'un compte bancaire à un autre. Au Moyen Âge, les Templiers délivraient des lettres de change aux pèlerins pour leur permettre de parcourir l'Europe sans emporter d'argent.

❿ LES CARTES DE CRÉDIT
D'abord utilisées pour payer l'essence dans l'Amérique des années 1920, les cartes de crédit représentent aujourd'hui une alternative commode à l'argent liquide.

❸

En Thaïlande, les bagues en argent ont servi de moyens de paiement jusqu'au XVIIe siècle.

Coquillages
conservés dans
un récipient en osier

Les plumes rouges étaient
tressées en rouleaux.

Billet de banque
émis à Rome
en 1786

Les pièces
japonaises
du XVIIe siècle
étaient de grandes
plaques ovales
en or ou en argent.

@⏭
Argent

La puce contient
des informations
sur les transactions.

LE XXᵉ SIÈCLE

Le XXᵉ siècle a transformé nos modes de vie d'Occidentaux plus qu'aucune autre période de l'histoire. Il a vu éclore une quantité d'inventions majeures : la télévision, le nucléaire, l'ordinateur, Internet, etc. En 1903, le premier avion à moteur réussissait à voler pendant 12 secondes ; quelques décennies plus tard, en 1969, l'homme marchait sur la Lune.

LES GUERRES

La guerre de 1914-1918 a fait 20 millions de morts, de jeunes soldats pour la plupart. La Seconde Guerre mondiale (1939-1945) a tué 60 millions de personnes, dont de nombreuses victimes civiles de bombardements aériens. Un face-à-face tendu s'est ensuite engagé entre les États-Unis et le bloc soviétique : la guerre froide.

Le masque à gaz Il équipait déjà les soldats de 1914-1918. Pendant la Seconde Guerre mondiale, il fut aussi distribué aux civils.

Les manifestations
Après 1945, l'opinion occidentale s'est souvent mobilisée contre la guerre.

L'ONU L'Organisation des Nations unies (ONU) a été créée en 1945 pour favoriser le maintien de la paix.

Le marteau et la faucille
L'emblème du communisme allait devenir l'un des symboles de la guerre froide.

Le marteau et la faucille symbolisent l'union des paysans et des ouvriers.

Le réfrigérateur
Le réfrigérateur domestique commença à se diffuser à partir de 1945.

LES LOISIRS

La radio a été inventée au début du siècle, mais la diffusion des premières émissions remonte aux années 1920. Au cours des années 1930 et 1940, le cinéma est devenu le loisir le plus populaire, avant de perdre du terrain face à la concurrence d'une nouvelle invention dont on peut profiter sans sortir de chez soi : la télévision.

La télévision Les petits écrans bombés des débuts offraient une image noir et blanc de qualité médiocre.

Le gramophone
Cet ancêtre de la platine disque était actionné par une manivelle.

Le baladeur Dans les années 1980, ce lecteur de cassettes portatif a connu un succès fulgurant.

La radio Les émissions populaires d'autrefois rassemblaient toute la famille autour du poste.

Le cinéma Les stars d'Hollywood attiraient les foules dans les salles obscures.

LE SIDA

Apparue au début des années 1980, cette terrible maladie continue à tuer des millions de gens à travers le monde.

La famine La faim sévit encore dans de nombreux pays.

LA VIE DOMESTIQUE À L'OCCIDENTALE

Le réfrigérateur, le congélateur, le lave-linge, le lave-vaisselle, l'aspirateur et bien d'autres inventions ont considérablement simplifié les tâches domestiques. Après la réfrigération, qui permet le transport des produits frais sur de longues distances et leur conservation chez les particuliers, le surgelé a révolutionné nos habitudes alimentaires.

Le plateau télé
Un repas tout prêt à réchauffer pour dîner devant la télévision.

LES VOYAGES

Au cours de ce siècle, les progrès des transports ont mis les voyages à la portée du plus grand nombre. Des millions d'automobiles circulent sur des routes plus rapides et plus sûres. L'avion met aujourd'hui à quelques heures de vol des destinations qui demandaient autrefois plusieurs jours de voyage par train ou par bateau. Les changements climatiques et la raréfaction du pétrole changent aujourd'hui l'usage de ces moyens de transport polluants.

Le bikini
Une clientèle nombreuse revient chaque année goûter le soleil des tropiques.

Le monde
Les moyens de transport modernes réduisent les distances.

Le transport aérien
Grâce aux vols à bas prix, de plus en plus de familles passent leurs vacances à l'étranger.

Les souvenirs
L'économie de nombreux pays repose aujourd'hui sur l'activité touristique.

NEW YORK CITY

L'apartheid
Au prix d'un long combat, Nelson Mandela a obtenu l'égalité des droits pour les Noirs d'Afrique du Sud.

LES PROBLÈMES SOCIAUX

Au cours du XXᵉ siècle, l'humanité est passée de 1,65 à 6 milliards d'habitants. L'écart entre pays riches et pays pauvres se creuse encore ; les inégalités persistent partout entre les hommes et les femmes et s'accentuent entre les plus aisés et les plus démunis.

Le droit de vote
Dans de nombreux pays, il n'est toujours pas acquis. En France, les femmes n'ont pu voter qu'en 1945.

LE TRAVAIL

Entre les premières décennies du siècle et la période la plus récente, la situation des femmes au travail s'est transformée. Souvent encore cantonnées à des fonctions subalternes, elles ont peu à peu accédé à toutes les carrières, mais à des salaires inférieurs. Le travail lui-même a beaucoup changé avec l'arrivée de l'ordinateur et d'Internet. L'automatisation des tâches a fortement réduit le nombre des ouvriers et déshumanisé les rapports sociaux.

Le travail des femmes Depuis les années 1970, les femmes revendiquent l'égalité professionnelle et salariale avec les hommes.

L'informatique Vers 1980, le micro-ordinateur a commencé à révolutionner les méthodes de travail.

@▸▸

XXᵉ siècle

La machine à écrire Jusqu'à l'arrivée de l'ordinateur, tous les documents professionnels étaient tapés à la machine.

Le téléphone Les télécommunications ont ouvert le marché mondial aux entreprises.

C= commodore
professional computer
2001 Series

**UNE GALERIE
DE PEINTURE**
*L'Archiduc Léopold-Guillaume dans
sa galerie de peinture,* par David
Teniers le Jeune (1651), offre un
aperçu de l'une des plus grandes
collections d'art de son temps.
Gouverneur des Pays-Bas espagnols,
l'archiduc possédait 1 300 œuvres.

Art et culture

L'ART

Certains artistes cherchent avant tout à créer de la beauté, d'autres à rendre perceptible une réalité invisible. Autrefois, l'art avait aussi une fonction religieuse, magique ou mystique. À travers les âges, les cultures et l'infinie diversité des styles, les artistes ont toujours pris le corps humain pour thème.

Art

La «Vénus de Willendorf» Cette statuette en calcaire de 11 cm de hauteur, découverte en Autriche, a environ 23 000 ans. Le soin porté à la chevelure contraste avec l'absence de visage.

L'art funéraire égyptien Les peintres représentaient chaque partie du corps sous son aspect le plus reconnaissable : la tête et les membres de profil, les yeux et le torse de face.

La _Joconde_ Exécuté entre 1503 et 1506, ce portrait au sourire énigmatique est le tableau le plus célèbre du monde. On le doit à l'Italien Léonard de Vinci.

Le portrait de cour Peintre attitré d'Henri VIII d'Angleterre, l'Allemand Hans Holbein le Jeune soignait surtout le rendu des costumes. Ici, le prince Édouard (1539).

L'autoportrait Le peintre hollandais Rembrandt (1606-1669) a réalisé près de 80 autoportraits qui retracent son évolution artistique et personnelle.

La peinture indienne Cette peinture de 1770 n'est pas une image fidèle de la réalité mais une scène stylisée. Les visages apparaissent de profil et les torses de face.

L'expressionnisme Le _Cri_ (1893), du Norvégien Edvard Munch, dépeint des émotions plutôt qu'une scène réelle.

Le cubisme L'Espagnol Pablo Picasso (1881-1973) disloque et recompose l'apparence humaine de façon surprenante.

L'Art déco La peinture aux lignes modernes et épurées de la Polonaise Tamara de Lempicka (1898-1980) se veut purement ornementale.

L'image de soi L'artiste mexicaine Frida Kahlo (1907-1954) s'est fréquemment représentée dans des scènes oniriques.

L'armée en argile En 209 av. J.-C., 8 000 soldats grandeur nature en terre cuite furent ensevelis dans le mausolée du premier empereur de Chine. Ils ont tous un visage différent.

Livre d'heures Dans l'Europe médiévale, l'art était souvent religieux. Cette enluminure représente une Vierge à l'Enfant devant laquelle est agenouillé le commanditaire du livre.

Les masques africains Lors de danses rituelles, les porteurs de ces masques très élaborés communiquent avec les esprits.

L'estampe japonaise Cette estampe de Toshusai Sharaku date de 1794. Elle représente l'acteur Otani Oniji arborant le rictus inquiétant d'un « méchant » du théâtre kabuki.

Une touche épaisse Comme Rembrandt, le Hollandais Vincent Van Gogh (1853-1890) a peint beaucoup d'autoportraits, dont 30 dans les dernières années de sa vie. Ses coups de brosse vigoureux restent visibles sur la toile.

L'impressionnisme Edgar Degas (1834-1917), le « peintre de la danse », est l'un des fondateurs de l'impressionnisme. Ce style cherche à capter les effets fugitifs de la lumière, de la couleur et du mouvement.

Des creux et des courbes Le sculpteur anglais Henry Moore (1898-1986) est célèbre pour ses silhouettes humaines réduites à de simples courbes.

Le pop art Les créations d'Andy Warhol (1928-1987) utilisent des images d'actualité, comme cette sérigraphie de 1962 réalisée à partir d'une photo de Marilyn Monroe.

Cartoon Art À partir du graffiti et du pictogramme, Keith Haring (1958-1990) a construit une œuvre d'avant-garde.

L'ARCHITECTURE

L'architecture est l'art de concevoir des bâtiments et autres ouvrages de construction. Depuis l'aube de l'humanité, l'homme s'est fait bâtisseur pour des raisons pratiques (disposer d'un abri), mais aussi religieuses (enterrer ses morts dans des tombes en pierre, dédier des lieux de culte à ses dieux). L'architecture est devenue une sorte d'art qui ose les formes les plus audacieuses grâce à des matériaux de plus en plus performants.

❶ LE COLISÉE

Premier amphithéâtre permanent de Rome, le Colisée fut achevé en l'an 80 de notre ère. Ce gigantesque édifice percé de 80 portes accueillait jusqu'à 75 000 spectateurs qui suivaient pendant des journées entières les combats de gladiateurs et autres jeux du cirque.

❷ L'ÉGLISE DE BORGUND

Lorsqu'ils abandonnèrent les croyances vikings pour la foi chrétienne, au XIIᵉ siècle, les Norvégiens bâtirent des milliers de magnifiques églises en «bois debout» *(stavkirke)*, aux portails souvent ornés d'animaux sculptés.

❸ LA KUNSTHAUS GRAZ

Surnommé par les habitants de Graz (Autriche) «le gentil extraterrestre», ce musée terminé en 2003 est enveloppé d'une «peau» en verre acrylique bleuté qui fait office d'écran vidéo géant. L'espace intérieur modulable peut accueillir plusieurs expositions.

❹ LE DISNEY CONCERT HALL

Des débuts du projet au concert inaugural de 2003, l'extraordinaire bâtiment aux courbes d'acier du Los Angeles Philharmonic Orchestra aura demandé seize ans de travail. Le grand auditorium revêtu de panneaux de bois jouit d'une acoustique exceptionnelle.

❺ LE CHRYSLER BUILDING

Haut de 319 m, ce gratte-ciel new-yorkais inauguré en 1930 et conçu pour le fondateur de la firme automobile Chrysler reste l'un des bâtiments de brique les plus élevés du monde. Les sculptures en acier qui ornent sa façade représentent des figurines qui décoraient alors le capot de voiture de la marque.

❻ LE REICHSTAG

Siège du Parlement allemand de 1894 jusqu'à l'incendie qui le détruisit en 1933, le Reichstag abrite aujourd'hui le Bundestag (le nouveau Parlement) depuis la réunification allemande en 1990. Le bâtiment a été entièrement reconstruit à l'intérieur des anciennes façades et surmonté d'une coupole de verre.

❼ LA MOSQUÉE DE DJENNÉ

Le plus grand bâtiment du monde construit en adobe (terre crue) date de 1907 et se trouve au Mali. Il s'agit de la mosquée de Djenné. Chaque printemps, les ouvriers réparent les façades en grimpant sur les branches de palmier plantées dans les murs qui servent d'échafaudage permanent.

Les gens du peuple suivaient l'action du haut des gradins; les plus riches prenaient place au bord de l'arène.

Le toit est percé de bouches de lumière qui assurent l'éclairage naturel des salles d'exposition.

Le bois est protégé par un traitement à base d'huile et de goudron.

Les pignons étaient souvent décorés de croix et de têtes de dragons rappelant celles des drakkars vikings.

En 2005, certaines façades ont été dépolies pour réduire la chaleur et l'éblouissement qui gênaient le voisinage.

La flèche sommitale s'élève au-dessus de sept arches d'acier percées de fenêtres triangulaires.

Les visiteurs accèdent par une rampe en spirale au sommet de la coupole panoramique qui domine Berlin.

❽ BOURJ AL-ARAB

Construite sur une île artificielle de la côte de Dubai, cette tour en forme de voile de boutre arabe est l'un des hôtels les plus hauts (321 m) et les plus luxueux du monde. Comme deux ailes en V, le Bourj al-Arab s'élance vers le ciel et ressemble à un mât de bateau.

❾ EL PALAU DE LES ARTS

Fleuron de la Cité des arts et des sciences de Valence (Espagne), ce bâtiment dédié à l'opéra et aux arts scéniques se reflète dans un vaste plan d'eau. Son toit est constitué d'une double coque d'acier couverte de tuiles en mosaïque et ciment.

❿ L'ALLIANZ ARENA

Ce stade de football situé à Munich (Allemagne) est le seul au monde dont la façade puisse changer de couleur à volonté. Inauguré en 2005, il peut accueillir près de 70 000 spectateurs. Son aspect très particulier lui vaut le surnom de « canot pneumatique ».

Architecture

Les trois minarets se terminent en forme de cône portant chacun un œuf d'autruche, qui symbolise la pureté.

Les 2 874 coussins d'air de la façade peuvent s'éclairer de l'intérieur pour afficher la couleur de l'équipe qui joue à domicile.

Avec ses formes effilées et ses « ponts » intérieurs, l'Opéra est souvent comparé à un paquebot.

Un voile en textile isolant abrite les façades des rayons du soleil. La nuit, l'hôtel s'illumine de néons colorés.

LES SYMBOLES

Du dragon crachant des flammes au trèfle à quatre feuilles, les symboles sont partout. Il s'agit de signes (images, objets, chiffres, etc.) qui expriment des idées abstraites, des concepts. Les symboles sont un moyen de rendre visible ce qui est invisible. Nous les utilisons tous les jours, sans même y penser : les lettres et les nombres, par exemple, sont des symboles.

LA RELIGION

Les fidèles expriment souvent leurs croyances religieuses par des symboles. Les symboles religieux possèdent d'innombrables significations ; ils sont utilisés sur les lieux de culte et dans toutes sortes de pratiques rituelles.

L'étoile et le croissant Ces deux symboles religieux apparaissent sur le drapeau de nombreux pays musulmans.

Apsaras Dans la mythologie hindoue, êtres surnaturels incarnant l'esprit féminin.

Le yin et le yang Ils représentent, dans la pensée taoïste, l'harmonie et l'unité de l'Univers.

La roue du Dharma Les huit rayons de ce symbole bouddhiste illustrent les étapes du cheminement spirituel.

L'étoile de David Nommée d'après David, roi d'Israël, elle est depuis le Moyen Âge l'un des symboles de la foi juive.

Le crucifix Représentant Jésus mort sur la croix, il rappelle aux chrétiens le sacrifice du Messie.

Anubis Le dieu des Morts de l'Égypte ancienne procède à la momification et protège les défunts.

LE PORTE-BONHEUR

Pour se protéger du mauvais sort ou du diable, certaines personnes arborent un porte-bonheur qui peut prendre la forme d'un colifichet, d'un bijou… Chaque culture possède ses propres symboles porte-bonheur, qui trouvent leur origine dans des superstitions parfois très anciennes.

Saint Christophe Certains chrétiens invoquent la protection du saint patron des voyageurs en portant une médaille à son effigie.

Fu Signe du bonheur, ce symbole chinois est apposé sur les enveloppes données aux enfants à la nouvelle année lunaire.

La bruyère blanche Un porte-bonheur en Écosse, où cette plante est réputée pousser là où le sang n'a jamais été versé.

Le trèfle à quatre feuille La plupart des trèfles n'ayant que trois feuilles en trouver un est un signe de chance.

Le fer à cheval En Europe et aux États-Unis, on l'accroche à sa porte pour faire venir la chance.

Symbole

Le mauvais œil Ce symbole protège du mauvais sort que jette, d'un simple regard, une personne envieuse.

LES CRÉATURES MYTHOLOGIQUES

Ces créatures dotées de pouvoirs exceptionnels n'existent que dans les contes et les légendes, mais beaucoup de gens leur attribuent une grande signification symbolique. Il s'agit parfois d'animaux fabuleux ou hybrides (c'est-à-dire réunissant dans un même corps des caractéristiques de différentes espèces), ou encore d'êtres à mi-chemin entre l'homme et la bête.

La salamandre Cette créature est associée au feu et symbolise parfois la vertu ayant échappé aux flammes de l'Enfer.

Le centaure Dans la mythologie grecque, cette créature mi-homme mi-cheval possède l'instinct d'un animal et la sagesse d'un humain.

Le Minotaure Avec une tête de taureau sur un corps d'homme, cette bête féroce de la mythologie grecque exprime la lutte entre la raison et les instincts sauvages.

La licorne Cheval doté d'une corne torsadée, elle intervient dans de nombreux mythes. Symbole de sagesse et de pureté en Europe, elle incarne la douceur en Chine.

Le makara Figure aquatique du bestiaire mythologique hindou. Mi-poisson, mi-crocodile, il exprime la fécondité.

Le dragon Omniprésente dans la mythologie chinoise, cette créature gigantesque capable de cracher du feu représente la force.

LA NATURE

Dans beaucoup de civilisations, les représentants du règne animal personnifient des qualités particulières que les humains souhaiteraient posséder. Les animaux auxquels on prête cette signification symbolique sont appelés des totems.

L'aigle Rapace sage, majestueux, et d'ordinaire silencieux, il ne crie que pour annoncer un événement d'importance.

Le serpent Symbole du Mal dans de nombreuses cultures, il peut également, lors de sa mue, incarner la renaissance.

La chouette Symbole de la mort dans certains pays, elle est, dans d'autres, associée à la sagesse.

La carpe Au Japon et dans certaines régions d'Asie, ce poisson évoque la force, peut-être parce qu'il nage à contre-courant.

Le dauphin Symbole de la joie, de l'amour et du bonheur.

Le crapaud Les Aztèques associaient au crapaud les notions de vie et de résurrection. Pour les Chinois, il symbolise la richesse.

Le scarabée Les amulettes en forme de scarabée étaient le porte-bonheur le plus prisé dans l'Égypte ancienne, où on leur attribuait le pouvoir de donner la vie éternelle.

Le singe Ces trois singes japonais incarnent le principe du « ne rien voir de mal, ne rien entendre de mal, ne rien dire de mal ».

259

LES LANGUES

Les hommes communiquent grâce au langage, soit oralement, soit par écrit. Quelque 6 800 langues sont aujourd'hui pratiquées dans le monde. Il en existait autrefois beaucoup plus, mais elles ont disparu progressivement. Les langues des grandes puissances économiques et politiques sont utilisées par des millions de personnes.

❶ Le chinois Plus de 1 milliard d'individus ont pour langue maternelle l'un des dialectes (forme particulière d'une langue) chinois. 880 millions d'entre eux communiquent en mandarin, issu des parlers du nord et du sud-ouest de la Chine.

❷ Le français Parlé par 160 millions de locuteurs dans le monde, le français est une des langues officielles des Nations unies. Il appartient au groupe des langues romanes, issues du latin.

❸ L'hébreu La langue sacrée du judaïsme est parlée par 15 millions de personnes dans le monde. Beaucoup de textes sacrés ont été écrits dans l'hébreu ancien utilisé entre les XIIe et VIe siècles avant notre ère.

❹ L'arabe 250 millions d'individus environ communiquent grâce à l'arabe, groupe de dialectes sémitiques anciens apparentés à l'hébreu. Le Coran, livre sacré de la religion musulmane, est rédigé en arabe.

L'hébreu s'écrit de droite à gauche avec un alphabet de 22 signes.

Le portugais possède 26 lettres et cinq accents.

En français écrit, les cinq accents marquent la prononciation.

Dans les manuscrits islamiques, les caractères arabes sont calligraphiés (écriture artistique).

Le japonais est souvent imprimé verticalement.

Pour écrire le chinois courant, on utilise environ 4 000 signes.

Sur ce manuscrit hindi, les lettres sont reliées par un trait horizontal.

BAYONNE en Tête

IV CA MUN FUT ·TAÇA

Langage

L'espagnol écrit traditionnel compte 27 lettres.

❺ L'hindi Groupe de langues parlées au nord et au centre de l'Inde, l'hindi est la langue maternelle de 360 millions d'Indiens et la seconde langue de beaucoup d'autres.

❻ Le portugais Langue romane du Portugal, elle s'est étendue au Brésil lors de la colonisation portugaise et compte aujourd'hui plus de 230 millions de locuteurs.

❼ Le japonais Utilisée par 130 millions de locuteurs, la langue japonaise peut s'adapter, en signe de respect, à l'âge et au statut social de l'interlocuteur.

❽ L'espagnol Originaire du nord de l'Espagne, cette langue romane s'est imposée en Amérique latine. Il y a 400 millions d'hispanophones dans le monde, dont un quart au Mexique.

❾ Le bengali Deuxième langue la plus parlée en Inde, le bengali est aussi utilisé dans d'autres régions du Sud asiatique. C'est la langue maternelle de 210 millions d'individus.

❿ Le grec Cette langue ancienne dont l'alphabet date du IXᵉ siècle av. J.-C. compte 15 millions de locuteurs en Grèce et dans les communautés grecques.

⓫ Le latin La langue de la Rome antique est à l'origine de la famille des langues romanes et a légué de nombreux mots au vocabulaire d'autres groupes linguistiques.

⓬ Le russe Langue maternelle de 145 millions de personnes, le Russe est pratiqué par 110 millions comme seconde langue. C'est l'une des six langues officielles des Nations unies.

⓭ L'anglais Diffusé dans le monde entier par le colonialisme britannique, l'anglais est la langue maternelle de 400 millions d'individus et celle que l'on utilise le plus sur Internet.

En grec ancien, il n'y a pas d'espace entre les mots.

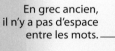

De nombreux caractères bengalis associent consonne et voyelle.

Le latin est une langue « morte », mais son alphabet reste le plus utilisé dans le monde.

Le russe s'écrit avec l'alphabet cyrillique, dont l'invention, au Moyen Âge, est attribuée à saint Cyrille.

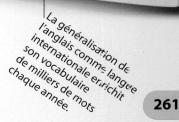

La généralisation de l'anglais comme langue internationale enrichit son vocabulaire de milliers de mots chaque année.

LA LITTÉRATURE

Tout texte écrit avec une intention de création peut être qualifié de littéraire, qu'il soit une œuvre de fiction (roman, poème, pièce de théâtre) ou une œuvre non romanesque (ouvrage d'érudition, journal, correspondance, autobiographie). Quel que soit le genre qu'ils abordent, les écrivains font appel à leur imagination pour transmettre des connaissances, des idées ou des sentiments de façon intelligible et vivante.

▲LA LITTÉRATURE NON ROMANESQUE

Genre littéraire basé sur des faits réels. L'auteur doit effectuer des recherches et maîtriser son sujet pour dépeindre des événements historiques, politiques ou personnels. Les biographies (récit de la vie d'une personne) et les autobiographies (récit de la vie de l'auteur) entrent dans cette catégorie.

Le *Journal* d'Anne Frank (1929-1945) raconte l'expérience d'une jeune fille juive qui vécut cachée sous l'occupation nazie.

Crime et Châtiment, un roman de l'écrivain russe Fedor Dostoïevski (1821-1881)

Les romans d'amour

Ces fictions très populaires racontent une histoire d'amour dans un cadre contemporain ou historique. En général, elles finissent bien.

Les romans policiers

Ils mettent en scène des criminels et des détectives qui tentent habilement de les démasquer et de déjouer leurs plans.

▲LA FICTION

Les auteurs de fictions imaginent des événements, des lieux et des personnages. Ils s'inspirent parfois de faits réels, mais y mêlent toujours des éléments de leur invention. Les nouvelles, les romans (des histoires d'une certaine longueur, parfois de gros volumes) et les poèmes sont des œuvres de fiction.

La science-fiction

La science et les nouvelles technologies servent de support aux auteurs pour imaginer un autre monde, contemporain ou futur.

PIÈCES ET SCÉNARIOS ▶

Une pièce de théâtre ou un scénario est un texte destiné à être interprété au théâtre, à la radio, à la télévision ou au cinéma. Pour que l'intrigue et les rebondissements tiennent le spectateur en haleine, les auteurs soignent particulièrement la crédibilité des personnages et des situations.

L'Anglais William Shakespeare est considéré comme l'un des plus grands dramaturges de tous les temps.

Le succès d'un livre incite parfois l'auteur à lui donner une suite, et même à créer une série.

J. K. Rowling

Harry Potter
ET LA COUPE DE FEU

ALD DAHL
he BFG

strations by Quentin Blake

LES BEST-SELLERS

Ce terme s'applique aux livres vendus à des centaines de milliers d'exemplaires. Avec environ 6 milliards d'exemplaires, la Bible est le premier best-seller de tous les temps. Le *Petit Livre rouge*, de l'ancien président chinois Mao Zedong, s'est écoulé à environ 900 millions d'exemplaires, suivi de près par le Coran, livre sacré de l'islam (800 millions). Chef-d'œuvre de la littérature occidentale, le roman *Don Quichotte*, de l'Espagnol Cervantès, s'est vendu à ce jour à 500 millions d'exemplaires.

- Agatha Christie a vendu ses romans policiers à plus de 2 milliards d'exemplaires.

- William Shakespeare est le dramaturge le plus vendu au monde.

- J. K. Rowling a écoulé plus de 400 millions d'exemplaires des sept volumes de la série *Harry Potter*.

- Il s'est vendu plus de 250 millions d'exemplaires du *Comte de Monte-Cristo*, d'Alexandre Dumas.

- La Bible a été traduite dans plus de 2 400 langues.

Le Japonais Basho Matsuo (1644-1694) est le maître incontesté du haïku.

▲ LA LITTÉRATURE POUR LA JEUNESSE

Les jeunes lecteurs ont aujourd'hui à leur disposition un choix très large d'ouvrages de fiction ou de documentaires (comme *OH!*). S'adresser à un jeune public demande des aptitudes particulières. Les auteurs font généralement équipe avec un illustrateur. Leurs livres racontent souvent les aventures d'un héros du même âge que le lecteur et aident celui-ci à surmonter certaines difficultés de la vie, comme la timidité ou le deuil.

◀ LES CONTES

Ces merveilleux récits du passé mettent en scène des personnages fantastiques confrontés à d'impossibles défis. Les contes sont issus de l'ancienne tradition orale, et le nom de leurs auteurs s'est perdu au fil des siècles. À l'origine pour tous publics, ils sont souvent réédités aujourd'hui dans des collections pour enfants très bien illustrées.

Un conte russe superbement illustré

◀ LA POÉSIE

À l'inverse de la prose, rédigée en paragraphes, la poésie s'écrit le plus souvent en vers. Les poètes choisissent leurs mots pour exprimer une image, une idée, une émotion. Certaines poésies riment, d'autres non. Le haïku est une forme poétique japonaise ancienne qui consiste à traduire une impression ou une vision en 17 pieds.

LES MÉDIAS

Le terme « médias » désigne l'ensemble des moyens de communication – écrits, parlés, imprimés ou numériques – accessibles à un large public. Au cours des siècles, les avancées technologiques, de l'invention de l'imprimerie à l'avènement d'Internet, ont permis d'informer les gens mieux et plus vite. Aujourd'hui, une nouvelle fait le tour du monde en quelques secondes.

❸ LA TÉLÉVISION

Depuis ses débuts dans les années 1930, la télévision apporte l'information et le divertissement au plus grand nombre. Magnétoscopes et lecteurs DVD permettent d'enregistrer et de regarder des films ; le câble et le satellite ont multiplié l'offre de programmes.

❹ LA RADIO

En 1938, une adaptation radiodiffusée par Orson Welles de *La Guerre des mondes* persuada les Américains que les Martiens étaient en train d'envahir la planète. Aujourd'hui, les stations de radio diffusent musique, débats, informations et pièces de théâtre.

❶ LE NUMÉRIQUE

Le mot « numérique » désigne la technologie par laquelle une information est convertie en chiffres pour être envoyée ou stockée via des systèmes électroniques. Internet est le premier des médias numériques : chacun peut désormais y rencontrer un très vaste public grâce aux sites personnels et aux blogs.

❷ LE MULTIMÉDIA

L'évolution technologique permet maintenant de combiner plusieurs fonctions. Ainsi les téléphones mobiles font-ils également office d'appareil photo, de lecteur MP 3, de console de jeux et de terminal Internet.

Ce livre est au départ un produit numérique, car réalisé par des moyens informatiques.

Lecteur MP 3

Les informations stockées sur le DVD sont lues par un laser.

Ordinateur portable

Pour des raisons d'économie, les quotidiens sont généralement imprimés sur du « papier journal ».

Téléphone mobile

Les puces permettent à des appareils de petite taille de réunir de multiples fonctions.

❺ LES RÉSEAUX

Contrôlé par une poignée d'entreprises internationales, le secteur des médias est un commerce planétaire. Les satellites mis en orbite autour de la Terre retransmettent des programmes télévisés dans le monde entier.

Téléviseur haute définition à écran plat

❸

Parabole

Fixée à un bâtiment, la parabole reçoit les signaux émis par un satellite en orbite.

❺

@))
Média

❹

PURE

ONE

Les radios numériques diffusent un son d'une exceptionnelle qualité.

❻ LES JOURNAUX

La presse quotidienne et hebdomadaire contient des informations, des analyses, des enquêtes et des publicités. Le Japon détient des records de tirages : deux quotidiens dépassent les 12 millions d'exemplaires. Aujourd'hui, beaucoup de journaux sont disponibles sur Internet.

Les magazines sont imprimés sur du papier de meilleure qualité que celui des quotidiens.

❼ LES MAGAZINES

Le contenu d'un magazine ne vieillit pas aussi vite que celui d'un journal. Les magazines couvrent des sujets d'actualité ou s'adressent à un public ciblé (cinéphiles, fans de musique, etc.).

❼

LE FIGARO
MAGAZINE

CAR OF THE Y
WHO WINS THE SHOWDOWN OF

SCIENCES
ET AVENIR
Novembre 2007

NOBEL FRANÇAIS
DE PHYSIQUE 2007
Albert Fert,
le magnétique

60 GRANDES QUESTIONS
Le temps existe-t-il
La fin des civilisations
Le réchauffement climatique
9 milliards d'hommes sur la planète
Décrypter le cerveau
Avant le Big Bang
La vie extraterrestre...

DER SPIEGEL
Geboren am 9. November '89
Die Kinder des Mauerfalls werden volljähr

LA PHOTO

La photographie permet d'obtenir des images du monde réel par l'action de la lumière sur les objets. La lumière est captée sur une pellicule – feuille de plastique enduite de produits photosensibles – ou un capteur électronique. Avec l'invention de l'appareil photo au début du XIXᵉ siècle, les photographes ont changé notre vision du monde en nous offrant des vues des merveilles de la nature, des bactéries microscopiques, des galaxies lointaines, des exploits sportifs, des portraits de famille, etc.

❶ LE FONCTIONNEMENT

Les appareils photo d'aujourd'hui sont très performants : leur obturateur s'ouvre et se ferme en une fraction de seconde, figeant ainsi pour l'éternité un footballeur marquant un but ou un nageur fendant la surface de l'eau.

❷ LES PORTRAITS

Avant la photographie, seuls les plus riches pouvaient faire peindre leur portrait. Puis vint l'époque où l'on revêtait ses plus beaux habits pour poser dans le studio du photographe. Aujourd'hui, nos albums regorgent de clichés d'anniversaires, de vacances, de mariages ou de scènes de la vie quotidienne.

❸ LES PREMIERS APPAREILS

Les premiers appareils (1839), de grosses boîtes, nécessitaient un temps d'exposition (temps durant lequel la pellicule doit recevoir la lumière pour fixer l'image) particulièrement long, obligeant souvent les personnes photographiées à tenir la pose pendant 20 min ! Les appareils sont ensuite devenus plus petits et plus sensibles à la lumière.

La vitesse de l'obturateur permet de saisir chaque goutte d'eau.

La sépia, un pigment brun dérivé de la seiche, allongeait la durée de vie des tirages.

Photographie

❹ LA PUBLICITÉ

Les photos publicitaires qui s'affichent partout dans les rues et à longueur de magazine sont souvent retouchées pour offrir une image parfaite. Sur une publicité pour un rouge à lèvres, les dents sont blanchies et les lèvres rendues plus brillantes.

L'objectif se rétractait dans le boîtier grâce aux soufflets escamotables.

❺ L'OBJECTIF

L'appareil capte la lumière grâce à une lentille de verre incurvée : l'objectif. Le zoom (ci-dessus) est un assemblage de plusieurs lentilles. En réglant la distance entre elles, le photographe peut saisir avec netteté des objets lointains.

❻ LA MACROPHOTOGRAPHIE

Cette technique utilise un objectif qui prend de très gros plans de sujets minuscules (ici, une mouche). Ce téléobjectif fait la mise au point sur une seule partie du sujet : les yeux de la mouche sont nets, son corps est flou.

❼ LE REPORTAGE

Les photoreporters exercent le journalisme avec des images plutôt qu'avec des mots. Ils se rendent, souvent au péril de leur vie, dans des pays en guerre ou des zones dévastées par des catastrophes naturelles (inondations, incendies…) pour en rapporter des photos qui constituent un témoignage précieux.

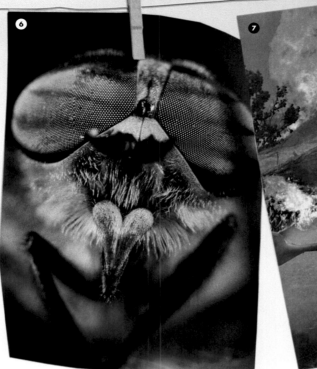

En studio, le photographe maîtrise la lumière.

Un format «portrait», inhabituel pour un paysage, généralement pris horizontalement (d'où le terme format «paysage»)

❾ LES PAYSAGES

Comme la peinture, la photographie immortalise de magnifiques paysages. Les plus belles images sont souvent prises une heure après le lever du soleil ou juste avant son coucher. Le soleil, bas dans le ciel, diffuse alors une lumière superbe.

❿ LA PHOTO NUMÉRIQUE

Les appareils numériques ne captent plus les images sur une pellicule, mais selon un procédé électronique. Ils permettent de prendre autant de photos qu'on le souhaite et de transférer ensuite facilement les images d'un ordinateur à un autre, grâce à Internet.

Le projecteur sur pied permet d'ajuster l'angle et la hauteur d'éclairage.

❽ LA PHOTO ARGENTIQUE

Les premiers appareils fonctionnaient avec des plaques de verre ou de métal. Grâce à la pellicule (1888), ils sont devenus plus petits et moins chers. La pellicule capte une image inversée : ce négatif permet d'obtenir un tirage positif sur papier.

LE THÉÂTRE

Le théâtre est né dans la Grèce antique, où les représentations étaient dansées et chantées. Au Moyen Âge, les pièces traitaient de thèmes religieux et se jouaient dans la rue ou dans des salles qui n'étaient pas spécialement conçues pour cet usage. Le théâtre en tant que lieu, avec sa scène surélevée séparée du public par un rideau, n'est apparu qu'au XVIIᵉ siècle. Il accueille de nos jours différents types de spectacles : pièces, mime, opéra, ballet...

❶ L'AVANT-SCÈNE
La partie de la scène la plus proche du public est délimitée par une arche ouvragée qui sert de cadre à la représentation. L'avant-scène – ou proscenium – est apparue en Italie en 1618 mais les théâtres modernes en sont généralement dépourvus.

❷ LE RIDEAU
Fabriqué dans un tissu lourd, du velours par exemple, le rideau isole la scène du public pendant que les machinistes procèdent aux changements de décor. Le rideau ignifugeant empêche qu'un départ de feu sur scène ne se propage dans le théâtre.

❸ LES LOGES
La salle, où prend place le public, comprend les loges – places les plus recherchées offrant la meilleure vision de la scène –, l'orchestre (en bas), la corbeille (au-dessus de l'orchestre) et les premier et deuxième balcons.

❹ LES COULISSES
Les coulisses sont les parties latérales de la scène qui restent cachées au regard du public par l'avant-scène. C'est là, de chaque côté du rideau, que patientent les comédiens avant d'entrer en scène.

❼ LES COMÉDIENS
Le succès d'une représentation dépend souvent du talent des comédiens. Par leurs mimiques, leurs intonations et leur gestuelle, ils doivent rendre crédible l'action qui se déroule sur scène. Le poète et dramaturge grec Thespis, né au VIᵉ siècle av. J.-C., est considéré comme le premier comédien.

❽ LES DÉCORS
Aux décorateurs revient la lourde tâche de créer un lieu, une atmosphère, en donnant l'illusion de la distance et de l'espace. Une machinerie complexe installée dans les cintres (espace situé au-dessus de la scène) permet de descendre et de hisser les décors.

❾ LA SCÈNE
Au théâtre, la scène est l'emplacement où se déroule la représentation. Il s'agit habituellement d'un plancher de bois, souvent doté d'une trappe permettant le passage des comédiens ou de certaines parties du décor.

Théâtre

⑤ LES COSTUMES

Les costumiers s'occupent des vêtements des comédiens. Le chef costumier est chargé du choix et de la conception des costumes. C'est aussi lui qui supervise leur entretien. Les habilleuses aident les comédiens à se changer entre deux scènes.

⑥ L'ORCHESTRE

La fosse d'orchestre se situe en contrebas de la scène. Elle accueille les musiciens et les ingénieurs du son. Le chef d'orchestre se tient debout face à la scène afin de coordonner la musique avec les chanteurs, les danseurs et les comédiens.

LE CINÉMA

En 1895, les frères Lumière fascinaient les spectateurs français avec leurs «images mobiles». Aujourd'hui, l'industrie cinématographique brasse des milliards d'euros. Le cinéma est un loisir populaire, une expression artistique majeure, un moyen d'influencer l'opinion. Le miracle du cinéma repose sur le défilement rapide d'une succession d'images.

▼ LE CINÉMA MUET

Jusqu'à la fin des années 1920, aucun son enregistré n'accompagne les images. Des bribes de dialogue ou de scénario s'inscrivent sur l'écran et les acteurs ne s'expriment que par la gestuelle. Dans la salle, un pianiste apporte une ambiance musicale.

▼ LE WESTERN

Avec l'Ouest américain pour décor, ces films ont captivé le public des années 1950 et 1960 en retraçant les aventures des cow-boys, hors-la-loi, bandits et pionniers héroïques du XIXe siècle.

▼ LES FILMS D'HORREUR

Ces films sont délibérément conçus pour terrifier le spectateur. La mécanique est immuable : les héros doivent vaincre le Mal, qui prend les traits d'un monstre, d'un fantôme, d'un tueur en série… Violence et hémoglobine garanties.

@ ▶▶ Cinéma

▲ LA SCIENCE-FICTION ET LE FANTASTIQUE

Avec ces films spectaculaires, inventifs et riches en effets spéciaux, les réalisateurs imaginent le monde du futur et la place qu'y tiendra la technologie.

▲ L'ACTION ET L'AVENTURE

Ici, le personnage principal multiplie les exploits. Les cascades, les poursuites, les bagarres et les fusillades s'enchaînent. Chasseurs de criminels ou agents secrets, ces héros intrépides gagnent toujours à la fin.

▲ LES FILMS D'ANIMATION

Des images se succèdent rapidement et donnent ainsi l'illusion du mouvement. Aujourd'hui, la production des dessins animés fait appel à des technologies informatiques.

▼BOLLYWOOD
Capitale mondiale du cinéma depuis les années 1900, Hollywood a aujourd'hui une rivale indienne : Bollywood, avec un « B » comme Bombay. L'Inde y produit plus de mille films par an, surtout des comédies musicales très kitsch.

▼LES COMÉDIES
Tartes à la crème et parodies : le public a toujours adoré les comédies. Les scénarios s'appuient tantôt sur les dialogues, tantôt sur les mimiques des acteurs… Les comédies finissent généralement bien, même si elles évoquent souvent les tristesses de la vie.

▼LES FILMS CATASTROPHE
Un astéroïde qui fonce vers la Terre, un naufrage, un séisme… autant de désastres adaptés un jour à l'écran. Les effets spéciaux créés par ordinateur depuis les années 1990 rendent le genre encore plus spectaculaire.

▲LES THRILLERS
Les héros de ces films où les rebondissements se succèdent à un rythme effréné tentent de démasquer un adversaire malfaisant. Certains thrillers privilégient l'action, d'autres mettent l'accent sur le suspense.

▲LES FILMS DE KUNG-FU
Produits en Asie, ces films regorgent de spectaculaires scènes de combats utilisant un ou plusieurs arts martiaux. Bruce Lee et Jackie Chan sont les stars de ce genre cinématographique.

▲LES COMÉDIES MUSICALES
Avec un scénario qui fait la part belle à la chanson et à la danse, les comédies musicales sont souvent des adaptations de pièces de théâtre. La production récente a renouvelé le genre avec succès.

LA DANSE

Énergiques ou gracieux, les danseurs utilisent puissance et souplesse pour effectuer une série de mouvements, en musique le plus souvent. La danse est une expression artistique, un rituel et une activité. À l'origine, les artistes dansaient pour vénérer les dieux et les esprits ou pour raconter des histoires. Dans les ballets, les danseurs exécutent une suite de pas et gestes mis au point par un chorégraphe.

@ ▶▶
Danse

Pour l'harmonie et l'équilibre, les mouvements des bras sont coordonnés avec ceux des jambes.

LE BALLET ▶

Le ballet est une technique où les mouvements gracieux s'enchaînent. Les danseurs s'entraînent durement et portent des chaussons à bouts plats renforcés – les pointes – pour évoluer sur la pointe des pieds.

◀ LE DISCO

Dans les années 1970, une musique au rythme binaire très entraînant déferle sur les ondes et dans les boîtes de nuit. Idéal pour danser – certains morceaux ont leur propre chorégraphie –, le disco doit beaucoup au film *La Fièvre du samedi soir* (1978).

Le dragon symbolise la puissance et la force. Plus il est long, plus il porte chance.

Le dragon prend vie lorsque les danseurs le font bouger à l'aide de bâtons de bambou.

LA DANSE DU DRAGON ▶

Traditionnelle des fêtes du Nouvel An, elle date de la dynastie Han (206 av. J.-C. – 220 apr. J.-C.). Les danseurs portent un dragon à l'aide de manches de bois, qu'ils relèvent ou abaissent pour que l'animal danse.

LE *BHARATA NATYAM* ▶

La danse classique du *Bharata natyam* dérive des enchaînements de gestes et de postures qu'exécutaient autrefois les danseurs des temples hindouistes de l'Inde du Sud pour narrer l'histoire des dieux. Certains gestes – la position des mains surtout – ont une signification particulière.

◀ LE TANGO

Cette danse pleine de sensualité est née dans les faubourgs d'Argentine et d'Uruguay au milieu du XIXᵉ siècle. Les mains entrelacées, le couple se regarde, ou regarde dans la même direction, et évolue au rythme d'une musique également appelée tango.

LE CANCAN ▶

Né à Paris dans les années 1840, le cancan se dansait à l'origine en couple. Cette danse énergique où l'on lève haut la jambe et où l'on fait la roue a vite envahi les music-halls. Exécutée à l'unisson par une rangée de jeunes filles en jupons, elle est appelée *french cancan*.

Pendant le *french cancan*, les danseuses agitent leur jupe et leurs jupons.

Les danseuses de flamenco n'ont pas toujours eu de castagnettes, un accessoire aujourd'hui incontournable.

◀ LA DANSE AFRICAINE

Au son du tambour, les danses traditionnelles de l'Afrique font partie intégrante des cérémonies rituelles, des plus gaies (mariage, entrée dans l'âge adulte) aux plus tristes (funérailles). Ces danses soudent et réconfortent la communauté.

Si le danseur de limbo touche le bâton, il est éliminé.

Le haut de la robe de flamenco est moulant, la jupe volantée est ample pour faciliter les mouvements.

LE LIMBO ▶

Le danseur se glisse sous un bâton sans le toucher ni perdre l'équilibre, sous peine d'être éliminé. Le bâton est abaissé après chaque passage réussi, jusqu'à ce qu'il ne reste plus qu'un danseur. Le limbo est originaire des Antilles.

▲ LE FLAMENCO

Né dans les petits villages de l'Andalousie, en Espagne, le flamenco est à la fois un style de musique flamboyant et une danse très rapide. Les danseurs font claquer leurs doigts et tapent du pied au rythme de la guitare.

LA MUSIQUE

La musique est l'art d'organiser les sons émis par la voix et les instruments. Elle compte d'innombrables genres. La musique peut être jouée en public ou diffusée par différents moyens : disque, radio, télévision, Internet… La musique est un art millénaire, mais c'est seulement au xxe siècle que les techniques modernes d'enregistrement et de diffusion ont fait de certains musiciens des stars internationales.

Musique

La boule à facettes suspendue au-dessus de la piste de danse, symbole absolu de l'ère disco

❶ LE DISCO

Dans les années 1970, le disco (du mot «discothèque»), une musique pop au rythme entraînant, envahit les pistes de danse du monde entier et s'installe au sommet des hit-parades. La vague du disco a reflué dans les années 1980.

❷ LA MUSIQUE CLASSIQUE

L'adjectif «classique» qualifie les musiques destinées à être jouées dans une salle de concert et composées pour un ensemble instrumental (du petit ensemble au grand orchestre symphonique), une chorale ou un opéra. Les œuvres de compositeurs comme Bach ou Beethoven, écrites il y a des siècles, sont toujours applaudies à notre époque.

❸ LES VIDÉO-CLIPS

Dès la fin des années 1970, les artistes accompagnent leurs chansons de petits films promotionnels. L'essor d'Internet et l'avènement des chaînes musicales ont fait le succès des vidéos. Gorillaz, un groupe virtuel dont les membres sont représentés comme des personnages de dessins animés, a donné des concerts en 2005… avec des musiciens bien réels.

❹ LA DANCE

Avec le développement des instruments électroniques et de la musique assistée par ordinateur est né un nouveau style, conçu pour remplir les pistes de danse. En «mixant» en direct, les disc-jockeys sont devenus des stars.

Les concertistes interprètent leur morceau en lisant les notes sur une partition.

Instrument relativement récent, le saxophone est un incontournable des orchestres de jazz.

Le CD est désormais le support standard de la musique. Fin 2007, il s'en était vendu plus de 200 milliards dans le monde.

Les DJ créent et mixent leur musique en direct grâce aux platines et aux disques vinyles.

GORILLAZ

Les DJ ont inventé le rap en parlant (rappant) au micro sur la musique.

Les tournées assurent d'énormes revenus aux stars de la pop comme Justin Timberlake.

❺ LE JAZZ

Le jazz est né au début du xxᵉ siècle de la rencontre entre la musique européenne et les rythmes des esclaves noirs venus d'Afrique dans le sud des États-Unis.

❻ LE ROCK

Le rock'n'roll explose aux États-Unis dans les années 1940 et 1950 : guitares électriques, guitares basses, percussions… Il propose des paroles inédites aux refrains accrocheurs et un tempo irrésistible. Le rock et toutes ses variantes restent un genre musical extrêmement populaire.

❼ LA POP

Ce style de musique touche un public particulièrement jeune. Ses chansons sont construites sur un modèle simple, avec des paroles répétitives que l'on mémorise facilement. Les stars de la pop jouissent aujourd'hui d'une renommée mondiale, leurs tubes sont planétaires.

❽ LE R&B

Le rythm and blues, ou R&B, est né aux États-Unis dans les années 1940. Il est alors joué par et pour la communauté noire. Aujourd'hui le R&B se rapproche plutôt du disco et de la dance, dans une version plus posée et avec des paroles plus douces.

❾ LE REGGAE

Apparu en Jamaïque dans les années 1960, le reggae se distingue par son rythme caractéristique, un tempo lent et régulier. C'est la guitare basse – l'instrument principal – qui marque le rythme. Le reggae est indissociable de la religion rastafarie.

❿ LA COUNTRY

La country mêle les airs traditionnels du sud des États-Unis au rock et à d'autres styles musicaux. Elle est aujourd'hui l'un des genres les plus populaires, avec ses stars internationales, des ventes record et de gigantesques tournées mondiales.

Avec ses deux premiers albums, le groupe de rock The Killers a déjà vendu 10 millions de disques.

Dans l'univers de la pop, les chanteuses (ici, Beyoncé) gagnent plus que leurs confrères masculins.

Il suffit de brancher un lecteur MP3 sur des enceintes pour écouter les fichiers audio qui y sont stockés.

Les lecteurs MP3 stockent la musique sur leur disque dur.

Bob Marley, légende de la musique jamaïcaine, est le chanteur de reggae le plus connu.

La guitare électrique est l'instrument roi de nombreux genres musicaux, dont le rock.

Les stars de la country arborent volontiers le style cow-boy.

L'ORCHESTRE

Ensemble d'instrumentistes jouant sous la direction d'un chef, l'orchestre est traditionnellement composé de quatre « pupitres » : les percussions, les cuivres, les bois et les cordes. Groupés par pupitre, les musiciens sont dirigés par le chef d'orchestre, qui se tient debout face à eux.

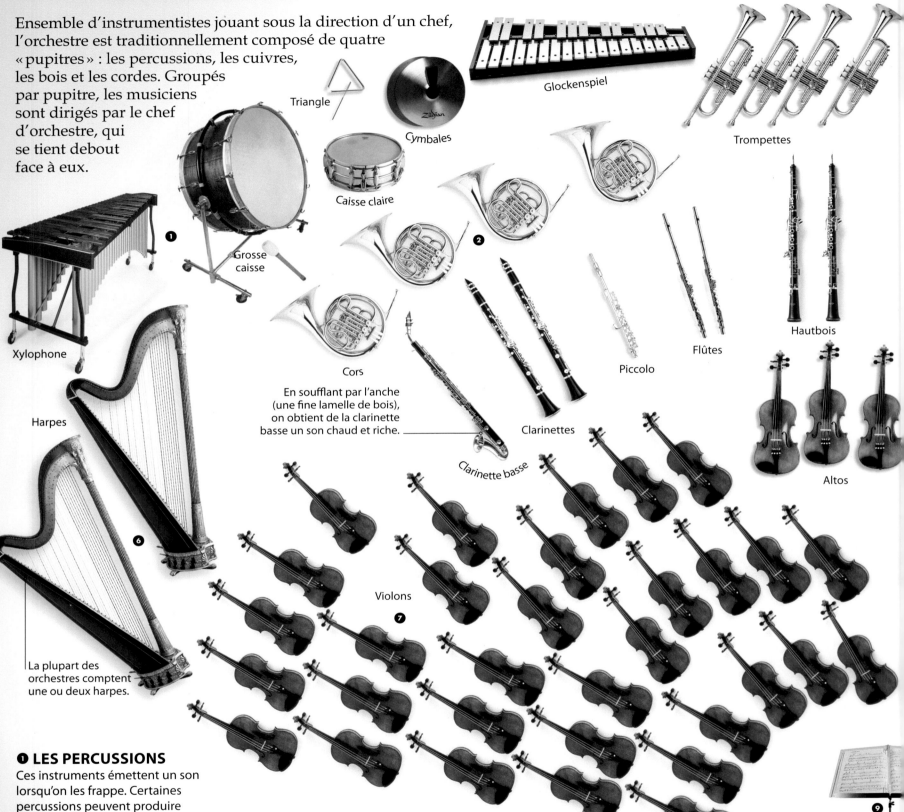

Triangle

Glockenspiel

Cymbales

Caisse claire

Grosse caisse

Cors

Trompettes

Hautbois

En soufflant par l'anche (une fine lamelle de bois), on obtient de la clarinette basse un son chaud et riche.

Clarinettes

Flûtes

Piccolo

Altos

Clarinette basse

Xylophone

Harpes

La plupart des orchestres comptent une ou deux harpes.

Violons

Pupitre du chef d'orchestre

❶ LES PERCUSSIONS

Ces instruments émettent un son lorsqu'on les frappe. Certaines percussions peuvent produire plusieurs notes (glockenspiels et xylophones), d'autres non (tambours, cymbales et triangles).

❷ LES CUIVRES

C'est en soufflant dans le tube en cuivre d'une trompette ou d'un cor que l'on émet un son. La note change en appuyant sur un piston qui ouvre une valve.

❸ LES CUIVRES BAS

Trombones, trombones basse et tubas produisent les notes les plus graves du pupitre des cuivres. Le système à coulisse du trombone permet de changer de note. Le timbre du tuba, qui résonne dans une embouchure en cloche, est le plus grave.

❹ LES BOIS

Cette rubrique comprend piccolos, flûtes, clarinettes, clarinettes basse, hautbois, cors anglais, bassons et contrebassons. Pour émettre un son, le musicien souffle dans un trou ou dans une anche.

❺ LES TIMBALES

Ces percussions se composent d'une caisse de cuivre couverte d'une peau tendue sur laquelle on frappe à l'aide de baguettes gainées de feutre.

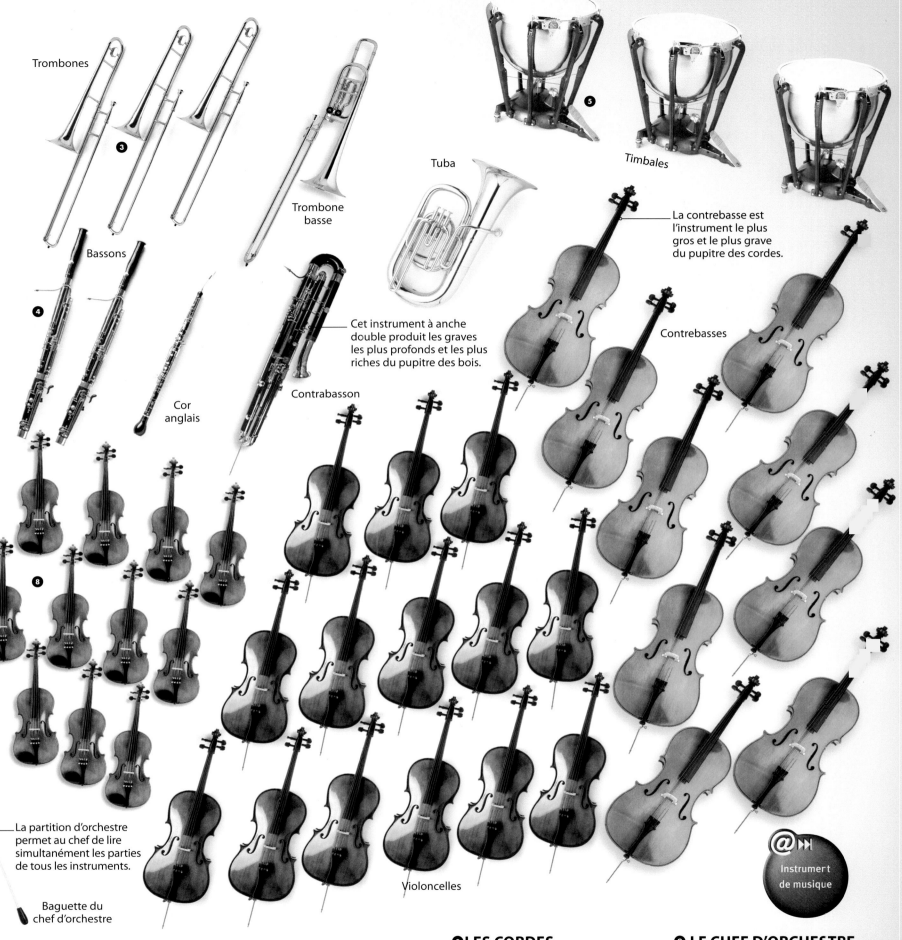

Trombones ❸

Trombone basse

Tuba

Timbales ❺

Bassons ❹

Cor anglais

Contrabasson

Cet instrument à anche double produit les graves les plus profonds et les plus riches du pupitre des bois.

La contrebasse est l'instrument le plus gros et le plus grave du pupitre des cordes.

Contrebasses

❽

Violoncelles

La partition d'orchestre permet au chef de lire simultanément les parties de tous les instruments.

Baguette du chef d'orchestre

@▶▶ Instrument de musique

❻ LA HARPE

Une harpe est un grand triangle de bois muni de 47 cordes. Les plus fines donnent les notes les plus aiguës, les plus épaisses les notes les plus graves.

❼ LE VIOLON

Les violons sont les plus petits instruments du pupitre des cordes, mais les plus nombreux de l'orchestre. Le son est produit par le frottement de l'archet sur les cordes.

❽ LES CORDES

Les instruments à cordes sont les plus nombreux et expriment souvent la ligne mélodique de la musique. Ce pupitre groupe violons, altos, violoncelles, contrebasse et harpes.

❾ LE CHEF D'ORCHESTRE

Le chef d'orchestre se tient sur une estrade face à l'orchestre, une baguette à la main. Par ses gestes, il dirige l'interprétation des musiciens et les fait jouer en mesure.

LE SPORT

Le sport est une activité millénaire qui remonte au temps où la course et le lancer étaient nécessaires à la survie de tous. Faisant l'objet de règles et requérant un effort physique, il se pratique souvent à l'aide d'une balle ou d'un ballon.

❶ Le hurling Ce jeu irlandais, rapide, se pratique avec deux équipes de 15, des crosses, deux buts en forme de H et une petite balle.

❷ Le football américain Les joueurs marquent en emportant ou en lançant un ballon ovale dans l'en-but adverse.

❸ Le polo Montés sur des chevaux, les joueurs marquent en cognant la balle avec un long maillet vers le but adverse.

❹ Le football Le sport le plus populaire du monde oppose deux équipes de 11 joueurs qui doivent envoyer un ballon dans le but adverse avec les pieds.

❺ Le hockey sur gazon Deux équipes tentent d'envoyer une balle dans les filets des adversaires à l'aide d'une crosse.

❻ Le lancer de poids L'athlète lance un poids de 7 kg le plus loin possible.

❼ Le football gaélique Il est issu du caïd, un ancien jeu irlandais. Les joueurs frappent le ballon au pied ou au poing. Les buts sont en forme de H.

❽ Le football australien Au pied ou à la main, les 18 joueurs de chaque équipe se transmettent un ballon ovale pour le passer entre les quatre poteaux de buts placés à chaque extrémité du terrain.

❾ Le jonglage Le jongleur lance et rattrape en continu plusieurs balles, voire des couteaux ou des torches pour les plus expérimentés.

❿ Le lacrosse Dans ce jeu amérindien, les joueurs attrapent et lancent une balle de caoutchouc dans le but adverse à l'aide d'une crosse terminée par un filet.

⓫ Le softball Avec une batte, on envoie une balle très loin pour laisser à son coéquipier le temps de courir autour de quatre bases.

⓬ Le rugby On marque en portant le ballon ovale dans l'en-but adverse ou en l'envoyant entre les poteaux au-dessus de la barre transversale. Chaque équipe a 15 joueurs.

⓭ Le ballon lesté Les athlètes l'utilisent pour se muscler.

⓮ Le base-ball Proche du softball, le base-ball se pratique avec une balle plus petite et plus dure.

⓯ Le cricket Le lanceur vise avec la balle un guichet (fait de trois piquets de bois) défendu par un batteur.

⓰ Le golf En la frappant avec un club, il faut faire entrer une petite balle dans chaque trou du parcours en un minimum de coups.

Le ballon de rugby est ovale pour une meilleure prise en main.

Le ballon de football possède 32 pièces cousues entre elles.

Un ballon lesté pèse de 2,5 à 7 kg.

17 La pétanque Très populaire en France. Les concurrents lancent des boules d'acier le plus près possible du cochonnet.

18 Le boulingrin Sur un parterre de gazon, les joueurs font rouler des boules au plus près d'une boule plus petite.

19 Le snooker Avec un bâton (queue), 2 joueurs rentrent des boules (15 rouges et 6 de différentes couleurs) dans les 6 «poches» d'une table tapissée de feutre.

20 Le rounders Chacune à leur tour, les deux équipes battent et lancent. Pour marquer, le batteur doit faire le tour de quatre bases avant que la balle ne soit relancée par l'adversaire.

21 Le basket-ball Les premiers matchs se jouèrent avec des cageots de pêches en guise de paniers; pour récupérer le ballon, l'arbitre grimpait à une échelle.

22 Le netball Dérivé du basket, le netball est le principal sport d'équipe féminin en Australie et en Nouvelle-Zélande.

23 Le volley-ball Deux équipes de 6 joueurs s'affrontent en lançant à la main un ballon au-dessus d'un filet. Si le ballon touche terre, l'équipe adverse marque.

24 Le croquet Les paysans français du XIVe siècle inventèrent le croquet en faisant rouler une boule de bois sous des arceaux de branches à l'aide d'un maillet.

25 Le tennis Sur gazon ou terre battue, 2 joueurs (ou 4, en double) se renvoient une balle par-dessus un filet avec une raquette.

26 Le billard anglais Proche du snooker. 2 joueurs rentrent des boules dans les poches. Celui qui rentre la dernière boule noire gagne.

27 Le squash Sur un court fermé, les joueurs font rebondir la balle sur l'un des murs, à tour de rôle, avec leur raquette.

28 Le beach-volley Né sur les plages de Californie dans les années 1920, il se pratique aujourd'hui sur des terrains recouverts de sable.

29 Le tennis de table Dans l'Angleterre victorienne, les convives utilisaient la table comme terrain de tennis miniature, avec pour balle un bouchon de champagne.

30 Le water-polo Les joueurs nagent pour se saisir du ballon et aller marquer dans le but adverse.

31 Le bowling Les joueurs lancent une lourde boule sur une piste de bois afin de renverser 10 quilles.

32 Les billes Les concurrents doivent lancer les billes dans un cercle ou sur d'autres billes.

Le ballon de netball est plus petit que le ballon de basket.

Sport

La balle de tennis de table se renvoie à l'aide d'une raquette.

La surface du ballon de water-polo est antidérapante.

On peut saisir une boule de bowling grâce aux trois trous qu'elle comporte.

Au beach-volley, le ballon est plus gros et moins dur qu'un ballon de volley.

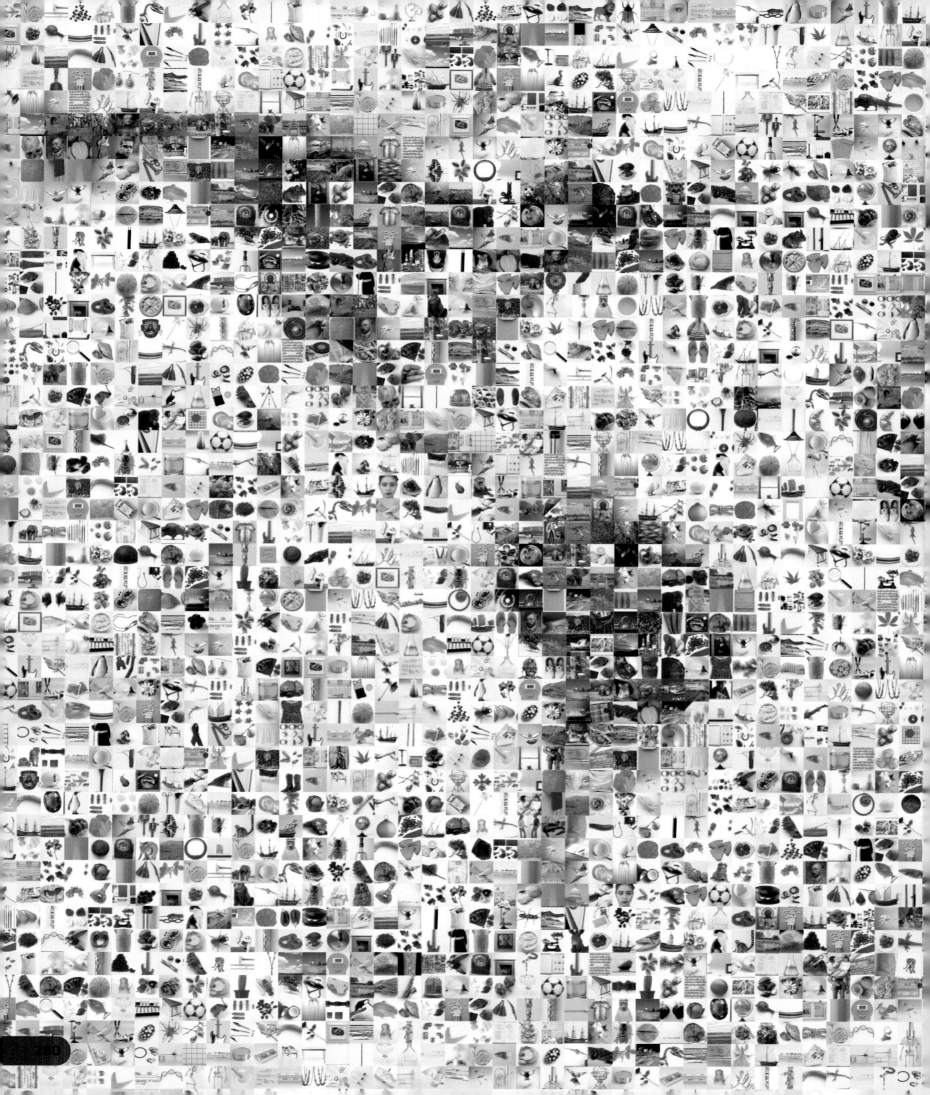

Des records

La nature

Le lichen ne mesure que quelques centimètres, mais **vit très longtemps dans les endroits froids.** Certains lichens de l'**Antarctique** ont plus de

4 000 ans.

Quand un **arbre meurt,** il libère dans l'**atmosphère** tout le dioxyde de carbone qu'il a absorbé de son vivant. Qu'il brûle ou qu'il pourrisse, il rejette autant de **dioxyde de carbone.**

La **plus grande plante aquatique** est le lis géant d'Amazonie. Ses feuilles sont **si grandes** qu'un enfant peut marcher dessus **sans se mouiller les pieds.**

Le magnolia est la plus ancienne de toutes les plantes à fleurs : on a retrouvé des **fossiles** datant de **20** millions d'années.

Le **népenthès** est la plus grosse plante *carnivore* du monde. Il attrape les insectes dans ses feuilles en *forme d'urne.* On l'appelle parfois « tasse à singe », car les singes aiment boire le contenu de ces *urnes.*

Les **champignons** se nourrissent d'autres **organismes** ou de leurs déchets. Le **pilolobus** puise ses nutriments dans la bouse de vache.

*Le **plus gros champignon** du monde a été trouvé dans l'Oregon (États-Unis). Cet armillaire occupant près de 10 km² de forêt serait âgé de **8 500 ans.***

Les **parties bleues** du roquefort sont une **moisissure,** un champignon microscopique.

Un lit contient environ **2 millions** d'acariens.

De nombreuses plantes de désert ont de **longues racines** pour **puiser l'eau** en profondeur. Celles du prosopis nord-américain peuvent mesurer **50 m.**

D'une longueur de 0,6 mm, la *Wolffia* est la plus petite plante à fleurs. **25** de ces lentilles d'eau tiendraient sur **un ongle.**

Dans les années 1980, on a découvert du **nanoplancton dans les océans.** Mesurant moins de 20 millionièmes de mètre, ce sont les organismes marins les plus abondants.

La femelle de certains **pucerons** naît gravide et **met au monde** ses petits **10 jours** après sa propre naissance.

L'anguille pond dans la mer, mais les petits rejoignent ensuite l'eau douce. Une femelle peut pondre jusqu'à

4 millions
d'œufs par an.

Les graines du **coco de mer** sont les plus grosses du monde. Chacune peut peser jusqu'à 20 kg.

*Le poisson **dipneuste** respire sous l'eau grâce à des **branchies** et dans l'air grâce à des **poumons.***

La **chauve-souris de Kitti** est le **plus petit mammifère** du monde. Elle ne pèse que 2 g.

Une lapine domestique peut avoir **20** petits par mois.

Le colibri est le seul oiseau capable de voler vers le **haut**, vers le **bas** et en **arrière**.

Le bambou est la plus grande des herbes. Il peut mesurer 50 m.

Les défenses du morse mâle peuvent atteindre **1 m** de longueur.

Les **cris** du **singe hurleur mâle** s'entendent à 5 km.

Les **crocodiles** vivant en eau salée **pleurent** pour se débarrasser de l'excès de sel dans leur organisme.

Le *requin* est le poisson ayant l'odorat le plus développé. Il peut détecter une goutte de sang dans plus de **100 l** d'eau.

Le chien de prairie vit dans un énorme réseau de galeries appelé ville. Une ville du Texas abritait **400 000 000** d'individus.

Un pivert peut « taper » **20** fois par seconde.

L'estomac de l'**hyène** produit de l'**acide chlorhydrique** pour **digérer les os.**

Les **cobras** tuent 7 000 personnes par an en Inde.

La fourmi soldat peut porter **25** fois son propre poids.

La pieuvre a **trois cœurs** : deux pour pomper le sang vers ses branchies et un pour le faire circuler dans son organisme.

La fourmi ne dort *jamais.*

La peau d'une *grenouille venimeuse* peut tuer **10 000** souris.

La **gestation** d'un **éléphant d'Asie** dure environ 648 jours.

Le plus gros félin est le tigre de Sibérie, qui peut peser jusqu'à 300 kg.

Une taupe est capable de creuser **100 m** *de tunnel par jour.*

Le **collembole** est un **insecte** qui peut survivre par -38 °C, car son corps contient un **antigel**.

Le **kangourou roux** peut faire des sauts de **8 m.**

Plus gros **rongeur** du monde, le cabiai, ou capybara, peut peser jusqu'à **65 kg.**

Une reine **termite** pond **2 000 œufs** par jour.

Le lait de baleine contient **50 %** de matière grasse.

La baleine bleue est le plus gros animal de tous les temps. À lui seul, son cœur pèse **700 kg.**

Le système chinois d'**alerte aux séismes** inclut la surveillance des **serpents**, qui ont la particularité de quitter leur nid peu avant un **séisme**.

Une bouse d'**éléphant** peut contenir **7 000** coléoptères (insectes).

Le chant de la baleine à bosse mâle peut durer **20 min.** On pense qu'il sert à *attirer* les femelles.

Le chameau est capable de rester **deux semaines** sans boire. Quand il trouve de l'**eau,** il peut boire jusqu'à 200 l en 10 min.

Le papillon monarque parcourt **4 000 km** de l'Amérique du Nord au Mexique pour y **hiberner**, alors qu'il n'est **jamais allé** dans ces endroits.

L'**abeille bourdonne** avec ses ailes, qui peuvent battre **250 fois par seconde**.

Le sifflement de la **baleine bleue** s'entend à 100 km **sous l'eau.**

Pour ne pas couler, la baleine et le dauphin gardent **la moitié du cerveau** en éveil pendant leur **sommeil**.

Un barrage de **castor** peut mesurer **300 m** et durer des **centaines** d'années.

Il existe plus de **370 000** espèces de **coléoptères**.

Sur les 100 **expressions faciales** qu'un chien peut produire, la plupart incluent les **oreilles**.

Le **chien** *mobilise 40 fois plus de cellules cérébrales pour son* **odorat** *que l'être humain.*

L'estomac de la **vache** comporte 4 poches pour traiter les **végétaux**, difficiles à **digérer**.

L'**araignée** tisse parfois des **toiles collectives**. Une toile trouvée en 2007 dans un parc national du Texas, longue de 180 m, a été tissée par de nombreuses **espèces différentes**.

Un saut de puce peut atteindre 30 cm, 200 fois la taille de son corps.

Le plus grand oiseau volant est l'*albatros hurleur*. Son envergure étant de **3,50 m,** chacune de ses ailes fait donc la *taille* d'un **être humain adulte.**

POUR EN SAVOIR PLUS SUR LA NATURE, VOIR P. 8 À 59.

Le corps humain

Notre corps perd des dizaines de milliers de **pellicules de peau** chaque minute, soit 20 kg dans toute notre vie.

Nous perdons **100 000** cellules cérébrales par jour.

Notre cerveau pèse 2 % de notre poids total, mais utilise 20 % de notre sang.

*Le foie assure plus de **500** fonctions différentes, dont l'élimination des cellules sanguines mortes, la fabrication de protéines et le stockage des sucres.*

Sur les **100 trillions** de cellules du corps, 1 milliard meurt toutes les 20 s.

La plus grosse cellule humaine est l'ovule féminin.

La plus petite est le spermatozoïde.

La chenille possède **plus de muscles** qu'un être humain.

*Le cerveau d'un adulte pèse **3 fois** plus que celui d'un nouveau-né. À partir de 20 ans, il perd **1 g** par jour, car les **cellules cérébrales mortes** ne sont pas toutes remplacées.*

Tu passes *une demi-heure* par jour à cligner des yeux.

Le poumon gauche est plus petit que le droit à cause de la place que prend le cœur.

Ton estomac met **6 h à digérer** un repas. Il faut ensuite **6 h** à la nourriture pour **passer dans l'intestin grêle.**

Chaque langue a une empreinte unique.

Contrairement au **nez** et aux **oreilles,** les **yeux** ne grandissent plus à partir de 8 ans.

Les poils du nez piègent et éliminent les particules nocives de l'air.

Nous perdons **40 000 cellules** cutanées par minute. Les cellules de peau humaine mortes représentent 70 % de la poussière domestique.

Tu **respires** 1 fois **toutes les 4 s** au repos et 1 fois par seconde pendant un exercice physique.

Nous fabriquons 1 l de salive par jour.

Les bactéries représentent **3 %** de notre poids corporel.

Le cœur de la femme est plus petit que celui de l'homme, mais bat en moyenne **75 fois par minute**, contre **70 fois pour l'homme.**

Un tiers des adultes ronflent.

L'intestin grêle mesure environ **6 m** de longueur.

La nourriture passe 6 heures en digestion dans l'estomac.

Le **plus petit muscle** du corps humain est le muscle stapédien, ou muscle de l'étrier de l'oreille. Il mesure moins de **2 mm** de longueur.

Le corps humain compte plus de

600

muscles, soit 40 % de son poids.

Le sang parcourt 19 000 km par jour, soit la moitié du tour de la Terre.

À partir de **60** ans, nous perdons la moitié de nos bourgeons gustatifs.

L'**estomac** produit en permanence du mucus pour protéger ses parois internes et l'empêcher de se digérer lui-même.

Une personne moyenne avale **30 t** de nourriture dans sa vie, soit le poids de **80 chevaux.**

Il y a environ **1 000 trillions** de bactéries dans notre corps, soit dix fois plus que de cellules.

Le plus fort ronflement jamais enregistré faisait plus de 80 décibels, autant qu'un marteau-piqueur.

Une tête humaine moyenne compte **100 000 cheveux,** mais seulement 90 000 chez les roux.

Un **adulte** a normalement besoin de **10 000 kJ** (2 500 calories) par jour. *Dans l'Arctique,* il en faut *3 fois plus* aux explorateurs pour résister au *froid*.

Un ongle jamais coupé atteindrait **28 m**. Celui du majeur pousse le plus vite et celui du pouce le moins vite.

Il y a autant de poils sur le corps d'un humain que sur celui d'un chimpanzé.

La plus longue barbe qui ait jamais été

5 m

mesurée
est celle
du Norvégien
Hans Langseth.

Les bébés **rêvent** déjà avant leur naissance.

En moyenne, un humain cligne 23 fois des yeux par minute, soit 12 millions de fois par an.

Le corps expulse **2 l de gaz** par jour sous forme de rots ou de flatulences.

D'une superficie d'environ **2 m²** pour un poids d'environ **10 kg**, le plus grand organe est la **peau**.

L'os de la **rotule** d'un humain ne se développe qu'entre 2 et 6 ans.

Le corps d'un bébé contient 73 % d'eau, contre 60 % chez l'homme adulte et 55 % chez la femme adulte.

La plupart des naissances ont lieu entre **3** et **4 h** du matin.

Une paire de pieds compte **250 000 glandes sudorales** et peut produire un quart de litre de sueur par jour.

Un bébé **sur 2 000** naît avec une **dent**.

Rester debout brûle jusqu'à 600 kJ (140 calories) d'énergie par jour.

En une vie, nous marchons l'équivalent de **5 fois** le tour de la Terre au niveau de l'équateur.

La première transplantation cardiaque réussie a eu lieu en 1967. Aux États-Unis, on pratique aujourd'hui **6 greffes cardiaques** par jour.

La plus grande artère, l'**aorte**, mesure le même diamètre qu'un **tuyau d'arrosage**, soit **3,50 cm**.

*Pendant la puberté, un garçon peut grandir de **9 cm** en un an.*

Un enfant **grandit** plus vite au printemps.

Pendant le sommeil, nous perdons **42 g** par heure.

On ne peut pas *éternuer* les yeux ouverts.

Plus de 250 types de virus peuvent provoquer un rhume.

Quand on tousse, on expulse l'air à *100 km/h.*

Un seul éternuement peut contenir 100 000 virus.

La personne la **plus âgée** connue était la Française *Jeanne Calment,* décédée en **1997** à l'âge de **122 ans** et **164 jours**.

*L'épidémie de **grippe** de la fin de la Première Guerre mondiale a tué plus de gens que la guerre elle-même.*

Au XIXᵉ siècle, le chirurgien anglais Robert Liston amputait une jambe en *28* s.

En Andorre, l'espérance de vie à la naissance est la plus élevée du monde : **83,5 ans**.

Pendant sa vie, un humain fabrique **45 000 l** d'urine, soit de quoi remplir une **piscine**.

Le temps d'une vie, nous boirons environ 70 000 l d'eau.

POUR EXPLORER DAVANTAGE LE CORPS HUMAIN, VOIR P. 60 À 87.

Science et technologie

Google traite plus de 200 millions de recherches par jour.

La **plus petite particule** connue est le **quark**, dont le diamètre est inférieur à **0,0000000000000000001 m**. Il est **si petit** que personne n'en a jamais vu ; on ne sait qu'il existe qu'à cause de ses **effets** sur son **environnement**.

Le nombre **zéro** a été utilisé pour la première fois en Inde vers 875 av. J.-C.

La **plus petite unité de poids** du système international (SI) est le **yoctogramme**, employé pour peser les **particules subatomiques**. La **plus grande unité**, le **yottagramme**, sert à **peser étoiles** et planètes. La Terre pèse 6 000 yottagrammes.

Le **jiffy** est une *unité de temps* égale à un centième de seconde.

Le poids **officiel** de 1 kg est un **cylindre** de **platine** et d'**iridium** fabriqué en 1899. Il est conservé à Sèvres, près de Paris.

*Le **superordinateur** Blue Gene/L travaille à une vitesse de **596 teraflops**, soit **596 trillions** de calculs par seconde.*

Un *gogol* est un très grand nombre.

Il existe **6** sortes ou saveurs de **quarks** baptisées *up, down, top, bottom, charm* et *strange*.

1 **octet** dans une **mémoire** d'ordinateur est fait de 8 **bits**. Une séquence de 4 bits est un nibble.

Les **ordinateurs** ont enregistré plus de données au cours des **3 dernières années** que dans l'histoire humaine tout entière.

*L'**hydrogène** est l'élément le plus léger, le plus simple et de loin le plus **courant** de l'Univers. 93 % de tous les atomes sont des atomes d'hydrogène.*

*Les **atomes** sont essentiellement faits de **vide**. Si le **noyau** était une mouche au milieu d'un terrain de football, les **électrons** seraient comme les particules de poussière qui **volettent** dans les gradins.*

Un proton est 1 836 fois **plus lourd** qu'un électron.

L'**élément le plus dense**, l'osmium, **pèse** 22,61 g/cm^3.

Le laser le plus puissant est **10 sextillions** de fois plus lumineux que le Soleil.

Thomas Babbage eut son idée d'*ordinateur* alors qu'il n'avait que *19 ans*.

Le **tungstène** est le métal au **point de fusion** le plus élevé. Il reste **solide** jusqu'à **3 422 °c**, température au-delà de laquelle il se transforme en liquide.

Les **pluies acides** causées par la **pollution industrielle** ont d'abord été constatées au Royaume-Uni, dans les Midlands, au xixe siècle.

Le nom de domaine *Internet business.com* a été acheté **7,5 millions** de dollars par Marc Ostrofsky en 1999.

Les **dirigeables** flottent parce qu'ils sont remplis d'**hélium**, un gaz bien plus **léger** que l'air.

À -78 °C, le **dioxyde de carbone** passe de la forme **gazeuse** à la forme **solide** sans passer par l'état liquide.

Quand un **gaz se condense** en liquide, il occupe, en moyenne,

1 300

fois moins d'espace.

*Le **métal lithium** est si léger qu'il flotte sur l'eau.*

Les **diamants** sont formés de **carbone compressé** à 150 km de profondeur.

L'**eau pure** a un **pH neutre de 7**, mais **l'eau de pluie** est **acide**, avec un **pH de 6 ou moins**.

Le *premier e-mail* fut envoyé par l'Américain Ray Tomlinson en 1971. Le *message* fut envoyé d'un ordinateur à son *voisin* immédiat.

Il y a la **même** quantité d'**eau** sur **Terre** aujourd'hui qu'il y a **2 milliards d'années**.

Le **son** peut endommager l'ouïe à 90 décibels (dB), le volume d'une **circulation** routière intense. Il devient douloureux au-delà de 130 dB, soit le bruit d'un avion au **décollage**.

*Le **bruit** est un mélange de plusieurs **fréquences** de son. Les **notes de musique** ont une fréquence dominante. Le do a une fréquence de 256 Hz.*

L'**échelle** utilisée pour mesurer l'**intensité lumineuse** a pour unité la **candela**. Elle se basait à l'origine sur la **quantité de lumière** émise par une bougie. Un éclair produit 80 millions de candelas par mètre carré.

La lumière se déplace à **299 792 458 m** par seconde **dans le vide**.

Par **beau temps**, 1 000 trillions de **photons** (particules lumineuses) frappent une zone de la taille d'une tête d'épingle par seconde.

*Une **ampoule** normale ne convertit que 5 % de son énergie électrique en **lumière**.*

*Le **rouge** est la **longueur d'onde** lumineuse visible la plus **longue** avec 0,7 micromètre.*

La lumière bleue pénètre plus loin dans l'**eau** que les **couleurs** à la longueur d'onde **plus élevée** (rouge, vert…). C'est pourquoi tout paraît bleu sous l'eau.

L'imagerie par échographie utilise les sons à haute fréquence aux alentours de 10 millions de hertz pour donner une **image** du fœtus dans l'utérus.

Les rayons X

ont montré qu'il y avait **trois versions différentes** de la *Joconde* de Léonard de Vinci sous la couche visible.

Le ***premier robot*** fut sans doute construit dans la ***Grèce antique*** par Archytas de Tarentum, il y a **2 500** ans. C'était un ***oiseau mécanique*** actionné à la ***vapeur***.

Le train Maglev est alimenté par de **puissants aimants**. La première ligne Maglev commerciale se trouve à **Shanghai**, en Chine. Elle parcourt les 30,5 km qui séparent l'aéroport du centre-ville en **7 min et 20 s** exactement, et atteint une vitesse de pointe de 431 km/h.

Le plus grand avion du monde, l'**A380** d'Airbus, peut transporter jusqu'à 853 passagers.

L'armée américaine a **5 000 robots** pour les tâches dangereuses comme **neutraliser des bombes**.

*La **vitesse maximale** (vitesse terminale) d'un individu en **chute libre**, bras et jambes le long du corps, est de **320 km/h**.*

*La **calculatrice de poche** fut inventée en 1966 par Texas Instruments.*

Wilhelm Conrad Roentgen a obtenu le premier **prix Nobel** de physique en **1901** pour sa découverte des **rayons X.**

Le mercure est le seul métal **liquide** à température ambiante.

*Dans une maison, les deux tiers de l'eau sont utilisés dans la **salle de bains**.*

Il est dangereux de ***patiner*** sur de la ***glace*** mesurant moins de ***13 cm*** d'***épaisseur***.

Plus des **deux tiers** de l'énergie stockée dans les **carburants fossiles** sont perdus quand ces carburants sont brûlés dans des **centrales** pour produire de l'électricité. L'essentiel se **perd** sous forme de chaleur.

*L'enregistreur des données de vol d'un avion, la **boîte noire**, est en fait **orange** pour être mieux repéré après un accident. Il résiste à des températures de plus de 1 000 °C.*

*La plus **petite guitare** du monde ne mesure qu'un dix millionième de mètre de long. Fabriquée par l'université Cornell, elle produit des **notes** 17 octaves plus **aiguës** qu'une guitare normale.*

Diamond, le chien du scientifique anglais Isaac Newton, renversa une **bougie** provoquant un incendie qui détruisit le fruit de **20 ans** de travail.

*Le premier appareil photo instantané fut inventé par **Polaroid** en 1948.*

On doit au scientifique **Newton** l'invention de la **chatière**.

Un **Rubik's Cube** peut être résolu en moins de **26** mouvements.

POUR RETROUVER D'AUTRES DÉCOUVERTES SCIENTIFIQUES VOIR P. 88 À 125.

L'espace

Par une **nuit sans lune et sans nuages,** on peut voir **2 500 étoiles** à l'œil nu.

Uranus a été découverte en 1781 et **Neptune** en 1846.

La gravité de la surface de la **Lune** ne fait que **17 %** de celle de la Terre. Si on peut sauter 1 m en hauteur sur la Terre, on peut sauter 6 m sur la Lune.

*La **Lune** s'éloigne de la **Terre** de **3 cm** par an.*

*Vue de la Terre, la **Lune** a la même taille que le **Soleil** car, si le Soleil est **400** fois plus gros qu'elle, il est aussi **400** fois plus lointain.*

Le Soleil contient plus de 99 % de toute la matière du Système solaire.

Un engin spatial doit atteindre la vitesse de **40 000 km/h** pour échapper à l'attraction terrestre : c'est sa **vitesse de libération.**

D'une densité de 5,5 g/cm³, la Terre est la planète la plus dense du Système solaire.

*Les nuages de Vénus sont faits d'**acide sulfurique**. Son atmosphère compte 96,5 % de dioxyde de carbone.*

Les volumes de *Jupiter* et de *Mercure* font respectivement **1 321** et **0,05** fois celui de la Terre.

Vu de Mars, le Soleil fait deux tiers de sa taille vu de la Terre.

*En **hiver** sur **Uranus**, il fait **nuit** pendant **21 années terrestres.***

Dans un bain géant, Saturne **flotterait** car elle est **moins dense** que l'eau.

De sa découverte, en 1930, jusqu'en 2006, **Pluton** était classée comme **planète.**

Plus de **22 500 météorites** tombées sur la Terre ont été **cataloguées.**

La **Lune** montre toujours la **même face** à la **Terre** car sa période de rotation et sa période orbitale sont de même durée : **27,3 jours.**

La planète **naine** Cérès est le **plus gros** astéroïde. Son diamètre mesure **960 km.**

*Le plus grand **volcan** du **Système solaire** est l'**Olympus Mons**, sur Mars. Il mesure **648 km de largeur** et **24 km de hauteur**.*

*Jupiter **tourne** si vite sur son axe que son équateur est **bombé**.*

La *grande tache rouge* de la surface de **Jupiter** est un **cyclone** plus grand que 2 fois la Terre. Il est *observé* depuis plus de **340 ans**.

Neptune est la planète la plus *venteuse*. Les rafales de vent peuvent atteindre *2 160 km/h.*

À une vitesse de 95 km/h, il faudrait 177 ans **pour atteindre le Soleil.**

Les astronautes mesurent **5 cm** de plus dans l'espace car l'**apesanteur** étire leur **colonne vertébrale.**

Uranus orbite *autour du Soleil en **84 années** terrestres.*

Le **trou noir** du centre de la Voie lactée est aussi gros que **3 millions de soleils.**

*Comme il n'y a ni vent ni pluie sur la **Lune**, les **traces de pas** des astronautes resteront intactes pendant des **millions d'années.***

Le *Soleil* est à la *moitié de sa vie.* Il brille depuis *4,6 milliards d'années* et aura épuisé son combustible dans *5 milliards d'années.*

Notre **Soleil** orbite autour du **trou noir** du centre de la **Voie lactée** à une vitesse de **900 000 km/h**. Il lui faut **225 millions** d'années pour accomplir une orbite complète.

L'Univers se **dilate** dans toutes directions à la vitesse de la lumière.

Quand nous observons l'espace, nous voyons l'Univers tel qu'il était dans le passé à cause du temps que met la lumière des étoiles et des galaxies à nous atteindre.

La queue de la **Grande Comète de 1843** était longue de plus de **800 millions de kilomètres**, soit la distance du Soleil à Jupiter.

Sur la **Lune**, en 1971, l'astronaute Alan Shepard a tapé dans une **balle** de golf.

Galilée a découvert les **anneaux de Saturne** en 1610 grâce à l'une des *toutes premières lunettes astronomiques.*

Les **plus grosses étoiles** *sont 100 000 fois plus brillantes et 500 fois plus grandes que le Soleil.*

Les objets les **plus brillants** de l'Univers sont les *quasars,* des galaxies très lointaines au centre incroyablement lumineux. Les quasars que nous voyons sont si lointains que leur lumière met des **milliards** d'années à atteindre la Terre.

Si tu comptais une étoile de la **Voie lactée** par seconde, il te faudrait **5 000 ans** pour toutes les compter.

Les planètes de notre **Système solaire** occupent une région en forme de disque s'étendant sur **4,5 milliards de kilomètres** autour du Soleil.

La **comète d'Encke** est celle qui repasse le plus souvent près de la Terre : tous les **3,3 ans**.

Entre les orbites de Mars et de Jupiter, dans la Ceinture principale, plus de **1 milliard d'astéroïdes** mesurent plus de 2 km.

Tous les 50 millions d'années, une météorite de plus de 10 km de diamètre heurte la Terre.

Deux des plus grands **télescopes optiques** du monde se trouvent à l'observatoire de Mauna Kea, à Hawaii. Les télescopes jumeaux Keck ont un miroir de 10 m de diamètre.

La plus **grosse météorite** *connue,* **Hoba West,** *est toujours à son point de chute en* **Namibie,** *dans le sud-ouest de l'Afrique. À sa découverte, en 1920, elle pesait* **66 t.**

Les **astronautes** de la **Station spatiale internationale** cultivent des **plantes** dans l'espace. Les techniques qu'ils ont développées serviront aux futures missions sur Mars, car les astronautes devront y faire pousser **leur nourriture.**

Voyager 1 a quitté la Terre en 1977 : c'est aujourd'hui l'objet spatial artificiel le plus loin de nous.

La lumière solaire met un peu plus de 8 min à atteindre la Terre. Celle de l'étoile la plus proche, Proxima Centauri, met 4,2 ans.

Il n'y a pas de *son* dans l'espace, car le son ne peut se déplacer dans le *vide.*

Comme la **Terre**, les pôles de **Mars** ont une calotte glaciaire.

Le plus grand système de canyons du Système solaire est **Valles Marineris,** *sur Mars. Il mesure 4 000 km de longueur.*

La dernière éruption **volcanique** sur la Lune s'est produite voici 3,2 milliards d'années.

Le véhicule Orion remplacera la navette spatiale en **2014**. Il emmènera des astronautes sur la **Lune** et, plus tard, assurera la première étape d'une mission sur **Mars**.

La **mère** de Iouri Gagarine n'a eu connaissance du vol de son fils dans l'**espace** qu'une fois la nouvelle officielle.

La navette spatiale met 8 min pour atteindre sa vitesse orbitale de 27 000 km/h.

POUR D'AUTRES FAITS ET CHIFFRES SUR L'UNIVERS, VOIR P. 126 À 151

La Terre

Comme la rotation de la Terre ralentit, les jours s'allongent. À l'ère des dinosaures, il y a **60 millions d'années**, un **jour terrestre** durait moins de **23 h**.

Le 21 juin à **minuit**, il fait jour partout au nord du **cercle arctique**.

Quand on **regarde** la mer depuis une **plage**, l'**horizon** est à environ **5 km**.

*Mesurée en 1999 grâce à des satellites, la hauteur officielle de l'**Everest** est passée de **8 848 m** à **8 850 m**.*

La **Grande Barrière de corail** mesure plus de **2 000 km** de longueur. Plus grande structure vivante du globe, elle est visible depuis l'espace.

La pression est *3 millions* de fois plus élevée au centre de la Terre qu'en surface.

Au cours du xxe siècle, la température à la surface de la Terre a augmenté de 0,6 °C.

La **forêt amazonienne** produit près de 20 % de l'**oxygène** de la Terre.

Il y a environ **750** espèces d'**arbres** différentes sur *1 ha* de **forêt amazonienne**.

Un objet lourd mettrait plus de 1 h pour tomber au fond à **Challenger Deep**, dans l'océan Pacifique, le point le plus profond des océans (**11 034 m**).

*Un **cumulonimbus**, gros nuage d'orage, peut contenir l'équivalent de **500 000 baignoires** d'eau.*

Près des **deux tiers** de la surface de la Terre sont couverts d'eau.

6 millions de tonnes d'**or** sont dissoutes dans les océans de la planète.

Le **volume** de l'océan **Pacifique** est égal à celui de la **Lune**.

*La foudre frappe la Terre **100** fois par seconde.*

9 volcans sur 10 sont sous-marins. Plus de 1 000 des 1 500 volcans actifs du monde sont situés dans l'océan Pacifique Sud.

Le **charbon** se constitue à partir de fossiles de végétaux datant d'il y a 300 millions d'années.

Le plus petit volcan du monde est le **Cuexcomate** au Mexique. Il culmine à *13 m*.

Lors de l'éruption du volcan indonésien de l'**île Krakatoa**, en **1883**, le bruit s'est entendu sur un douzième de la surface du globe.

*En **1811**, un séisme a inversé temporairement le sens d'écoulement du fleuve **Mississippi**, aux États-Unis.*

Le fleuve Jaune, en Chine, est le fleuve le plus *boueux* du monde. Il charrie 2 milliards de tonnes de boue par an.

La neige fraîche contient plus de *90 %* d'air.

Le **Sahara**, plus grand **désert** du monde, couvre un **tiers** du continent **africain**.

Dans les déserts, les dunes de sable se déplacent d'environ 1 m par an.

*La plus basse température enregistrée est de -89,2 °C. C'était à **Vostok, en Antarctique,** le 21 juillet 1983.*

La plus haute température jamais enregistrée est de **57,7 °C**. C'était à **Al Aziziyah, en Libye**, le 13 septembre 1922.

*L'endroit le plus **sec** du monde est le **désert d'Atacama**, au Chili. La pluie qui y est tombée en **1971** a mis un terme à **4 siècles** de sécheresse.*

La plus forte **rafale** de vent jamais enregistrée soufflait à **372 km/h**. C'était au **mont Washington** (États-Unis) en 1934.

Le continent le plus sec est l'*Antarctique* : il n'y pleut presque jamais.

Un éclair contient assez d'**électricité** pour **éclairer** une ville pendant 1 an.

La surface de la **mer Morte**, dans la vallée du Jourdain, est à 408 m en dessous du niveau de la mer. Son eau est si **salée** que seuls des organismes simples comme des algues peuvent y survivre.

*D'une longueur de **18 m**, North Fork Roe, dans le Montana (États-Unis), est le **plus petit cours d'eau** du monde.*

En **1873**, il a plu des **grenouilles** à Kansas City, aux États-Unis ; en **1948**, il a plu des **harengs** sur des joueurs de golf, à Bournemouth, en Angleterre : les animaux avaient été aspirés dans les nuages par des vents violents.

*La **dureté** d'une **roche** se mesure selon l'échelle de **Mohs**, de **1** pour le **talc** à **10** pour le **diamant**.*

Le plus grand cratère d'impact est le dôme de Vredefort, en Afrique du Sud. D'une largeur de 300 km, il résulte de la chute d'une météorite large de 10 km il y a 2 milliards d'années.

Du fait que les **déserts** s'étendent, les **terres cultivables** diminuent de **100 000** km² par an.

L'eau de mer gèle à **-2 °C**, car le sel abaisse le point de congélation.

*Chaque seconde, l'**Amazone** déverse l'équivalent de **2 millions de baignoires** d'eau dans l'océan Atlantique. C'est **5 fois** plus que le **Gange**, deuxième plus grand fleuve du monde.*

En moyenne, il n'y a que **5 jours** par an où il ne **pleut** pas sur le mont Waialeale, à Hawaii.

L'après-midi du 31 mai 1985, **41 tornades** ont été observées en Pennsylvanie et dans l'Ohio, aux États-Unis. Elles ont fait **75** victimes.

Aux États-Unis, le 18 mai 1980, l'éruption du **mont Saint Helens** a provoqué des **coulées de boue et de roches** (ou lahars) atteignant

Tout *flocon de neige* a 6 côtés, mais il n'y en a pas **2** *pareils*.

L'érosion a fait reculer les falaises de Haute-Normandie au rythme moyen de 20 cm par an en 50 ans.

Plus de **30 %** des **gaz à effet de serre** de Nouvelle-Zélande proviennent des **rots** et des **flatulences** des 45 millions de **moutons** et des 10 millions de **vaches** du pays.

L'atmosphère terrestre mesure **700 km** d'épaisseur.

Couvrant une superficie de **2 133 086 km²**, le **Groenland** est la **plus grande île** du monde. L'**Australie** est **plus grande**, mais elle est considérée comme un **continent**.

*La plus grande **mine de diamants** du monde est située à Mirna, en Sibérie. Le trou de **1,2 km** de diamètre de cette mine à ciel ouvert est si grand qu'un **hélicoptère** passant trop près serait **aspiré**.*

Sur Terre, 14 montagnes culminent à plus de 8 000 m. Toutes sont dans l'Himalaya.

Les **nuages** contiennent des gouttelettes d'eau flottant dans l'air. Une goutte contient jusqu'à **2 millions** de gouttelettes.

S'il s'écoule **3 s** entre la vision d'un **éclair** et le bruit du **tonnerre**, c'est que l'éclair s'est produit à **1 km**.

Chaque année, **15 000** **feux de brousse** sont provoqués en Australie par la chaleur. De nombreuses plantes ont pourtant besoin de ces feux pour libérer leurs graines.

Les **plus vieilles roches** du **Grand Canyon** datent de **2 milliards** d'années.

Ces 10 000 dernières années, **80 %** des **forêts** du globe ont été abattus par les hommes.

7 % des **océans** du globe sont englacés.

POUR ÉTUDIER NOTRE PLANÈTE DE PLUS PRÈS, VOIR P. 152 À 189.

Des pays et des peuples

Le **Vatican** est un **État**. Sa **superficie** n'excède pas celle de **50 terrains de football**, et sa **population** compte officiellement **821 habitants**.

Avec plus de **100 millions d'habitants**, le **Nigeria** est le pays le plus densément peuplé d'Afrique, mais le **Soudan** est le plus grand, avec une superficie de **2 505 800 km²**.

*La population de l'**Ouganda** est la plus jeune du monde : plus de la moitié a **moins de 14 ans**.*

Singapour est à la fois une ville et un État. C'est le seul membre de l'ONU dont la population n'est que citadine.

La Chine et l'Inde comptent chacune plus de 1 milliard d'habitants. Ces pays sont suivis par les États-Unis (un peu plus de 300 millions d'habitants).

Istanbul, en Turquie, est la seule ville à cheval sur 2 continents : Europe et Asie.

Damas, en Syrie, est la **plus ancienne** ville du monde : le site est habité depuis plus de 10 000 ans.

*Avant le peuplement humain du pays, il y a 1 000 ans, les seuls **mammifères** de **Nouvelle-Zélande** étaient les **chauves-souris**. On trouvait en revanche des oiseaux non volants tels que les **kiwis**.*

Les briques des maisons **rondes** traditionnelles du Rwanda sont assemblées avec de la **bouse** de **vache**.

On pensait que la ville de **Troie** était **mythique** jusqu'à ce qu'on découvre ses **ruines** en Turquie dans les années 1870.

La tour **Bourj al-Arab**, construction la **plus haute** du monde, se trouve à Dubai. Et elle grandit encore ! Lorsqu'elle sera achevée, elle mesurera plus de **800 m** de haut.

On dénombre *194 États* dans le *monde.*

*Il y a **suffisamment de pierres** dans la **Grande Pyramide** en Égypte pour bâtir un **mur** de 1 m de haut tout autour de la France.*

La **Coupe du monde** de football a toujours été remportée par des pays d'**Europe** ou d'**Amérique du Sud**.

Avec plus de **40 millions** de licenciés (surtout en Chine), le **tennis de table** est le **sport** de compétition le plus populaire.

Environ **3,9 milliards** de personnes ont suivi les **jeux Olympiques d'Athènes** à la télévision.

Le drapeau du **Népal** est le seul drapeau national qui ne soit pas rectangulaire. Il consiste en 2 **triangles** l'un au-dessus de l'autre.

*La **Mongolie** est l'un des pays les **moins peuplés**. On n'y dénombre que **1,7** habitant au kilomètre carré.*

Wallmart, chaîne américaine de magasins, est la plus grande entreprise au monde : elle emploie **1,9 million** de personnes.

*Visitée par plus de **75 millions** de touristes chaque année, la **France** est la première destination de vacances.*

De 1800 à 2000, la population mondiale est passée de **1 à 6 milliards** d'habitants.

En 27, **Rome** devint la **première** ville à compter **1 million** d'habitants.

*En 2008, pour la première fois dans l'histoire, plus de la **moitié** de la population **mondiale** vit en milieu urbain et non rural.*

Il y a **50** États aux États-Unis. Intégré le 20 août 1959, *Hawaii* est le dernier à avoir rejoint l'Union.

Tokyo est la *plus grande ville* du monde. On y dénombre *35 millions* d'habitants en comptant les banlieues.

L'anglais est la langue officielle de **58** pays.

Il y a **110 000 Inuits** dans le monde, répartis entre l'**Alaska**, le **Canada** et le **Groenland**.

*Près de **6 000 langues différentes** sont parlées à travers le monde, dont la moitié compte moins de **10 000 locuteurs**.*

La première carte à représenter l'**Amérique** est celle de l'Allemand Martin Waldseemüller, en 1507, dessinée et publiée à Saint-Dié (Vosges).

Moins de 100 personnes parlent encore le **vote**, langue du nord de la Russie.

*En Indonésie, on parle **583 langues** différentes.*

Les *Argentins* sont les plus gros mangeurs de *viande* de la planète.

Chaque année, **2 millions** de musulmans se rendent en pèlerinage à **La Mecque**, en Arabie saoudite, pour effectuer le *hadj*.

La plus ancienne **carte** date de **2 500 av. J.-C.** Réalisée sur une tablette d'argile à **Babylone** (Iraq actuel), elle représente l'**Euphrate** et ses alentours.

L'**Althing**, en Islande, est le plus vieux Parlement. Il s'est réuni pour la première fois en 930.

*Né en 1978, l'Argentin **Emilio Marcos Palma** est la première personne à avoir vu le jour en **Antarctique**.*

Près de 4 000 personnes, surtout des **scientifiques**, vivent l'**été** en **Antarctique**. L'hiver, ils sont 1 000.

1 milliard d'humains ne mangent *pas* à leur *faim*.

Dans les **monarchies absolues**, le pouvoir est aux mains d'un souverain héréditaire. L'**Arabie saoudite**, **Brunei** et **Oman** sont les derniers États de ce type.

*Le **Transsibérien** relie **Moscou**, à l'ouest, à **Vladivostok**, à l'est. Le train parcourt **9 238 km** et traverse **7 fuseaux horaires** sans jamais quitter la **Russie**.*

On dénombre dans le monde plus de **20** mégalopoles de plus de **10 millions** d'habitants.

Avec **14 voies de circulation**, l'**avenue du 9-Juillet** à **Buenos Aires**, en Argentine, est la plus large du monde.

En 1893, la Nouvelle-Zélande a été le premier pays à avoir accordé le **droit de vote** aux **femmes**.

Quelle que soit l'heure, près de **60 000** personnes sont *en vol* au-dessus des États-Unis.

*Il y a **1 milliard de vélos** dans le monde, dont **400 millions** en Chine.*

3 millions de personnes vivent de la *pêche* à travers le monde.

Selon les experts, la population de l'Inde **dépassera** celle de la Chine d'ici à 2030.

Premier pays par la taille, la Russie est presque 2 fois plus grande que le Canada, au 2e rang mondial.

Lors de sa création en **1945**, l'ONU comptait **51** pays membres en **1945**. Depuis l'adhésion du **Monténégro** en **2006**, il y en a désormais **192**.

Sans compter les Hans, il y a **55** différents **groupes ethniques** en **Chine**.

Le premier réseau de téléphonie mobile a été lancé en Suède en 1956.

L'**aéroport** d'**Atlanta**, aux États-Unis, est le premier du monde en termes de trafic, avec plus de **88 millions** de passagers par an.

La *moitié* de la population mondiale mange des *insectes* régulièrement : environ *1 500* espèces différentes !

*Avec plus de 2 millions de participants, le **carnaval de Rio**, au Brésil, est la plus grande manifestation de rue du monde. Le **carnaval de Venise** est aussi l'un des plus célèbres.*

80 % des jouets sont fabriqués en Chine.

POUR DÉCOUVRIR D'AUTRES PAYS ET D'AUTRES PEUPLES, VOIR P. 190 À 225.

L'histoire

Le **cunéiforme** est un système d'écriture très ancien né en **Mésopotamie** (l'Iraq actuel) vers **3100 av. J.-C.** Ses lettres en forme de clous étaient gravées sur des tablettes d'argile.

L'**Australie** a été colonisée par l'homme moderne au moins **10 000** ans avant l'Europe.

Pépi II n'avait que **6 ans** lorsqu'il devint **pharaon d'Égypte** en 2275 av. J.-C. Il régna **94 ans** et mourut à **100 ans**.

Les légionnaires romains s'engageaient pour une durée minimale de 25 ans.

La **route de la Soie** fut ouverte il y a **2 000 ans** pour acheminer cette précieuse étoffe et divers autres produits de **Chine** vers l'**Europe** et l'**Afrique**.

En 1519, la **capitale des Aztèques, Tenochtitlán,** comptait **250 000** habitants, soit 5 fois plus que Londres à la même époque.

*Des **270** marins qui quittèrent Lisbonne en 1519 pour faire le tour du monde sous le commandement de **Fernand de Magellan,** seuls **18** bouclèrent le périple. Magellan mourut à mi-parcours.*

Pour les **Incas,** l'or était la *sueur* du **Soleil, et** l'*argent* les **larmes** de la **Lune.**

L'**empire des Incas** s'étendait sur **900 000 km²**. En 1532, l'Espagnol François Pizarre n'eut besoin que de 168 hommes pour y mettre fin.

La **première** femme chef d'État fut la **reine Merneith,** qui régna sur l'**Égypte ancienne** vers **3000 av. J.-C.**

L'**Empire romain** atteignit son extension maximale en **117 apr. J.-C.** Il s'étendait alors du nord de l'Angleterre jusqu'au golfe Persique.

*Le **droit** romain **constitue le socle de tous les systèmes juridiques d'Europe et d'Amérique latine.***

En **72 av. J.-C.,** le gladiateur **Spartacus** réussit à soulever plus de **100 000 esclaves** contre l'**Empire romain**.

Les Aztèques utilisaient des fèves de cacao en guise de monnaie.

En 1936, l'aviatrice française **Maryse Bastié,** alors âgée de 38 ans, réalise la traversée féminine de l'*Atlantique Sud* en *12 h 5 min.*

*La première **colonie** anglophone d'**Amérique du Nord** fut fondée à Roanoke (Caroline du Nord) en **1585**. Elle disparut au bout d'un an.*

*Le **calendrier musulman** débute en **622**. L'année musulmane dure 11 jours de moins que l'année solaire.*

C'est pour y attirer les colons que, vers l'an **1000,** le chef **viking Erik le Rouge** a donné à une terre inhospitalière le nom de **Groenland** («pays vert»).

Au xive siècle, l'explorateur arabe **Ibn Battuta** visita tour à tour chacun des pays **musulmans,** parcourant au total **17 000 km.**

L'**esclavage** est aboli en France le 27 avril 1848. C'est aujourd'hui reconnu comme un **crime contre l'humanité.**

*Il y a **1 000 ans,** les **Polynésiens** traversèrent le Pacifique en s'orientant grâce à des cartes.*

On doit à la **Chine ancienne** *quatre grandes inventions :* le *papier,* la **boussole,** l'*imprimerie* et la *poudre.*

*Ouvert en 1869, le **canal de Suez,** en Égypte, permit aux navires d'aller d'Europe en Asie sans devoir contourner l'Afrique par le cap de Bonne-Espérance.*

Le **Zimbabwe** tire son nom du Grand Zimbabwe, **ancienne cité** d'Afrique australe **construite en pierre** entre les xie et xve siècles puis **abandonnée** sans raison connue.

Les premiers occupants de l'**Amérique du Nord** arrivèrent d'Asie il y a environ **20 000 ans** par une bande de terre qui reliait la **Sibérie** à l'**Alaska.**

La **statue de la Liberté** a été offerte aux États-Unis par la France en 1877 à l'occasion du **100ᵉ anniversaire** de la *Déclaration d'indépendance américaine*.

La plus ancienne **Constitution** écrite toujours en vigueur est celle du minuscule État européen de **Saint-Marin**. Elle date de **1600**.

Au début de la révolution industrielle, des enfants de 5 ans travaillaient 12 h par jour dans les mines et les usines.

*Entre **1848** et **1855**, la ruée vers l'or vit déferler sur la **Californie** **300 000** aventuriers en quête de fortune.*

En 1900, **un quart** de la population **mondiale** vivait sous **domination britannique**. L'Empire français était le deuxième plus vaste au monde.

Depuis la fondation de la **monarchie japonaise**, en **660 av. J.-C.**, **125 empereurs** se sont succédé sur le trône.

La guerre de Cent Ans entre la **France** et l'**Angleterre** dura en réalité **116** ans (1337-1453).

Le plus ancien chef d'État en exercice est le roi Bhumibol de Thaïlande. Il règne depuis 1946.

*La **Russie** a perdu **13 millions** de soldats au cours de la **Seconde Guerre mondiale**, plus que tous les autres pays réunis. À lui seul, le siège de **Stalingrad** a fait **1 million** de morts.*

Les fêtes fastueuses de **Louis XIV**, roi de France de 1643 à 1715, pouvaient durer **8 jours**.

Il y a un siècle, un seul pays d'**Afrique**, l'**Éthiopie**, échappait à la tutelle des puissances coloniales européennes. Aujourd'hui, toute l'Afrique est **indépendante**.

Au XIIIᵉ siècle, **Constantinople** et **Bagdad** étaient les plus grandes villes du monde, avec **1 million** d'habitants chacune.

En 1783, le **ballon à air chaud** des frères Montgolfier transporta les trois premiers **passagers aériens** de l'histoire : un **mouton**, un **canard** et un **coq**.

Le tribunal des Vikings s'appelait le Thing.

*Les **tribunaux de l'Europe médiévale** jugeaient aussi les animaux. Des **sauterelles** furent un jour **condamnées** pour destruction de récoltes.*

Entre avril 1793 et juillet 1794, les tribunaux révolutionnaires de la **Terreur** firent guillotiner **17 000** personnes en France.

*L'épidémie de **peste bubonique** atteignit le sud de l'Europe par la **Sicile** en **1347**. Moins de 3 ans plus tard, elle ravageait la **Scandinavie**, 3 500 km plus au nord.*

Dans l'**Angleterre du XVIᵉ siècle**, il était interdit aux **vidangeurs de latrines** de travailler le jour.

Apparue en **1347** à Marseille, la *peste* s'étend rapidement sur tous le pays et fait des millions de victimes, que l'on estime à un tiers de la population française.

Des *Sept Merveilles* du monde antique ne subsiste que la *Grande Pyramide de Gizeh*.

Construit au IIIᵉ siècle, à Sanaa (Yémen), le palais de Ghamdan fut sans doute le premier **château** de l'histoire.

La **Grande Muraille de Chine**, qui protégeait la frontière nord du pays, mesure **6 500 km** de long.

Les États-Unis ont acheté l'**Alaska** à la Russie en **1867** pour **7,2 millions de dollars**.

POUR PLUS D'INFORMATIONS SUR L'HISTOIRE, VOIR P. 226 À 251.

Art et culture

Les premiers **immeubles** furent construits à **Rome** au 1er siècle av. J.-C.

À Labilela, en **Éthiopie, 11** églises chrétiennes furent creusées à même la roche au xiie siècle. Ce chantier dura **24 ans**.

Le premier **gratte-ciel**, le **Home Insurance Building**, construit à **Chicago** en **1885**, comptait 10 étages.

Dans la Rome antique, le **Circus Maximus** pouvait accueillir **250 000** spectateurs, soit un quart de la population de la ville.

En 1939, Ludmilla Tchérina devient, à **15 ans**, la **plus jeune danseuse étoile** de l'histoire de la danse.

En 1991, à la fin d'une représentation d'**Otello** à Vienne, en Autriche, le ténor **Placido Domingo** fut *applaudi* pendant **1 h et 20 min.**

L'Irlandais James Devine est le **danseur de claquettes irlandaises** le plus rapide du monde : **38 coups par seconde** lors d'une représentation à Sydney, en Australie, en 1998.

Les théâtres à ciel ouvert de la Grèce antique accueillaient 10 000 spectateurs.

*La **Cantatrice chauve**, d'Eugène Ionesco, se joue sans interruption à Paris depuis 1950 (au théâtre des Noctambules jusqu'en 1957, puis au théâtre de la Huchette).*

Le terrain de **jeu de balle** de la ville maya Chichén Itzá possède une acoustique exceptionnelle : un **murmure** s'entend à **150 m** de distance.

1 000 éléphants ont transporté le **marbre** et les pierres fines pour la construction du **Tadj Mahall** (Agra, Inde).

En 2005, la Chine possédait le plus de salles de cinéma au monde : 39 425.

Le **Dit du Genki**, écrit par le Japonais Murasaki Shikibu il y a **1 000 ans**, est considéré comme le premier roman.

Les Français passent en moyenne **1 200 h** par an devant la télévision.

Gandhi, le film aux **294 560 figurants**.

La série des **Harry Potter,** de J. K. Rowling, a été traduite dans **60** langues.

En 2008, **Bienvenue chez les Ch'tis** devient le film français le plus vu dans l'Hexagone.

Avec plus de **30 millions de volumes**, la bibliothèque du Congrès, à Washington, est la **plus grande** du monde.

Le duo *René Goscinny* et *Albert Uderzo* a vendu 320 millions d'albums d'**Astérix** dans le monde entier.

On attribue au dramaturge anglais **William Shakespeare** (1564-1616) l'invention de **1 700** mots.

L'épopée russe *Guerre et Paix*, tournée en 1968, est le film *le plus cher* de l'histoire. Coût de production : *560 millions de dollars*.

Les cartes à jouer sont apparues en **Perse** et en **Inde** au xiie siècle. Un jeu contenait alors *48 cartes*.

Le plus grand écran de cinéma du monde, l'**IMAX** de Sydney, en Australie, est aussi haut qu'un immeuble de **8 étages**.

À **Hollywood**, un film se tourne en *8 semaines* en moyenne. Les effets spéciaux et le montage prennent plusieurs mois.

*Le livre **À la recherche du temps perdu**, de Marcel Proust, contient près de 1,5 million de mots.*

Le poème épique de l'Inde ancienne, le *Mahabharata*, est 4 fois plus long que la Bible.

*Auteur de **904 livres**, la Sud-Africaine **Mary Faulkner** est la **romancière** la plus prolifique de l'histoire.*

En 1994, le milliardaire américain *Bill Gates* achetait le *Codex Leicester* de *Léonard de Vinci* pour **29 millions de dollars.**

Les **derviches tourneurs**, membres de l'ordre musulman soufi, entrent dans un **état de transe** propice à la **méditation.**

En mai 1990, le *Portrait du Dr Gachet* de **Vincent Van Gogh** s'est vendu **55 millions d'euros**. Le peintre n'avait pourtant jamais pu vivre de son art.

*L'artiste italien **Michel-Ange** a passé **5 ans** (1536-1541) à peindre des scènes bibliques sur les murs de la **chapelle Sixtine**, à Rome.*

En 1872, à Boston, aux États-Unis, le compositeur autrichien **Johann Strauss** dirigea un orchestre de **987 musiciens** et **19 000 choristes**.

*Le mot italien **larghissimo** désigne le tempo musical le plus lent, tandis que **prestissimo** signifie : « très rapide ».*

La première **photographie** fut prise en **1826** par le **Français** *Nicéphore Niépce*. Elle nécessita 8 h d'exposition.

*On estime à **1,5 milliard** les téléspectateurs du concert à but humanitaire **Live Aid**.*

Les peintures rupestres d'animaux de la grotte Chauvet, en Ardèche, ont de 30 000 à 25 000 ans.

La **galerie des Offices** de Florence, en Italie, fut le premier musée ouvert au public (1591).

*Décembre 2006 : les premiers, les **Pays-Bas** suppriment le signal de **télévision analogique**. Le récepteur numérique devient incontournable.*

Dans les années 1930, la société allemande Blüthner fabriqua un **piano à queue en aluminium** et **peau de porc** suffisamment léger – **180 kg** – pour être embarqué à bord d'un **dirigeable**.

À l'opéra, la basse profonde est la voix masculine la plus grave (en italien, *basso profondo*).

Thriller, de la pop star américaine Michael Jackson, est l'album le plus vendu de tous les temps (plus de 59 millions d'exemplaires).

La **Comédie-Française** dispose aujourd'hui d'un répertoire de 3 000 pièces et de 3 théâtres à Paris.

La **plus grande statue** du monde – un **bouddha couché** – est chinoise. Taillée dans le roc, elle mesure 416 m de long et fut achevée en 2004.

*1982 : naissance du **compact disc***

La Scala, opéra de Milan, en Italie, accueille **3 600** spectateurs.

*Le 31 mai 2008, le Jamaïcain Usain Bolt a battu le **record du monde du 100 m** en **9 s 72**, lors d'une réunion d'athlétisme à New York. Il a ainsi détrôné son compatriote Asafa Powell.*

Pratiquée au Pays basque (sud de la France et nord de l'Espagne), la **pelote** est le jeu de balle le plus rapide : la balle peut atteindre **300 km/h**.

Internet donne désormais accès à plus de 2 000 chaînes de télévision.

Tiger Woods est le sportif le mieux payé au monde avec des revenus annuels d'environ **100 millions de dollars**.

L'**athlétisme** est le plus ancien des sports de **compétition**. La première épreuve organisée eut lieu en Grèce antique, il y a sans doute **5 000 ans**.

Le 31 mars 2007, plus de 900 musiciens japonais se sont relayés pour battre le record du monde du **concert le plus long**. Ils ont joué sans répit pendant **184 h**, soit **9 jours**.

Walt Disney fut nommé **64** fois aux *Oscars* et en remporta **26**, un record absolu.

Durant les **20** étapes, quelque **15 millions** de personnes se massent au bord des routes pour voir passer le *Tour de France*.

*Le 31 décembre 1994, **Rod Stewart** a donné un concert sur la plage de **Copacabana**, au Brésil, devant **3,5 millions** de personnes.*

Le **marathon** couvre **42,195 km**, soit à peu près la distance parcourue, dit-on, d'une traite par le soldat grec **Phidippidès** entre le village de Marathon et Athènes, en 490 av. J.-C., pour annoncer la victoire grecque sur les Perses.

La langue anglaise utilise **500 000** mots, contre **185 000** en allemand et **100 000** en français.

POUR PLUS D'INFORMATIONS SUR L'ART ET LA CULTURE, VOIR P. 252 À 279.

297

Remerciements

L'éditeur remercie :
Ben Hung ; Adam Shorrock ; Caroline Gates ; David Donkin ; Nikid ; Tall Tree ; Jackie Brind ; Jenny Finch ; Nigel Sapp et the Ocular Prosthetics Department, Moorfields Eye Hospital ; Jamie Owen et the Natural History Museum ; Dr Tony Irwin, curator of natural history, Norwich Castle Museum and Archaeology Service ; William Edwards et the Gordon Museum, Guys Hospital ; Sean Rogg ; Hanh Thi Luc ; Zygmunt Podhorodecki ; Pia-Henrike Böttger, Cladia Vasconcellos, et Riley's Snooker Club, Walthamstow.

L'éditeur remercie les agences et les photographes pour leurs autorisations à reproduire les photos :

Légende :
h = haut ; b = bas ; c = centre ;
e = extrême ; g = gauche ; d = droite ;
t = tout en haut